2020
笔会文粹

尔乃佳人

文汇出版社

第一辑

本原
尔乃佳人　3

舒飞廉
围城的第五天,灯火可亲　11

舒飞廉
开城这天　17

曹景行
四十年前,我被隔离了　22

胡晓明
生者日已亲　26

恺蒂
伦敦空巷,后会有期　32

余斌
疫中出行记　37

沈芸
西城猫爷　41

王尔山
"我们终将重聚"　48

朱生坚
正常即理想　52

第二辑

孙郁
在学林边上　59

吴学昭
一封无法投递的信　64

鲍尔吉·原野
张毛赫尔进山　71

裘小龙
更能消、几番风雨　76

裘小龙
晨起临风一惆怅　85

沈芸
余所亚的一封信　91

孙小宁
八月的父亲　100

张蛰
王老师的鹰　107

第三辑

陈保平
以痛惜之情回望青春　115

读史老张
顾颉刚笔下的武康路　119

徐则臣
《晚熟的人》的文体意义　124

吴学昭
吴宓和他的《世界文学史大纲》　130

张宪光
"神偷"张爱玲　141

孙郁
我读木心　151

韩立平
"愚弟"闲话　155

黄开发
师生"称兄道弟"那些事儿　161

外一篇

刘聪
也说"称兄道弟"与"愚弟"　167

第四辑

本原
敬畏立秋　175

谈瀛洲
七十年代，火车入黔　182

郑荣来
1959年夏天，我的高考　192

肖鹰
我的大学　196

郑宪
千吨机　203

南帆

老不老是心里的事 208

刘摩诃

誉儿与责子 212

何频

荆浩蔡树 韩愈橡木 216

第五辑

韩天衡

髪老印事 223

韩天衡

六字赠言抵万金 231

谷曙光

当求之骊黄牝牡之外 239

杨扬

翁偶虹与汪曾祺 246

张斯琦

萧萧落木 不尽长江 251

徐建融

国香无绝　256

孟晖

猫粉陆游的重阳糕　264

李皖

音乐是怎么变成免费午餐的　267

第六辑

胡晓明

我的太极拳小史　275

陈思呈

天南地北去喝茶　281

孔明珠

日本浴衣的故事　290

沈嘉禄

邻家阿婆的猪脚黄豆汤　296

王占黑

搬家　302

周华诚
做戏　307

陈子善
忆皮皮　311

唐小为
臭臭　317

姚以萍
柴火妞斯巴克　322

林语尘
我总能遇到一些可爱的人　327

第一辑

本原
尔乃佳人

一

或许，因为是关系实在密切，即便再重要，久而久之，也视之为寻常物，寻常安排，并不十分当回事。比如说吃饭，吃米饭。何曾有过深入的感受，更遑论认真的品鉴与思考啊！

时值庚子，"黑天鹅"光临，适应"战时机制"，有近两个月禁足在家，起始一段时间，与外界的物质流通严重阻滞。虽然什么都可以省，有些甚至可删却，唯有吃饭一事，暂停键不可按。

人嘶马吼，平素在社会上并不耀眼的医务人员，一时之间成为亿万众瞩目的焦点。上海医疗队率先出发，在浓浓的悲壮氛围中，告别除夕夜万家灯火时的团聚，逆行而上，赴汉驰援。千里之外，疫情呈爆发状增长趋势……太太曾在医院工作，数次参与医疗救援事项，家中对当下情势的敏感度，可以想象。我虽然也曾历经十七年前的非典大考，但此次的忧虑、纷扰、烦恼，屡屡缠扰，挥之不去。最后，竟然还聚焦于极为具体、琐屑的想法：宅家多日，荤素两菜日益耗量。粮食，主力者大米，这面红旗还能打多久？雾锁前景，只好用力细察身边事。甚至有几分凄惶，在心中浮沉。当然，细究下来，这些很不鸿鹄，很不宏观的想法，不可简单呵责。保持对庚子岁月的忧患意识，恐怕于中国人是一种用不着格外强调的文化自警。

幸好家中包装米稍有备存，又有一位年轻朋友，戴着口罩、手套，护装齐整，驾车"冒险"送来一些新脱壳加工的上好大米，这下真是舒了口气。

还多虑、忧惧什么？犹似当年老人家讲的："手中有粮，心中不慌！"防疫、战疫，实际上，三十六计，"宅"是上策。我自不出门，神仙难下手。我和太太皆有两大共识：我们健康，拒毒于外，这也是莫大的贡献！另一大共识是，家中有米，冰箱中还有两瓶醉麸、三瓶香辣腐乳、三瓶麻油、几包肉松，油盐柜内的物品也充裕。即使腐乳下饭、酱麻油下饭，生命能源还是保证的……我们这批人，什么生活状态都经历过。与大跃进时代那三年、与下乡插队岁月相比，凭此，足可轻松、安然对付一两个月。当然，此后情况有所松动，电商小哥渐次恢复，太太每天一清早先起床，抢住购菜及相应物品时间，供应没有出现大的问题。

获得外力支援的大米之后，心中对米的感觉，悄然间不一样。似乎他乡遇故人，有相聚的惊喜；故友新知，更有进一步沟通了解的期待。试图对新的关系，有新的认识，意思中油然充溢着十分的敬重。

二

开局先下了一着，家中的用餐制度作较大改革，三餐改为两餐。

这也是秉承以前所教导的,"忙时吃干,闲时吃稀。忙时用三餐,闲时用两餐"。晚上又主要吃菜及玉米等其他杂粮,很大程度上,其中也内涵了对米的珍惜之情。大米消耗,当着眼于较长时间段,细水长流。好在整日宅家,消耗量减少,防止发胖,两餐制应该也是科学的。

抗疫之要,首先在于增强主体免疫力。就餐制改革,无论如何,进食总量减少这是事实。为确保免疫力的稳定与增长,必须在休息与睡眠上有新的重视。自己长期以来有晚寝的习惯,也累及家人,不到零时子夜,全无倦意。因此,又严格按规定,不管入睡状况如何,手机唤醒功能,确保在床上躺八九个小时。第二天醒来,按程序备餐,第一餐的时间,也顺延至上午十点之后,感觉上还是中午时分的中饭。

于是,对这份中饭,态度上是完全不一样的。一改为两餐制之后,我主动提出,家中分工要调整,太太负责菜肴料理,煮饭一事,本人负全责。世上确实最怕认真两字,但凡用心了、认真了,嘴上常叨叨的使命感、责任感,悄然融于心、化于形。对米的新知,在庚子初一开始的煮饭实践中,也渐次觉悟。

米饭最基本构成是米与水。米好,水也要好!好水方可确保米的色、香、味、形,在成饭之后有充分呈现。好在家中净水器是去岁冬日新调换的,此水很可人意,细品温开水,竟然也略有清甜之感。虽然如此,放水多少,仍一点不可随意,一定量的米,必须配置适量的水,讲究分寸感极为重要。按规定,水量应当符合电饭煲内胆的刻度,实践中其实不全然。不同产地,不同类型的大米都有自己个性,有的耐水,有的喜略干,万不可一刀切。几次摸索体会,我家所购大米,放水时必须比内胆的刻度高出二毫米左右。内胆刻度是左右两道对称的,看水多少,我是坚持放在水池柜台边一固定地方,高低有节,左右刻度转圈看两遍，平衡酌定之后，才算齐活。

当然，水的分寸把握是否合适，最后还是要由成果来检验。准备用餐，揭开电饭煲盖子，先舀一平勺出来，一看饭的成色，也就大概明白了。饭粒上散发一层水晶晶的银色，入口稀软而又粘齿，这就有点过，湿了；若盖子一开，饭香迎面，饭粒上那层银色则在低光谱段，大半湿度不及，干了。虽说，饭的干湿各有所好，但我在这点上奉行中庸。饭粒上当有银色，入眼瞬间却不晃；饭香生发，疾徐平稳而悠然。品嚼之间，你能感到，很柔软却有弹性，甚至有一点韧劲，一口下去，齿颊之间还是饭的清香。这是米借助水，成就为饭之佳品。

随着专职煮饭的时日累积，对米和水的关系，又摸索出新门道。米下锅入水之后，实际上用不着立即开煮，让两者相处一段时间，以三刻钟上下为好。此时，鼓鼓的米粒大半已为渗入的水，米水交融，通电升温，饭成，自有一番境界。这里涉及睡眠休息与煮饭程序的时间安排，初涉，似乎很烦人，好在智能时代，有手机唤铃统筹，怎地不费事。

若这锅饭是好饭，但也要看你怎么吃！细想过往时期，身边真的还有谁，把吃饭这天下第一大事当件事！或大口咀嚼、水陆并进，以完成任务为了事；或细划两口、眼盯视屏，以用餐阅读"一岗双责"为习惯；或与人交谈、心不在焉，以言语佐餐把菜肴米饭于悄然间推入口腹为常态。人的态度和行状，一大半确实是由环境塑造的。平和时期，即使面对这类异状，谁也不想管这么多。犹如日常时节，对医务人员不为顾念那么多。实在难得有人，为医务人员写上一首真诚而又深情的颂诗，更不会为忙碌且劳累的白色背影而热泪盈眶……

鉴于插队落户时期，遍历大米生产所谓起始与闭环的全产业链，翻整稻谷水田、育秧、插秧、灌水、施肥、灭虫、除草、收割、脱粒、晒谷、再送去十里之外的公社粮库卖粮,说动吃公家粮的把关人员能给评个好等级……深知其中艰难,"一粒米,两担水"。我对吃饭的态度应该说是历来认真的,甚至有些许敬畏。但真正到"用心、用情"吃饭这个地步,还是今岁初期,面对庚子不幸。

几次体会下来,如何吃饭,实在是大有讲究。电饭煲响起鸣声,是意味着饭已煮熟,这个时候,在时间安排上,不应该立即用饭,还是先去忙其他事情。用二十分钟左右,让新煮成的饭在电饭煲中焖着,迫使缭绕的蒸汽静心沉淀,再次以其高温烘焙、松软即将上岗的新饭。这一步极为重要,可脱水味、可孕清香、可增颜色。

开锅舀饭,我始终认为,一定要取其少,而不可取其多,大约在整餐用量的三分之一为妥。因为,这个时段只是一种初品,意在唤醒对饭的味觉认识,这十分有利于形成对今日这顿饭的比较与鉴赏。因为量少,动筷品尝就有了相当的认真和珍惜,此饭的好处丝丝入心,常在刚吃出一点味道时,第一回的饭已净。出人意料的是,接下来打开电饭煲盖,在家中,把饭的主体部分与太太悉数分掉,重整碗筷,再用餐之时,第二回的饭似乎更胜于第一回。此时水星味已全无,干湿似乎更加得体,饭的柔劲开始发力,米的清香已趋于沉郁,真正认识米的成色,我觉得,在主体部分方可一览无遗。犹似察人,一定要看大节!

三

为保持这份真实的、纯粹的感受,我笑称作为米饭的真正食者,用餐时应该采用"多频次"。为此,要有几样准备。一为盛饭的碗、一为用公筷夹后放菜的碗、另外在左侧则是置温开水的杯子。以便于用餐时，饭归饭、菜归菜，间隔时段，抿上一口温开水，稍作清口，不让两者味道交互影响。也可让当日第一顿吃干饭的感觉，温润起来。用业内行话说，频道定位要分清楚。在这宅家五六十天中，我愈发明白地认识到，就口味感受，其实吃饭不一定要用菜。

  天地之间，米是一种单独的存在，究其地位而言，很是大众，亦与众生关系密切至极。虽与山珍海味有别，但在无数人生的时日之间，静悄悄地提供了生命能源。其外表也不以妩媚动人显现，更没有自以为贵的高冷。人们用心煮成饭之后，清香幽独、神韵超逸的内在气质才渐次散发，对其尊重、珍惜、热爱的人，表现得尤其充分。在城市显得格外怪异般的清冷，整个小区、公寓楼内也无些许喧闹之声那时光，时近中午，我每每端起那碗饭，总觉得这是抛开世界浮华与复杂的纯真，是被不凡的黎明洗礼过的情感。有次竟然大声念了句京白：尔乃佳人！

  佳人自有其本色、自有其本味，完全用不着借他人的渲染，成就自己的名声。不依赖菜下饭，又如何呢！虽然菜自有菜的味道，但更多的价值，于我看，恐怕是在于营养成分的构成合理。有此"哲学"前提，我很是坚持"分频次"用饭。

  如此认识、珍视、喜爱米及米饭者，实际上是大有人在的。我十二分地尊重日本村嶋孟先生，他对米及米饭的感情极不一般地执著与笃深。1930年出生的村嶋孟一辈子就用心做一件事——烹饪白米饭，沿用古法，一煮就是五十多年。朋友告诉我，他在全日本享有"煮饭仙人"的美誉。凡是吃过他米饭的人都会说，"这是我吃过的最好吃的米饭。"最是那一幕令人感动，每当他在蒸汽缠绕的厨房中，赤裸上身，坚守在大饭锅旁，心无旁骛、双目精亮，专注于控制火候时，犹似一尊巍然矗立、体态每一寸肌肉迸发力感,捍卫日本传统稻米文化的雕塑。繁华如斯的东京都市,并不起眼的店面前,总是排着长长的队伍,口碑日隆,他煮的饭数十年来一碗难求!

其实,只要认真思量,不难理解,村嶋孟数十年执著的价值追求,完全源于形势使然、环境养成。1945年8月,太平洋战争结束,日本军国主义彻底崩盘,日本国人在战争废墟中苦苦挣扎,盛产稻米的国度,人民多年濒临于饥饿与死亡的边缘。是时,这位正在生长发育期的十五六岁大男孩,苦难似重锤,率先敲碎懵懂的外壳。在他的内心深处,凿出一行极简的句子:什么是米、什么是米饭!应该说,这辈子他与米是最为深沉的患难之交!

我读到路透社3月13日发自于北京、上海的电讯,题目为:宅家令中国年轻人爱上做饭!这是角度颇为独特的新闻,世界大牌的通讯社发出此条电讯,并非无足轻重。我觉得,新闻的价值,穿透了文字的内容。报道影响受众的地方,不限于有关形势的描述,更多的倒是在于对趋势的揭示或者说提示。灾难会改变人类行为方式、思维方式。在特殊情况下展现出来的东西,会唤醒人们、激发新的想法。

实际上,在数千年的文化中,我们从来不缺关于自警的叙述。"国难思良将,家贫思贤妻。""灾害临头要吃饭,病榻之上想医生。"这次史无前例的疫情,当然会让我们产生史无前例的反省产生史无前例的新想法和新进步。现代文明的本质是变动不居、充满风险,由此,理当摒弃那些,事到临头才想起以及呼唤别人的陈旧套路。

宅家煮饭的日子,我还特别深深地明白,对米及米饭的尊重、珍惜,特别重要之处,应该起步于初始、日常的态度。我必定购买小包装或中等密封包装的米,置放一部分于可完全不进入空气的瓶罐中,余下大部分,仍设法加以密封冷藏在冰箱中,杜绝湿气、暑溽对米的氧化,以留住那一份清香和可品味的嚼劲。打头儿开始惜米,自会还你一份美好。日常的轻慢甚至冷漠,一旦造成侵蚀,煮饭时再施以小技巧,加几滴所谓香油或啤酒、或白醋,那成饭之后也就完全是另外一种质地。我负天地啊!

一切似乎趋向如常,但步入庚子正月之后的那段时日,留下了难以磨灭的印痕。

没经过苦难,如何理解日常;没走过黑暗,如何珍爱光明。惜衣、惜饭、惜人!何谓方得始终,只问初心在乎。

写于庚子年闰四月二十

舒飞廉
围城的第五天,灯火可亲

早上起来,阴天,冷,窗外鸟儿鸣叫不停。

九点来钟,出门去买菜。昨天市府发布了机动车限行令,没太看明白,还是自觉践行唉,所以征用了儿子的山地自行车。自从儿子弄了一辆像黑山羊一样的电动车之后,它已经失宠久矣,蒙上一层薄灰不讲,左侧的踏板轴也松脱了,找来斧头锤几下,算是斗上了榫。打足气,擦擦车,背上双肩包,穿上妻子指定的户外专用运动鞋、棉衣、帽子、眼镜,也算是全武行。一人一车下电梯,按键上方提醒回家洗手的纸条还在,按键板又专门蒙上了一层保鲜膜,可以随时剥离轮换,物业公司是有心的。

小区的"中百超市"规模不大,但麻雀虽小,五脏也是俱全,与前天蔬菜被扫荡一空比较,今天情况好了很多,黄瓜、番茄、豆角、倭瓜、平菇、青椒都有,只是没有叶菜,新鲜的猪肉也卖完,我来晚了嘛,活该,所以决心出小区,去一公里之外团结村菜场上的"中百仓储"。

这家仓储店是上下两层，有小区超市五倍之大，顾客不少，与我一样全副武装地挑选食物。看到货架与冷藏柜里，猪肉牛羊肉各色熟食等品种齐全，心里觉得安定，捡入购物篮中的东西反而变少。我买了一斤多五花肉、两根尾骨、一大块卤牛肉、两袋粉丝、四包薯片、一把小香葱，一束茴香，一小瓶玉米油，三罐1升装椰汁。

　　付款的时候，三个通道各有七八位顾客在排队，间距比平时要远。我隔壁的通道里，一个五十来岁武汉口音的男人想插队，说"在执行任务"，挂着口罩，嗓门很高，可以闻到浓浓的酒气，排在他前面的人都认了怂，由他得意洋洋地先付款。轮到我这里，我找售货员要了两个塑料袋，忙了半天，也没有将袋口捻开，售货员伸手过来，非常熟练地帮我扯开口子。下扶手电梯，有意识地没有去碰扶手。出大门的时候，眼前挂着厚厚的帘子，先我之前出门的，是一个小伙子，口罩、泳镜，但与我一样，没有戴手套，他侧身用肩头将布帘撞开，钻出去，好像孙悟空撞出水帘洞，我也如法炮制。

　　仓储的广播在反复播放"武汉每天不一样，嘿，武汉每天不一样，嘿嘿"的歌，还有承诺不涨价不断货的安民告示。仓储对面有好几家早餐店，热干面、面窝、生煎包、鱼糊粉、襄阳牛肉面都不错，从前热气腾腾，今天都关了门，当然，即便没有这次疫情，他们在春节也会歇业好几天，团结村菜市场也是这样。街面上，两家杂货店出了摊，一家药店也开着门，只是贴出纸条："特殊时期，隔门售药"，大概是要求买药的顾客站在门帘外，大声地报出药名，售货员大姐会将药品由门帘内递出来，这时候，扫码付费真好。水果摊也开了一家，我买了两斤香梨、三斤冰糖橘，橘子还好，但是香梨要20元一斤，跟所谓的梨子润肺有关？水果摊还兼卖一点青菜，正是中百超市与仓储都稀缺的"尖板眼",比如本地的小白菜、红菜薹、菠菜、茼蒿,贵,我装了一袋茼蒿,两斤九两,29元。

结果还是买多了东西,塞满双肩包不说,车龙头上也分别挂了两个塑料袋,骑在自行车上摇摇摆摆,好在街面与公路上人不多,车也不多,自行车斗折蛇行,也没有关系。只是出门前处理过的左侧踏板轴还是出了麻烦,又松脱下来,现在找修车铺是不可能的,将车推上沙湖路的人行道,由行道树下的鹅卵石堆里挑了一块鹅卵石,将踏板轴重新砸进去,感觉自己像一个疯狂的原始人。

小区凭卡出入的便门被粗暴地扎铁丝捆起来,乡村来的门卫,与尚在乡村里断路封村的同伴们,思路与力度并无二致。重新绕到正门,值班大哥持着电子温度计,嘀的一声测过我的体温,将我放行进小区。

回到家,妻子已经拿着盛满消毒液的小喷壶在等我,自行车、鞋子、衣物、双肩包、购物袋,一件件在铁门外仔细喷洒已毕,才放我进门。摘口罩,洗手,洗脸,洗鼻,洗头,换上睡衣,坐在沙发上,空调边,奔波儿灞总算是巡山归来。我觉得,此时此刻,小小的家,山洞,这个城市唯一可以不戴口罩的地方,是如此的温暖、安全,它的意义,好像以围城为背景凸显出来了。买菜这样的琐事,也因为值此时疫,而变成了一次冒险、一次仪式、一次惊恐,如同梅尔·吉布森的电影《启示》里,一次部族打猎的行程。每一件放进冰箱的物品,粮食与蔬菜,也如此之珍贵,令人安慰。如果将病毒拟成执意要将我们的生活摧毁的魔鬼的话,它一定不会想到,经由它制造出来的疫病、死亡、流言、信息……在它的饱和攻击之下,我们的日常生活一下子敞亮起来,有了灵性,有了一点神光,被重新发现,变成了造物者的无尽藏,这大概是出乎它意料之外的吧。

吃完中饭，我又推车出门，骑行去工作室——干点活，比不停地刷手机，看微信、微博要好。寒假之前的写作课，同学们交了结课的散文作业，好几位同学都写邮件来质疑我的评分，这些同学在各地顶着"武汉回来"的名头，惶惶不可终朝，家乡变成异乡，还不忘与我这个写作课老师切磋唉。游于艺，乐斯道，真的可以忘忧？有一位同学发来他新写的诗，"美。像蜻蜓盛开在标本里。丝滑透亮的翼，光洁笔挺的体。"你看，一种蒸汽朋克一般的美感，在死亡面前凸显出来嘛。去年11月，学生组织的科幻小说征文，命我做评委，10日我去上海参加一个小组讨论，看过一半，接着往下看。同学们的想象力真不错：星际的探索，人工智能，基因的变化，虚拟世界与现实世界的交会……赶紧与上海讨论小组的朋友们联系，经过了两周的隔离，我的状态还不错，这些天，给他们添麻烦了。武汉交通隔绝，但是网络还在，父母在南宁弟弟家里打牌，姐姐一家三口在孝感家里看电视，妹妹一家正在村里做晚饭，我们用微信的视频聊天，开出四个小窗讲了十几分钟的话，跟从前聚在一起的吵吵嚷嚷并无不同。又看了十几页吉登斯，日之夕矣，阴沉湿冷的天气，黑夜的来临，是毫无觉察的。

锁上工作室的铁门，全副武装地骑车回家。翠柳街、东湖路，灯火堂皇，两三公里的路程，我遇到的行人，没有超过十个，遇到的车，也没有超过十辆，路边小卖部、药店、银行的ATM取款点有开门，酒店、餐厅、服装店、洗浴店、KTV，招牌灯都黑了，有一家烤肉店开着门，坐在店里的两个人，不知道是店主夫妇自己，还是顾客。一位中年男子出来遛狗，白色的斗牛犬，男子仍紧紧地攥着遛狗绳，狗大概是不太习惯空旷的街景吧，大声吠叫，颇有"狗吠深巷中"的情味，从前这个时候，人影憧憧，它是可以呼朋唤侣地巡游的。遇到街口的交通指示灯，我仍然会红灯停绿灯走。岳家嘴的立交桥四通八达地辽阔，有一点像高速公路。群星城、销品茂这样航空母舰一般的商业中心，寂寂在黑暗里。由东湖公园旁边路过的时候，发现林园里的彩灯，仍然在闪烁，刚刚布置好的灯会，凤凰在那里展翅，神龙在那里飞天，不知道哪一天能够重新开园迎客。梅园里的梅花，这一周会开到极盛，怕是有史以来，第一次"寂寞开无主"吧。二月初的新柳，二月底的樱花，三月中旬的牡丹呢？

吉登斯说，流动性是后现代社会的特点之一，的确是洞见。武汉在天下之中，八百万人在城，五百万人出城，由一个江汉朝宗的江湖出发，如影随形的疫病也因此扩散。官员们检讨说要"谢天下"，潜意识里面对的，正是在"天下之中"行政的流动性困境吧。火神山也好，雷神山也好，隐喻的都是予楚国、予云梦泽的流动性的对策。"气蒸云梦泽，波撼岳阳城"，孟浩然大概不会想到，他的诗会成为今日病毒流布的一个隐喻。真希望他另外的诗，"春眠不觉晓，处处闻啼鸟"的从容，"襄阳好风日，留醉与山翁"的喜悦，也能够实现——我们不愿意错过东湖的灯会花朝，梅潮樱海，磨山春山可望，市民春服既成。

现在，流动性已经被迟滞下来，飞机、高铁、长途大巴、小轿车，那些让我们"脱域"的，对时间与空间进行压缩的工具，多半都马放南山，停泊在它们的库里，我们坚壁清野，我们的城市是空的，是静的，长江汉水交汇在龙王庙，滚滚北去，我们好像都可以听到它流过城市的声音。

但我们并不是一座空城。在街道后面，在立交桥后面，在二环三环的道路后面，是千百个社区，楼宇林立，灯火繁盛，并不比密云中的星辰、星座与星系少。每一个人,都因为这一场时疫,因为伤病者与逝者的馈赠,得以发现自己的城市,自己的社区,自己的家,以"武汉人"的名义,得到重生。"夜阑更秉烛,相对如梦寐",家里的灯,是温暖的,小区的灯,是温暖的,武汉的灯,也是温暖的。

  我跳下单车的时候,总算让自己由饱和性的火宅里摆脱出来了。推车进小区,门口的中百超市已经放下卷闸门,售货员有条不紊地整理货架,迎接明天的营业。值班大哥又嘀的一声给我量体温放行,口罩之上的双眼里,并没有慌张。晚上八点,我们小区的邻居们,正戴好口罩,在阳台的玻璃窗下,此起彼伏地喊着"武汉加油"。"邻人满墙头,感叹亦歔欷",我们有家人,有邻人,有国人,身在围城,并不孤单。新年以来,就是在这一刻,我眼中有泪。

2020.01.28,武汉

舒飞廉
开城这天

拉开窗帘,昨晚上映画"武汉必胜"的楼林间,云霞缕缕,红日灼灼,多么好的朝晖,洒入这开城第一日。我左思右想,回老家?麦苗青青,油菜草紫犹未凋谢。磨山?晚樱花如雨,惊红骇绿里,春山可望。学校?桂中路的法桐树影,朝阳斜射姗姗可爱。缠结了十分钟,跳出来的念头是去东湖公园,对,这时候,交给无意识!

门前扫码、测体温的师傅,平日多严厉,今天口罩以上的眼角都漾笑意。刷刷刷躬身扫地的环卫工大姐,过去两个月辛苦了。风驰电掣由二桥上下来的公交车被女司机开着,英姿飒爽里,多了一点刹车的温和。汉庭酒店门前的警戒线还未拆除,一身防护服的志愿者小伙子宇航员一般,坐在门前的长椅上,神色怅然,他们的工作还任重道远。过早去!良品铺子开了,无名小超市开了,中百超市门口排着扫码进店的队伍,小心翼翼保持一米"社交距离",菜店的大哥大嫂们将红苋菜、小白菜、空心菜、黄瓜、瓠子、苕尖、黄豆芽、香椿芽、山笋摆到人行道上,水灵嫩绿,久违了,新鲜的时蔬。

川香牛杂,襄阳牛肉面,早点师傅立厨间忙碌,堂内空荡荡,客人们在门前用支付宝付款,端着一次性的面碗,去行道树下,将口罩撸下,挂耳边摇摇晃晃,蹲踞如蛙,抡筷挑面,大快朵颐,让我觉得好像穿越到乡村饭场。炸面窝的太婆也出摊了,盛滚油的炉子摆在尚未开门的时装店前,米浆面窝与苕面窝随着她手腕的推剔翻转,——在热油里滚打成金灿灿的圆圈,外焦里嫩,逗人口水。她对她的顾客粉丝们讲:"关了几个月,打麻将都冇得钱。"您这个炉子,已经在武汉炸出一套二手房了啊,岂止是麻将钱,以后口罩也别摘,多卫生,多专业的样子。我吃什么?当然是蒋胜师傅的热干面!

蒋胜师傅一手执笊篱,一手从篾笸箕中面条山上取料,罗汉般的脸庞浮在开水深锅泛起的层层蒸汽里,提顿十余回合,二三十秒,将淘漉好的面条交给候在一边的太太,挑入鸡精、芝麻酱、腌萝卜丁,淋一勺卤水,车转面碗,交给顾客去一边配料桌上,按自己的喜好,加入醋汁、蒜汁、葱粒、酸豆角、雪里蕻咸菜,口味重的,也可以取一点芫荽碎叶,七上八下挑好,端在手里,再拎着一杯温热的豆浆就可以出门。我麻利地配料,像在化学实验室,一边听到排在我后面的顾客在向蒋胜师傅和他的太太说"新年好"。唉,正月十五雪打灯,二月花朝,三月寒食又清明,老朋友们的确是没有面对面拜过年。我在驾驶座上"享用"这鲜香热乎的天下第一面,味蕾的激发,来自五味的调和,身体的感动,来自缥缈的奇香。我心里想,到底是因为我是武汉人,才吃热干面,还是因为吃热干面,才变成了武汉人呢?这是一个问题唉。人生四大喜,他乡故知,洞房花烛云云,这第五大喜,大概就是:经过了漫长的等待,你又吃上了你的城市的那一碗面。这碗面有灵,能召唤你的身体。

停车在东湖公园西北侧门的小停车场,扫码、量体温进园。早上八点,晨露如珠,朝阳穿林,迎着春光走在修长细黑柏油路上,好像是要踏入爱丽丝的仙境。四月八日,春之暮矣,花事稍减,但是满园的新叶多美!杉枝羽羽,樟叶簇簇,垂柳如眉,新竹刚刚由笋胞里抽出脖颈,尚沾惹着乳粉。枫树周身的叶片,好像是鸭园开闸,里面的小鸭子奔涌出来,用它们的脚掌印上去的。阳光照在路边的兰草上,每一株都像瑶池仙葩一般。这是四月的新绿,每一棵树,每一株草都重新回到春天里,阳春布德泽,万物生光辉,它们的身上有光,就像鸡娃鸭娃,牛羊崽崽,牙牙学语的孩童,吉光翠羽,一闪即逝。

来公园早锻炼的人不多,大伙儿还是有一点怯,但来的都是"老东湖"吧。白鹤亮翅,野马分鬃,揽雀尾,穿深青衣裳打太极拳的老爷子,结伴攒微信步数的中年夫妇,戴耳机跑步的马尾辫少女,拿着单反照花照草的小伙子,比诸从前,人数百不及一。沿着湖边弯曲的杉树小道走向长天楼,排排杉树茁壮,之外是古媚的垂柳。一个中年男人坐在岸边钓鱼,柳枝抚在他的肩上,就在我路过的一瞬,他就由青苔绿藻间啵地扯起一条小鲫鱼,一拃来长,银光闪闪,唉,这是二三月间初长成的鱼苗,它还没有来得及领教鱼钩的厉害。垂柳之外,就是汪洋汗漫的东湖,春水波光,一望无际,浮动着十余里外的磨山、喻家山、珞珈山、南望山诸青山。垂柳之下,近岸的水面,尚搭着年前灯会的花台。东湖的灯会已经是年年余腊新正的惯例,我们亦曾在其中经历过不少的"青玉案","东风夜放花千树,更吹落,星如雨。宝马雕车香满路。凤箫声动,玉壶光转,一夜鱼龙舞"。这一届灯会,声光电动的新古典非遗花灯,来自四川自贡,原拟由去年十二月三十一日至今年三月一日迎客。开放十余日,旋即关闭,好像一位花腔女高音,乍一开腔,就将她的"翕纯皦绎"强咽进了嗓子里。

小伙子拍照的碧潭观鱼之上,是灯会的"年年有鱼"灯组,年轻夫妇走过的,是灯会的"星光长廊",老爷子在站立着小猪佩奇与米老鼠的花灯间打拳。好像按一个返回键重返过去的元夜,这些灯组通上电,就会流光溢彩,熠熠生辉,人潮即会席卷我们这几个来呷东湖头道汤的家伙。"年年有鱼""小猪佩奇"大概只能算是灯会的"翕纯","皦绎"的部分,尖板眼,还是在湖边的五六只花台灯船。它们泊在东风吹拂的绿水上,分成"光耀军运""两江四岸""楚韵九歌"三组,两江四岸部分,展示的是黄鹤楼、龟山电视塔、长江诸桥的模型,簇簇新,堂皇富丽。我最中意的,还是取意于屈原《九歌》,以编钟乐舞、细腰楚女、高冠士子展示的"楚韵九歌"。我有过计划,新年夜,坐航船,由楚风园,到落霞水榭,到行吟阁,到老鼠尾,中途来看这"袅袅歌声中缤纷绚烂"的灯火楼台,领教此番"武汉年味之最"。疫情之后,灯会说不定会重新开放,错过了除夕与元夜,端午?七夕?中秋?说不定会别有一番渡尽劫波的"光影画卷"?

回程,绕行吟阁与碧潭观鱼间的枫杨道,三五百米的林中路是我散步东湖公园的最爱,路边点缀的长亭短亭固然是翼翼欲飞,掩映它们的松、桂、枫、枫杨,每一棵都舒展自然,各各蔚然成林。一条青石路走上去,就是与湖畔行吟阁对望的屈原纪念馆,有屈原像立在馆前小广场。儿子五六岁的时候,常爱来这里骑卡丁车,林中清风嫩,他呼啸来呼啸去,绿林小强盗汗如雨下,大惊小怪,一定是搅扰到坡上的屈原大夫不胜其烦。

过去的六十余天,我隔离居家,写一个名叫"团圆酒"的小说,并没有报名去社区工作,心里是愧疚的。我读了一点废名、孙犁、莫言、韩少功的作品,又重新看了一遍楚辞。围城里的中年,《离骚》忧国忧民,上下求索,自然是感同身受,《招魂》却以楚地膏腴的四野、热烈的仪礼、淳厚的风土、丰富的食味给了我安慰,我的新小说也深受启发。至于"君思我兮然疑作,雷填填兮雨冥冥,猿啾啾兮狖夜鸣"(《山鬼》),这是围城中曾经的惊恐与怀疑;"登九天兮抚彗星,竦长剑兮拥幼艾,荪独宜兮为民正"(《少司命》),这是予公务与医务人员的感激;"诚既勇兮又以武,终刚强兮不可凌。身既死兮神以灵,魂魄毅兮为鬼雄"(《国殇》),前日满城的哀悼,降旗,驻车,汽笛长鸣,即是生者予逝者的切切追怀。

由屈原凝思眺望的小广场走下来,石板路边,园丁们穿着防护服,坐成一排,正在清理林间的杂草。屈子滋兰树蕙,有讨厌艾草与花椒的强迫症,抬眼看到工人的劳作,春风里愁苦的脸,会展露笑意?坡下东湖绿、山岭青、草木荣,我顺阶而下,脑海里跳出来的是《少司命》中的另外一句:"悲莫悲兮生别离,乐莫乐兮新相知。"年轻时觉得它是一句情话,现在,它言说的就是武汉啊。

2020.5.8,武汉

曹景行
四十年前,我被隔离了

正好四十年前的此时,我被隔离了,关进复旦大学的传染病房。

极不寻常的七十年代即将结束,我的大学生活进入二年级上学期。发病前不久刚去宝山农村战"三秋"(秋收、秋耕、秋种),对我们这样下乡多年的老知青本不算啥事。只是回校后感觉胃口越来越差,疲劳,再后来眼睛开始转黄。自知不妙去了校医院,查出转氨酶(GPT)指标超过200,确诊急性肝炎,必须马上隔离!

三年前我在黄山农场得过一次急性肝炎,正好妻子怀孕去了上海,我一人在小家中自我隔离,喝了好多瓶农场自产的垂盆草糖浆,一个月后没事了,返工上班。主要后果是1977年第一次高考,大雪中到太平县城检查身体,老老实实填写了病史,即时被刷下录取名单,否则人生很可能走上另一种轨道。

1978年夏天再次高考,有幸进了复旦读历史,谁知急性肝炎还是缠着我,本以为得过了就有免疫力,弄不明白怎么会再来一次。化验报告出来,校医院即刻要我回宿舍收拾被具去隔离病房,之前虽有预感,一时间还是呆住了。学校很快就安排人员来我们班宿舍消毒,就怕传染开来。带着歉意向同学们说了再见,带着茫然前往女生宿舍楼,一路在想如何把消息告诉妻子。

妻子与我同时考进复旦,两人带着两岁女儿的户口全家回到上海,她读化学。可以想象,她知道后与我一样手足无措。在送我去隔离病房的路上,我们俩都在想同样的问题:今后怎么办?我们年过三十还能够一起上大学、读复旦,本来是做梦也没想过的大转变,谁知刚开了个头就遇上这种倒霉事。我的大学生涯会不会到此为止?

那时的复旦大学,进了邯郸路老校门,校内主干道"南京路"往西走到头,有几栋很有年份的灰砖小楼。我们历史系和其他几个文科系各占其一,还有一栋是"校办"。靠外边那栋四周用铁丝网围着的,就是校医院的隔离病房。我住进底层进门右侧那间,成为整栋楼里第四个病人,一楼二楼各占一边。

安顿下来以后,思路渐渐清晰起来,有了点头绪:首先是让身体尽快好起来,其次是如何保证学业。离学期结束还有一个月,如果能过了这一关,寒假好好休养,争取下个学期正常复课,那就上上大吉了。问题是面前就有一大难关:按照我的病情,校医院打算同外面的传染病院联系,如果有床位就把我送过去。

大概是第五天,关键时刻到来了——午饭后不久,校医院的救护车开了进来,要我转院。我坚持不走,给了医生两个理由:首先我这两天感觉好多了,食量恢复了,也不怎么怕油腻了,病况应该好转。第二,这儿休养条件比外面医院好得多,可以养病读书两不误,不会再传染别人或相互感染(那时还不懂"交叉感染"的说法)。女医生心软,被我说动了，答应过两天再化验一次，如果指标没有明显下降，还是要去传染病院。

我当然一口答应。此后两天可能是我有生以来最乖的日子，除了好好睡觉休息，好好吃饭补充营养，还一瓶接一瓶喝垂盆草糖浆，几乎当茶。治疗急性肝炎好像没什么特效药，主要靠休息和营养，所以有"富贵病"之说。垂盆草糖浆有降低转氨酶之效，而且又是我待了十年之久的黄山农场出产，喝起来特别有亲切感。

两天后再抽血化验，谢天谢地，主要指标都已接近正常，当然就不用去传染病院了。我大大地松了口气，开始安心度过一个月的休养。复旦的隔离病院条件真不错：病房空间大，比我们七八个人住一间的学生宿舍还要大一倍；非常安静——因为是传染病，除了医护查病房没人会进来，病人之间很少串门子，只在院子里散步时聊上两句。

隔离病房的伙食更比学校食堂好太多，尤其是做饭阿姨对我们很照顾。香酥鸭是她的拿手菜，每天做一只分成四份。我能够在一个月内养好身体，除了妻子送进来的好吃东西，三十天的香酥鸭功不可没。我出院后没有再回去看看，好多年后一位同时住那儿的"病友"告诉我，做饭阿姨已经去世，不知什么病最后引发了尿毒症。那时她应该才五十多岁，还不到退休年龄呢。没有机会谢谢她，晚了！

隔离期间当然不用上课，所有时间都由自己支配。每天睡觉吃饭之外就是看书，除了上课的东西，还看了好多本平时想看而没时间看的好书。另外还带了半导体收音机，整天开着都不会妨碍别人，也免得房间里过于冷清。每天中午追听电台里小说联播英国作家柯林斯的《月亮宝石》，中学时看过，病榻上重温一遍仍然津津有味。还有就是关注苏联入侵阿富汗的新闻，没想到此事成为苏联崩溃的起点。

那个学期的课程已近尾声,我在病房里照样复习迎考。有几门课目同学把考卷送来交给医生,我做完后消毒再套入信封拿出去。成绩出来都还不错,应该不会是老师可怜我生病吧。学期结束,同学们放假,我也高高兴兴回家,继续自我隔离休养。下学期开始我完全正常上课,包括体育。唯一的变化,是学校安排我和另一位生过肝炎的同学搬去楼梯口的小房间,一直到最后毕业。

今年春节后回到上海,在家自我隔离了好多天,那种感觉让我想起了四十年前,很像。只是当年还没有手机,病房里没有电视,日子简单得多,可以专心看许多书。另外,过去我们没有任何取暖设备,上海的冬天比现在冷好多,也就扛过来了。很怀念这一个月的特别日子,估计再过多少年,有人也会怀念今天。

胡晓明

生者日已亲
—— 疫情时期的读诗生活片断

一

陆游有多首《醉中作》。其中一首：

驾鹤孤飞万里风，偶然来憩大峨东。
持杯露坐无人会，要看青天入酒中。

可怜的诗人，他为什么这样孤独？为什么这样癫狂？为什么这样无人理解？其实，陆游一生都想做一个战士，跃马提枪，上前线杀敌，可惜这一直不断喝酒，做不完的梦："斗帐重茵香雾重，膏粱那可共功名。三更骑报河冰合，铁马何人从我行？"他等这个冰河冻合等得好苦！

疫情时期读陆游诗，就是最感慨这一点，书生无用，不能如白衣战士,不能如快递小哥,不能如楼下的赵奶奶当志愿者。陆游于是只能用不断的写诗来疗伤。他真的是什么都写,古今诗人,像陆游那样细大不捐地写诗的人,也不多见。死亡也是他的诗歌主题之一。有两首诗写寒冬之中一片衰败茅草枯蒲背景中绽开的梅花:

梅花树下黄茅丘,古人尚能爱花不?
月淡烟深听牧笛,死生常事不须愁。

荒陂十亩浴凫鸭,折苇枯蒲寒意深。
何处得船满载酒?醉时系著古梅林。

第一首,"黄茅丘"是一个最难看最死相的景,然而梅花就开在那里!第二首亦从一派荒寒之中,翻转出豪侠之举:最后一句喝醉了,就系船于古老的梅花树林子里,何等梦境,何等心情!读这样的诗,更要懂得古人的神情意态,风度气象,读到这里才算是进去。

手机里的信息看多了,人整个都不好了。而《七月十四日夜观月》诗云:

不复微云滓太清,浩然风露欲三更。
开帘一寄平生快,万顷空江著月明。

顾佛影评:朗然无滓。

上下皆清莹一片。在疫情隔离时期读此诗,万顷空江,是何等清洁的世界。特别有一吐为快之向往。第二句寓一"晓"字,末句寓一

"明"字,噫,似为老夫而作也。

二

日本京都是一座美丽如画的城市,就像一个巨大而鲜花盛开的花瓶。在日本古典文学名著《枕草子》中,清少纳言写道:"今日,高栏上搬来一只大的青瓷花瓶,插了许多枝五尺许长盛开的樱花,花儿直绽开到高栏旁边来。"这段话写于日本正历五年(九九四年)。然而,《千年古都京都》的作者高桥昌明写道:"平安京正历四年开始流行瘟疫,死尸堆满街边,往来行人皆掩鼻而过,乌鸦野狗食之饱腹,尸骨填满小巷……呈现前所未有的惨状。"我读到这一段记载,被"历史的美与真"这个课题所深为震动。我想到的是建安年间的那场瘟疫,想到的是在战乱与杀戮时代,那一幅以美为追求的魏晋风度与晋宋风流。

——这是我写于去年的书评,发表在《文汇读书周报》上,评杨星映教授的《世说新语》研究新著。杨老师似乎过于强调魏晋的美,我补充了战乱与杀戮时代,那样一个真的背景。

首先是直面惨淡的人生真实。东汉末年,中国的北方也暴发了一场大瘟疫。"家家有僵尸之痛,室室有号泣之哀。或阖门而殪,或覆族而丧",建安七子以及《古诗十九首》,都有直面苦难真实的作品。疫情期间读《古诗十九首》,字字真切新警。譬如:

回车驾言迈,悠悠涉长道。
四顾何茫茫,东风摇百草。

我大年初三那天早晨离开上海,往欧洲旅行,高速路上空无一车,就有这种长道悠悠,四顾茫茫,"东风摇百草"的感觉,一点都轻松不起来。又如:

青青陵上柏,磊磊涧中石。
人生天地间,忽如远行客。

松柏与涧石都是永恒、坚硬的存在,而人相比起来,太不确定、太偶然了,漂浮、漂泊、漂荡,就是人的命运,古往今来,没有改变。现代思想家总是说,古代的思想特征是对宇宙秩序的恒定与和谐的相信与认同,其实在中国文学中,在《古诗十九首》里,这个相信与认同早就破裂了,诗人一个"忽如",解构了汉代以来的传统,动摇了岁月静好的天真,把人置身于真实人生的境遇。又如平时读诗匆匆滑过去的一些句子:

东城高且长,逶迤自相属。
回风动地起,秋草萋已绿。

读起来惊心动魄,仿佛是那天我从伦敦回来,下了飞机,乘坐出租车在高速公路上跑,看到黄昏里的上海,楼影黑乎乎地在天际起伏。没有什么比这五字更准确,"逶迤自相属",又悲壮又苍凉。而"秋草萋已绿",仿佛有"寒山一带伤心碧"的意味。而且这个"萋"字,不正是"芳草萋萋鹦鹉洲"的那个"萋"字么?时间与空间,都十分穿越,古人与我同在。

我们看多了武汉伤心的视频,我们知道了"武汉"从原先那样的一个大江大湖,变成如今这样一座悲壮的城市,窗外风声混和着呼啸而过的救护车的声音,天空上时时轰鸣着飞机,多少白衣战士在那里与凶恶的病毒血战……世卫组织专家组组长说:"全世界真的欠了武汉人民的情",这是何等深重的肺腑之言!

驱车上东门,遥望郭北墓。
白杨何萧萧,松柏夹广路。
下有陈死人,杳杳即长暮。
潜寐黄泉下,千载永不寤。
浩浩阴阳移,年命如朝露。
……

还有这一首《去者日以疏》:

去者日以疏,生者日已亲。
出郭门直视,但见丘与坟。
古墓犁为田,松柏摧为薪。
白杨多悲风,萧萧愁杀人。
思还故里闾,欲归道无因。

"生者日已亲"一句,分明教我们用新的眼光看待我们周边的生命。不仅是思还故里,更是重活一回了。《古诗十九首》有忧生之嗟,人生短暂的感伤与死亡大限的咏叹,痛痒相关,由此起仆翻转而出个人意识的觉醒和生命价值的再生,正如一个生于暴发户家庭的小孩子,怎么教育他要懂事也教育不好,只是由于亲身经历生死变故,遂变成一个有担当有责任、帮助他人、也珍惜人生的人。只要他不要像宝玉那样完全了断、遁入空门,也就还是成全了一份修行的大功德。钟嵘评《古诗十九首》:"文温以丽,意悲而远,惊心动魄,可谓几乎一字千金。……人代冥灭,而清音独远,悲夫!"这里有两个"远"字,"远"就是从直觉的本能的、光秃秃的生命里"曲"出去,我理解的现代人生,一定是不可以直接、光秃秃地、现成地获得人生的真实受用的,一定要从很远很远的地方翻上去,再转回来到最近最近的地方。(牟宗三先生《五十自述》第一章即讲这个道理,可参。)

由直面人生的真,翻转上来才可以谈到美。美是灵魂复苏的动能,是灵性疗救的助力。我们再回到清少纳言的《枕草子》:"今日,高栏上搬来一只大的青瓷花瓶,插了许多枝五尺许长盛开的樱花,花儿直绽开到高栏旁边来。"这段话写于日本正历五年(九九四年),也就是正历四年大瘟疫后的第二年!我不知道具体是哪个月份,但是我知道,是一个樱花盛开的春天。樱花,是历史深处传过来的一个美丽的讯号。武汉的樱花,一定也快开了吧?

二〇二〇年二月二十六日于上海

恺蒂
伦敦空巷,后会有期

四月的第一个周末,阳光明媚,气温竟升到二十度。图亭公园中花树婆娑,新叶诱人。人不算多,或走路或跑步,或仰卧起坐俯卧撑,大多是锻炼的人。也有些父母在陪着孩子玩球骑自行车。大家小心地保持着两米多的距离,对面有人过来,就互相绕个弯。英国实施社交疏远和居家隔离,正好两周。

这两周来,阳光明媚的日子还真不少,每天早上起来看到无云的蓝天,都好像是一种辜负。2020年新年伊始,几乎每个周末都是大风暴雨,英格兰中部汪洋成灾。三月初天气才开始好转,新冠疫情却连续升级。政府终于在三月十八日决定关闭学校并取消所有大型活动,二十日宣布关闭所有酒吧饭店娱乐场所,建议社交疏离及居家禁足。但那个周末公园及各大景区却人满为患;二十三日,将"建议"改为"指令",要求全民居家隔离,大举减少人口流动及接触机会,延缓疫情蔓延的速度。能在家办公的就不要去上班,每人每天可就近出门一次锻炼身体，仍可出门采购生活必需品，但要减到最少次数。

从春节开始，我们就知道国内亲朋全城隔离的情况，所以，英国这一"严格"措施，在我们看来，是完全可以接受的，是没有商量余地的。所以，第一周朋友中就有不少人觉得这禁足隔离实在太难适应，真的让我惊讶。我当然明白个人自由和集体责任的讨论，但政府以禁足来保护全民医疗系统，不能让医院在重压下垮掉，这种要求真的不算高。面对着日渐温暖阳光灿烂的天气，如何能保证身体健康的年轻人不出门躺在草地上晒太阳，真是个难题。他们总觉得，万一染病，扛一扛也就过去了，所以，新闻社交媒体上常有刚刚下班的筋疲力尽的医生护士的含泪呼唤："我们不需要你们做任何事情，我们就是需要你们待在家里，你们只要不出门，就是对我们最大的帮助了。"这里强调的，不是你自己不要被感染，而是你不要成了感染的媒体，把病毒传给别人。

其实，我们从三月十四日就开始"社交疏远"了。那天去牛津把正好放假的女儿接回伦敦，因为她的学院里已有确诊病例，她隔壁同学有症状正在自我隔离，而且她自己也稍有咳嗽，我们也就不再出门，取消了两个与朋友聚会的饭局，想到万一真有感染，不要传给别人。

虽然主动疏离，但我们的生活基本上没有改变。我们一直就是在家办公，有文章要写，有翻译要完成，有新书要编辑，忙上加忙，一天中没有需要填空的时间。两个孩子都回了家，更多了些烧饭洗衣清洁的工作。

等到全民疏离，亲人朋友们的联系反而更多，大家都发现了一个极棒的虚拟会议软件Zoom，于是，和家人朋友们定时约好Zoom聊天，每周一次互相问候，虽然能够随意见面时，可能也只一两个月才碰一次头。我们还通过Zoom视频参加了一位朋友的四十岁生日晚会，南非和英国将近三十个家庭参加，不少在家里挂上"生日快乐"的横幅，好几位做了自己可以享受的蛋糕，也有不少人的打扮完全如出门参加真正的庆生会，会弹拨吟唱献上歌曲，从小就认识的会说几段成长逸事。

有人把现在称为英国的"至暗时刻"，但英国还有句话：遇到困难事，先开个玩笑再说。四月五日女王奶奶的电视讲话中，说起英国精神："我们的后代将会说：这一代英国人和他们的先辈一样坚强。我们在抗疫中的自律、平静、些许幽默的对应，以及富有的同情心，将是持续发扬的英国精神。"这里"些许幽默"非常重要。

最近在英国网红的是 Ben Marsh 一家翻唱《悲惨世界》中的《只待明天》一曲。据说此公是英国肯特大学历史系的教授，他们唱出了居家生活的各种无奈，妈妈说到网购难以等到供货上门的时间，祖父母们不会用网络与他们聊天，四个孩子在同一屋檐下相互厌倦，孩子们对足球和朋友的想念，对不用考试的窃喜，但网课几乎让父母崩溃……一家六口的歌声和音乐天赋真让人赞叹。

如果居家办公，也会有人在网上支招：早上起来一定要梳洗换衣，不要一天都穿着睡衣；开始工作前最好先出去走路或跑步，虚拟上班路线；作息时间按照上班规律，早晚茶歇及中饭时间与上班时一致，也可与其他同样在家办公的同事们闲聊片刻，恰似午休；一天工作结束后，与其他同事说声再见，把工作电脑文件等另置。

当然，隔离日，读书日，不少朋友已经开始阅读《战争与和平》或是《尤利西斯》，当然还有曼特尔最近出版的《镜与光》，纸质书销量的上升虽然比不上卫生纸，但出版业似乎未受疫情影响。只是那些实体书店不得不关门休业，不知等疫情过后，多少还能重振旗鼓。

还有各种电影电视连续剧，有人开玩笑说，Netflix 注册人数上升的曲线几乎是与新冠感染人数增长的曲线相对应。那些关闭了的戏院也不甘落后，国家剧院把经典戏剧的演出放在YouTube上，观众可以免费观看，每周一出。詹姆斯·科登主演的《一仆二主》是第一场，第二场将是《简·爱》。

我们家的孩子早已自给自足，最好我们不去烦他们，而且春假已经开始，他们正好趁机补觉。家中有小朋友的，那父母亲可就辛苦了。当然，能借助许多线上活动，例如一位名叫Jo Wicks的Youtuber，在他的频道里当上了体育老师，每天早上九点发布一条半小时锻炼视频，带着小朋友及家长们一起来上体育课。也有家长为孩子在家里设立了米星饭店，爸爸穿着晚礼服当侍者，把橙汁和牛奶当成波尔多红酒那么对待。只是网课让家长辛苦，中国家长早就习惯的陪读，在英国家长这里可是新鲜事。难怪我们的群中经常会有网课的笑话——新冠病毒不可怕，能把人逼疯的网课才更可怕。

让我觉得最有创造力的，是原本要从新西兰回英国探亲的家人。行程取消，九岁和七岁的两个孩子无比失望，当爸爸的就执意要对他们进行补偿。他把客房改成了机舱，孩子的iPad被绑在前面椅子的背后，晚餐改成了飞行模式，鸡肉或鱼肉的套餐，用大纸盒剪出两个飞机窗口，后面是电视屏幕，从"窗口"能看到飞机的起飞，起飞后还能仰看蓝天白云，俯视广阔大地，当然，沙发床提供了头等舱的服务。二十四小时的飞行之后，孩子们戴着蓝红相间的英国国旗帽，拿着护照来到"海关"，正襟危坐的海关关员是特地穿了西装的爸爸，问题面试外加签证图章。这一个月，孩子们将对伦敦各大景点进行虚拟旅游……

这让人想到布雷德伯里的短篇小说《火箭》，那是一个太空旅行已是家常便饭的时代，一位看管工业垃圾场的爸爸，省吃俭用攒的钱永远不够带着全家四个孩子前往太空,于是,他用所有的积蓄买下被处理到垃圾场的一个旧火箭,捡拾配置了所有设备后,他在妻子怀疑的目光下带着四个孩子前往太空,"月亮如梦幻般经过,流星如烟花般绽放,时间在蜿蜒的气体中流逝,孩子们大声喊叫着,从吊床里爬将出来,几个小时后,他们从小窗口向外凝望:看到地球了!看到火星了!"

事实是,"垃圾场的大门上挂着锁,依然锈迹斑斑,没有变化。河边的那个寂静的小房子,厨房的窗子里亮着灯,河水流向同一个大海。在垃圾场的中心,站立着那个抖动着的、轰隆作响的旧火箭,制造着一场神奇的梦境。摇晃着,咆哮着,让被吊床网裹住的孩子们像网中的苍蝇那般弹跃颤动。"

在全民禁足的时刻,春天没有停下脚步。黄水仙依然怒放,迎春花还在枝头,粉色的丁香已经被绿叶取代,樱花树上还有一簇簇浅粉淡紫,街上的安静也让鸟儿们更为吵闹。女王奶奶最后那句"我们将和朋友重逢,和家人团聚,我们后会有期",充满了坚守,也充满了悲壮,特别是今晚,首相刚刚被送进重症病房,让人想到二战时的那首著名歌曲的后面几句:"我们后会有期/不知会在哪里/不知会在何时/但我知道会在一个晴朗的天/保持着你一贯的笑容/直到蓝蓝的天空把乌云推开很远。"

这场全球的新冠危机,最终的解脱可能要靠科学研究制造出疫苗和药物。但这也许是艰难而漫长的历程,是"不知何时""不知何地"的希望,在至暗时刻要保持头脑和心态的健康,除了些许幽默,也需要想象力,需要那"虚拟但神奇的梦境"。

2020年4月6日于伦敦

余斌
疫中出行记

我自认是个宅得住的人,"躲进小楼成一统"式的度日方式,没什么难度。曾经十来天,除了拿快递,就没下过楼。何以如此?懒得动而已。冠冕堂皇地说,你是自由的,"懒"是你的选择。新冠病毒既来,出行成为大忌,被迫待在家里,形同关禁闭,还没几天,忽然就觉得"宅"是难以接受的了,而且就像禁书刺激好奇心一般,犯禁的冲动油然而生。

然则出去一趟,实在是阻力重重。首先是家里人的百般阻挠。非常时期,出去需要充分的理由,"不自由,毋宁死"不独过于小题大作摆不上台面,说出来也几近要挟,相反的,微信里各种大道、小道的消息纷至沓来,似乎都在佐证,要这个自由,等于找死。

散步自然在取消之列,要走只能在家中进行。平日不耐散步,风雨如磐之际居然想起"养生"的指标,比如散步,须达几千步方有意义之类。遂拿着手机走来走去,也不知走了多少来回,看一下,止得四百多步,大感沮丧。还有一条,据说散步要保持一定速度才收健身之效,而在狭小的封闭空间里,这头到那头地来回折返,还是快步,我觉着有没头苍蝇乱撞的味道。

如此这般,待终于有理由出门时,其兴奋可知。电脑鼠标不干活了,不知是没电,还是坏掉。电脑是干活的工具,工作算不可抗拒的理由了吧?(虽然事实上从武汉封城起,诸事无心,就没干什么活。)若是电池问题,附近就可解决,但出门一趟不易,还是决定奔金润发这样的大超市,一竿子到底,弄个新鼠标,杜绝万一。当然,也是为在外盘桓更长的时间提供依据。

这是大年初六,大街上行人无多,靠近金润发,人多起来。龙江的金润发在新城市广场一角,后者可以算得上南京最早建起的购物中心之一,如同一条室内购物街,平日即使不是周末,也人头攒动,热闹得很。忽生好奇之心,想知道眼下是怎么个情形。

电影院自然是关了,不少商店还在营业,只是门可罗雀,和此时的大街一样,空空荡荡。商家已是情知不妙,减少人手,只留一二人留守,目测营业员相加,还是远超闲荡的顾客。营业员皆戴口罩,闲得只能不同店面的人就近组合,一边看着店面,一边聊天。最惨的是四楼的餐馆,平日高峰期门口满是等座的人,此时一眼望去,仿佛家家关张,空余门前春节、过年当如何如何嗨吃起来的广告,令人无语。

原本还想去负一楼转转,那是小吃扎堆的所在,我的馋虫蠢蠢而动:打包带回,或许不难全身而退?恰在此时,电话铃声响起,视察活动被紧急叫停。

家里打来的。问是否已进入金润发,啥也别买了,速速归家!言下大是紧张。原来微信上大道、小道多种消息来源说,菜场尚未开门,众人纷纷涌入大超市抢菜,大超市属封闭空间,最易传染,有多张场内人头攒动、结账大排长龙的图片为证。至于鼠标问题,她不用了,给我。决绝到肯让出鼠标,夫复何言?虽说"将在外,君命有所不受",还是打道回府了。

稍稍打了点折扣:在下电动扶梯的转角处稍作停留,买了两盒寿司。此举我有充分的理由,其一,是顺道,必经之地;其二,这里是靠着电影和一众专卖店的顾客带流量的,此时根本无人问津。最关键的是,那通电话大大渲染了传染的可能性,以致我的出行越来越像一次冒险,既已冒一次险,空手而归,太不值了。

这两盒寿司埋下了争执的导火索。哪天生产的?谁知上面标注的日期会不会有假?制作时厨师戴口罩了吗?买回的菜烧熟即可令病毒毙命,寿司,特别是生鱼片、鱼籽、刺身那些,近乎生鲜,危险大大的吧?……寿司当然百口莫辩,我发现要证明它没带病毒,几乎是不可能的。但冒险一场,结果是增加倒垃圾的品种,万难接受,"你不吃我吃"是我的底线。

我吃了,幸无大碍——不是对身体,是对夫妻关系。

以为出行一事就此翻篇,不想这事也是可以有后遗症的。潜伏期是两天。爆发的原因,是隔天在微信群里看到一张截图,内容是新城市广场某店铺老板和员工的私聊,老板说她发热了,叮嘱员工都别去上班,把店关了,自己注意隔离。女老板发微信,正是我出行的那一日,我之被盘问,理所当然。进过那家店吗?一脸懵,从不知那家店卖啥——是女装店?那还问啥?!拜托。到过那一层吗——就是二楼,基本卖服装的?没有,我只想看看电影院、餐馆咋样了,根本没想视察其他行业。于是警报解除。

但没过多久,微信群里又传出女老板行动路线,经过某处,下的是哪一处的电动扶梯。于是有新一轮的盘问,到底有没有走中间的电动扶梯呢?就算过去丢钱包、丢手机,我也没和记忆这么较过劲。

被颠来倒去地盘问实在是件烦人的事,谈不上太伤自尊,但穷尽式的发问还是有让人抓狂的属性。遂赌咒发誓,"大门不出,二门不迈",以大家闺秀的高标准要求自己。就当出门就是十面埋伏——宅!宅到底!

沈芸
西城猫爷

西城猫爷，Mr.唐，唐杰忠的唐。

请不要对号入座，纯属巧合，为避免误会，我改称他为T先生。

T先生住在长安街以南的一个苏式建筑群里，离我们原来在大六部口的家也就是几站路的距离。在他的那个小区，我认识好几家熟人，都是继承的上一辈留下的老楼房。那座带有前苏联特征的房子，楼层很高，有四米以上，楼道狭窄，一眼看不到头，幽深而神秘。

我们相识来往的时间是在2003年，SARS肆虐过后。

我跟T先生并不很熟，充其量不过是猫友，中间隔着一个彼此共同的猫亲戚。猫亲戚家盛产长毛大花猫，正是T先生的最爱，于是，猫亲戚家的猫二代就成了T先生的猫闺女，一来二去，两家走动频繁，自然就沾亲带故了，我因此得着机会去T家看过一次猫主子。

T先生不合群，也不油腻，见了不熟的人，自然流露出来一股爱搭不理的北京大爷范儿。

我与T太太聊猫比较多,她是个瘦弱娇小,风一刮就能飘起来的女人,上着有一搭没一搭的班,不要职位,不评职称。身子弱,早早办理了病退。

我感觉,她平时不干什么事,主要是负责伺候家里的那几头大花猫,譬如五六月份是每年的脱毛季,她每天要把这四五只宝贝的大长毛挨个梳一遍,还要检查一下毛打结的情况,剪掉梳通。清洁梳洗完毕,猫少爷猫小姐们呼噜呼噜着,要求再做个大保健马杀鸡,将舒服进行到底!这的确是大工程,每次一套头下来,把这位猫保姆累得够呛。

猫在这座老宅里有着至高无上的地位。我对他家最深刻的印象,莫过于长长窄窄的走廊里,横着一棵砍下来的大木桩子,一只大花咪撅着屁股,翘着肥硕的大尾巴,正趴在粗糙的老树皮上面嘎嘎地杠爪。T先生解释说,家养的猫咪够可怜的,为了吃口嗟来之食,只能被圈养,连拉泡野屎的快乐都没有,所以,他家的猫厕所宽宽大大,几乎是一猫一厕,他的理论是出恭憋屈不符合猫道主义原则。

老房子高大,但是会阴冷,尤其是到了秋冬季,猫咪们很娇气,知冷知热。

夜里,它们跟爸妈挤在一张大的双人床上,夫妻俩加上一群肥猫,呼噜声此伏彼起,人的猫的,配合上压在胸口的踩奶节奏,T太太说治好了她的神经衰弱。

白天,猫咪们缩在暖气片上哀哀怨怨地抱着团。T先生找来木匠,在窗台和暖气上搭了一宽阔的木板,T太太缝制了厚厚的棉垫子。铺上后,所有的猫都跳上去争抢地盘,一时间,暖气上卧满了猫,暖洋洋地晒着太阳,是他家"唐顿庄园"的盛世一景。

T夫妻俩过得很悠闲,他们儿子在大家都考托福的时候,去了英国读书。T先生是先富起来的人，单看看他开的那辆奔驰SUV，就知道他是财富自由一族，那个年代，开着北京大吉普已经算是高调了。

其实，T先生很低调，走在大街上跟工薪阶层没有任何区别，他最大的爱好是买菜做饭，自己主厨，把人请家来撮一顿，当然，都是至亲密友，范围很小，我不在其列。

T先生做的菜是地道的京味，他的干烧鱼和酱焖牛尾，我们南方人做不出来。他擅长用黄酱和甜酱的搭配，比例完全凭做菜时的感觉。他炒的白菜，菜不能用水洗，沾了水的菜，他就不用了。芥末麻酱拌白菜心，清脆爽口，在风干物燥的北方吃上一口，消灭冬天里的一把火。

老北京的讲究，甭管穷富，永无止境。为了吃上最正口的压饸饹，T先生他们专门从内蒙古买来了饸饹床子，面要和得不软不硬，放在床子里，一点一点往下压，成型的面条一根一根地落入滚烫的沸水里，面条出锅筋道有面香。为了这个压饸饹的玩意儿，T先生和猫亲戚两家，炸酱面、打卤面、三合油香椿芽拌面，轮番上阵，一夏天没断过顿。猫亲戚说，压饸饹好吃，这床子难洗，每次用完洗起来就得半个小时，费时费水。

T太太是十指不沾阳春水的福气之人，她不会做饭，也从来不进厨房帮厨，吃惯了现成的。

在厨房里陪着的是前面提到的，那只从猫亲戚家引进的大花猫。这位娇贵漂亮的猫小姐继承了母系强大的基因，喜欢抱脖儿，对于铲屎官，早有分工，麻麻负责梳毛敲背，粑粑负责撒娇发嗲。T先生摆出半蹲的姿势，猫闺女一个箭步蹿了上来，两只前爪一搭，环抱住主人的脖子，这一吊就下不来了，走哪儿吊哪儿，厨房厕所都不例外。

T先生在厨房烧菜，左手托着猫，右手干着活，实在腾不出手的时候,猫的俩后腿就撑在他的前胸。洗菜、切菜、起油锅、下锅、炒菜……油烟机隆隆作响。在浓浓的烟熏火燎中,他独臂托猫,单手拿着炒勺调味、翻炒、颠锅、盛盘……然后,T先生走出厨房,肩扛着一只大猫,手里端着一盘冒着锅气的诸如青椒土豆炒肉片之类,上桌!请脑补一下这雄赳赳的画面。

T先生是菜市场的常客。这位爷经常是早上醒来,兴致一起,出门买个糖油饼,和太太塞上几口,俩人一合计决定去趟丰台。

出门前,T先生要先把车打扫一遍,再带上一小暖瓶的开水,保温杯里放好了茉莉花茶。等着太太处理好家里的各项猫事物,一般在十点半过后,就可以上路了。

踩上脚油门,驶出红砖绿荫的小区,一路向南。车载收音机里传来关学曾的北京琴书《买肉馅儿》:

这一日,万里晴空,是个礼拜天儿。
胡闹和他的爱人,小两口全歇班儿。
他爱人说:吃包饺子,要多买点羊肉馅儿,
放点葱,不搁白菜,要一饺子一个肉丸儿……

关学曾的北京儿化音,说得出神入化,听得沁人心脾。

T先生的第一站是奔大红门京深海鲜市场,他们的中饭通常都是在这里解决了,十一点半正好是饭点。

T先生两口子熟门熟路,首先到商铺去选海鲜,他是熟客,免不了要跟各家老板摊主称兄道弟、哥长弟短地热络一番,各家都殷勤地把看家的时鲜好货热烈推荐。不大会儿的工夫,T先生T太太手里就拎满了好几个黑色塑料口袋,上楼加工,现做现吃,堂食。楼上大排档的阵势,用盛况空前来形容一点不为过,人山人海,摩肩接踵,人声鼎沸。

T先生就近找了一家熟店坐下,老板马上热情过来擦桌子,摆碗筷,接过那几个黑色塑料袋:"哥,还是按老样子做呗?"

"嗯,没变化,你看着来吧,今天的货新鲜,原味,吃原味……"

T先生拿出小暖壶,续上保温杯里茉莉花茶,把桌上的玻璃杯涮了涮,倒上两杯花茶,边喝边聊边张望,等着上菜。

三十多岁的小老板端着一碟切好的三文鱼片和芥末酱油蘸料走过来,顺手递上配好的菜单:韭菜炒河虾,白灼基围虾,葱姜炒蛏子,蒜蓉粉丝蒸带子,香辣蟹,蒜焖鳝鱼和豆豉焗龙利鱼。

T先生夫妇从来都是点菜点得多,吃饭不能抠抠搜搜,吃不痛快不行,吃不完剩着,打包带走,家里还有猫等着呢。老板显然是很满意这两口子的豪横做派,脸上都笑成了一朵大红花。

吃饱喝足后,起身,T太太去结账,T先生拎着餐盒和暖瓶下楼去找先前的几家摊主。商家已经把T先生付了款的海鲜,处理干净,集中装在了两个泡沫箱里,并且放满了保鲜的冰块,等T先生吃完饭下来过目后,打包封箱,由小哥帮着搬运,装上那辆SUV的后备厢。

T先生的下一站是去新发地批发市场,他要继续去采购,牛肉是主项,他炒牛肉丝一定要选后腿部位的"黄瓜条",酱牛肉必须要挑牛花腱,炖牛腩肯定是少不了筋头巴脑。猪肉的排骨、里脊都得有,再选一大块梅花肉饺馅,随时可以包饺子。蔬菜瓜果梨桃和嫩玉米是最后的选项。

临走时,T太太还不忘拿上一盒红心柴鸡蛋,她家老公说了,滑蛋的最大秘诀就是鸡蛋的蛋黄要鼓,要纯天然,要绝对的新鲜。

当运货的小哥一趟一趟地把大奔驰塞满,时间也快五点了。

夫妻俩又合计上了,五点半之前去牛街聚宝源不排队,别磨蹭了,直奔牛街!

聚宝源的紫铜炭锅是老北京人涮肉都钟爱的,两盘手切羊上脑,一盘黑牛百叶,一盘羊油炒麻豆腐,配上绿茼蒿,晚饭吃得简单点,主要是最后想喝一碗涮锅的羊汤面。

当他们带着刚出炉的麻酱烧饼走出聚宝源时,正好上人了,乌泱乌泱的,门外的队伍排成了长龙。

从牛街往复兴门方向开,也就是一脚油的工夫。到了家,卸下货,把冰箱冰柜分类填满。冲个热水澡,新沏上一壶茉莉花,正在追的电视剧开始了……

T先生家的猫都是波斯大三花,外人一般都分不清谁是谁。看见主人回来了,大三花们跳上了长桌子,竖起鸡毛掸子的大雄尾,高低起伏地嗷嗷叫。T先生的眼睛边盯着电视剧边打开打包的餐盒,把羊肉和鱼虾蟹拆肉剔骨,拌饭浇汤汁,T太太洗净猫饭碗,将拌饭分配好,猫咪们开始大快朵颐,高低声渐渐地平静了下来。

T先生的猫,从小到大都是这种鱼羊鲜的饭喂着,伟嘉猫粮根本不爱吃。这位老哥认为,光给猫吃猫粮太委屈它们了,从头到尾一个味,还不如臭鱼烂虾有滋味呢,他的猫深受他这种观点的影响,经常是闻闻猫粮,甩甩手,一脸鄙视的,走了!

此时,T先生的电视剧剧情进入了高潮,抽丝剥茧,坏人快要现原形了……破案到了紧张之时,荧屏上却打出了"大剧抢先看",T先生气不打一处来,抓起遥控关了电视。

北京大爷的完美一天就这样结束了,我觉得这才叫生活。这种生活或许在2020年被按下了暂停键。

自从猫亲戚一家移民葡萄牙之后，我已经很久没有T先生的消息了。但是我知道他家没有出国，更不会搬离那个金不换的地段。

身处北京高风险地区的地理位置，T先生夫妇肯定已经做过核酸检测了，结果也肯定是阴性，可能因为去过新发地居家隔离了。

这次的新冠病毒比上次的SARS可难对付多了。

T先生只喝茉莉花茶。等疫情彻底过去以后，希望能跟他们联系上，到时我送上一盒上好的福建花茶，跟着他俩一起去买买买，一起去逛吃逛吃。

2020.6.19 于北京

王尔山
"我们终将重聚"

从四月五日英国女王伊丽莎白二世发表的电视讲话听她提起她的第一次公开讲话是在1940年,我忍不住拿出纸笔进行复核,这才勉强相信自己心算得出的结果:八十年,从那时到现在的距离。

第一次看到1940年那次讲话是在英国历史学家罗伯特·莱西(Robert Lacey)写的女王传记 Royal: Her Majesty Queen Elisabeth II。书中附有官方发布的新闻照片,就是这次电视讲话配的同一张,当时十四岁的公主与她十岁的妹妹镇定地坐在麦克风前,准备向疏散到其他地区以躲避战火的英联邦国家小朋友讲话。

八十年后,她对着摄像机重提当年妹妹和她一起完成的首次公开讲话,再次表达 We'll meet again(我们终将重聚)的信心。

那是二战时期英国一首爱国歌曲的标题。

第二天,四月六日,英国《太阳报》在一篇用加粗黑字标注"独家报道"的文章用到了shocked（震惊）这个词，用来形容歌曲原唱者维拉·林（Vera Lynn）的反应。

一向反对"震惊"的写法，此刻却感到心悦诚服，因为我的反应也是这样，是货真价实的意外，没想到原唱者依然健在，上个月刚刚庆祝一百零三岁生日，给报社提供的照片笑容灿烂，跟女儿笑成一团。

要知道她的战后经历相当坎坷——当然了，写到这里也会想，估计当时世界上有一多半的人都要面对严峻的挑战，进入艰难模式。

就像《平如美棠：我俩的故事》，记录一对恋人从抗日战争一路走到生命尽头，让我想起之前看过的另一本书，也是一对恋人从二战到后来，标题也是直接列出两位主人公的名字，叫Ethel & Ernest，要说有什么区别，大概是前者由男主角饶平如先生执笔，发生在中国，后者由主人公的儿子完成，发生在英国。

他俩的笔触是一样的平静，曲折深情全在读者于字里行间的体会。

说回维拉·林，早在女王重提《我们终将重聚》之前，她就在三月里借生日的机会通过社交媒体呼吁听众"保持微笑，直到乌云散去重见蓝天"，引用的就是这首歌的歌词，并且在女王重提之后与后辈歌手宣布再度发布她俩的合唱版本，用于为前线医护人员募捐。

她还有一首歌我也很喜欢，叫《多佛的白色峭壁》（The White Cliffs of Dover），喜欢到第一次去英国就设法一个人跑了一趟多佛，从白色峭壁之上已然变成博物馆的战时指挥部眺望对岸，对岸就是法国呀，试图设想他们当时的心情，怎么就那么有信心一定可以打回去。

毕竟小公主发表讲话是在敦刻尔克撤退过后没几个月，德军对英国的空袭开始，家长们不得不考虑把小朋友疏散到城市以外。

我去那天是晴天，海上飘着薄薄的一层雾，远方大陆看上去朦朦胧胧，没留下值得分享的照片，带回来的纪念品是一张CD，里面收录十九首战时歌曲，包括《多佛的白色峭壁》和《我们终将重聚》。附带的小册子提到当时听广播是英国人难得的娱乐，因为电视作为新事物不仅远未普及，而且在1939年9月1日停播，两天后，英国对德宣战。

第一次得知世上还有"多佛的白色峭壁"这么一种事物，是在小杰西·拉斯基（Jesse Lasky Jr.）主笔的传记《舞台恋人：记劳伦斯·奥利维尔与费雯·丽》，里面提到费雯·丽在1943年夏天参加美国全国慰问演出协会（ENSA）前往北非为盟军将士演出，在那儿，英国国王乔治六世请她在诗歌环节加入《多佛的白色峭壁》，因为那是他非常喜欢的作品。

诗的作者是爱丽丝·杜尔·米勒（Alice Duer Miller），跟同名歌曲不一样。

但两位作者都是美国人。

就像《舞台恋人》的作者，明明是土生土长的美国人，却带着对英国的推崇心情来写这两位来自英国的演员。

说来也巧，小拉斯基作为美国人能与两位英国演员形成深入的交集，深入到足够写传记的程度，要从他父亲老杰西·拉斯基说起：后者作为制片人，1913年选在洛杉矶一处郊区开拍世界第一部达到正片长度的电影《与印第安女人结婚的白人》（The Squaw Man）。

那地方叫好莱坞。

同年费雯·丽出生。

在赴北非之前,小拉斯基写道,她就通过参演爱国主义影片的方式声援盟军,包括《魂断蓝桥》与《汉密尔顿夫人》。

就像维拉·林一样。

他们当年的观众就包括现在的英国女王。

八十年。

《太阳报》报道还说,女王讲话发表当晚,《我们终将重聚》这首"老"歌在英国的下载排行榜一度跃升几百位,差点进入前二十名。

可以理解,连我这遥远外国读者看了也有那么一点要相信的冲动,对他们战时歌声里的祝福,因为这次重提是由当年共患难的歌者与听者共同完成的。

愿我们都将重聚。

朱生坚
正常即理想

医生这个行业给社会的贡献可不只是治病救人，它还贡献作家，比如鲁迅，比如余华；还贡献歌手，比如罗大佑；还贡献漫画家，比如小林；还贡献"段子手"，比如张文宏——他让人安心，又让人开心，也许还让人痴心。

我们不禁要问：这是为什么呢？为什么医生转身做艺术家，就像古话说的，秀才学医，笼里捉鸡？

同样有过学医经历的毛姆给出了答案。他说："对于一个作家来说，我不知道还有什么比在医生的行当里消磨几年更好的训练了。"虽然在律师的办公室里也可以了解人性，可是，在那儿，人会控制自己，会撒谎。但是在医生面前，不管脱不脱衣服，病人都是赤裸裸的。"大多数情况下，恐惧会击垮每一道防线，甚至虚荣心也会被它夺去力量。"用不着盘根问底，病人就会说出比医生想要知道的更多的东西。

说到这里，是不是应该把余华从上面的名单里删除呢？因为他原先是牙医,他的病人大概没有多少机会对他倾诉自己。再者,准确地说,鲁迅也没有真正做过医生,他只是做过医学院的学生,还没毕业就改行了。倘若毛姆所言真实不虚,那么,天晓得,要是鲁迅有几年行医经历,他对国民性的批判更会犀利到什么程度——如此说来,没有当过医生的鲁迅,对人性的洞察,确实有过人的禀赋。

说起鲁迅学医,我们都知道他自己记述的一则轶事,就是教解剖学的藤野先生指出他(周树人君)所画的下臂解剖图上的一个错误:"你看,你将这条血管移了一点位置了。——自然,这样一移,的确比较的好看些,然而解剖图不是美术,实物是那么样的,我们没法改换它。"

这里颇令人疑心,鲁迅在写作的时候,也许是记忆出错,也许是有意无意的——就像当初移动血管位置——借藤野先生的口,说出了自己原先的想法。我们有理由猜想,"穿衣服太模胡""会忘记带领结"的藤野先生未必能想到,这位周树人君乃是顺从了自己的艺术冲动,为的是把血管画得"比较的好看些"。医学不管好看不好看,而把解剖图故意画错了的美术爱好者注定会成为一位伟大的作家。

在医院实习中的毛姆也有一个让他难忘的经历,就照原样抄在这里:

我记得有一次在解剖室,我和示教讲师一起复习人体构件,他问我某条神经是什么神经,而我不知道。他告诉了我,然后我提出异议,因为神经所在的位置不对。然而他坚持认为那就是我一直找却没有找到的那条神经。我抱怨这样的异常情况,他则笑着说,在解剖学上,不普通的也是正常的。当时我真是被惹恼了,但是这句话印在了我的心底。从那以后我就被迫认识到,这句话适用于解剖学,对人而言亦然。正常是你只能极少发现的情形。正常是个理想。

这是不是就更有意思了?鲁迅和毛姆多少都有点理想主义,一个是审美上的理想主义,一个是认知上的理想主义。然而,医学或解剖学却是自然主义的。至于生活,按照毛姆的领悟,只能说是现实主义的:在正常的情况下,人或多或少有些不正常,无论是从生理上还是心理上来说都是如此;一个完全正常的人,几乎就是一个理想的人。这是所谓"正常即理想"的第一层意思。

由此,也要求我们调整对"理想"的认识,不要把理想放在遥远的未来,好像跟眼前的生活没有关系似的。所谓理想的生活,无非就是正常的生活,如此而已。只不过,悖谬的是,在正常的情况下,生活又或多或少是有些不正常的。正常的生活,就是理想的生活,它既不是遥不可及,而又总是会有所欠缺,带有一点不正常。而这就已经转到了"正常即理想"的第二层意思。

新冠肺炎疫情暴发之后首位上海援鄂医生钟鸣接受视频采访,快要结束的时候,记者问:"疫情过了之后您第一件事想做什么?"他想了想,眼睛有点红,把头往上仰了仰:"我想去平常地上一天班,我想平常地过一个周末,然后重新体味一下过去每一天每一天,我并没有意识到这么重要的这么珍惜的平凡的生活,是那么的重要那么的可贵。"

我不知道这段话曾经戳中了多少人的泪点。真的,说什么诗和远方,正常的生活已然来之不易,而且,我们已经知道,它又是多么脆弱,简直不堪一击。然而,我不知道,等到疫情过去之后,还会有多少人,还会真正体认"正常即理想",而安住于当下。

当然，这并不是让人放弃理想。如果毛姆所说的意思仅止于此，相当于把理想主义改写为正常主义、平庸主义，终究让人有点不甘心，让人觉得善则善矣，未尽美也。就在上面这段文字后面，我们看到，尽管毛姆一再让我们接受人的多样性，换言之，也就是接受人的不完美性，最后，他终于也说道：

我不认为说名人的缺点应当被忽略的人是对的，我觉得我们最好还是了解它们。然后，尽管我们意识到自己有和他们一样明显的缺点，我们也能相信这并不妨碍我们获得和他们一样的优点。

如此，也就是"正常即理想"的第三层意思，无论如何，我们还是可以希望把带有一些不正常的正常生活转变成更接近于理想的生活，并且不断努力。

第二辑

孙郁
在学林边上

世人言及邵燕祥先生,觉得杂文第一,诗次之,这都不无道理。他的文、诗之好,当源于文史的修养。就其晚年写作来看,学问家的一面也时有表露。他对于一些专业是下过功夫的,熟悉近代哲学,俄苏文学史,对于野史有浓厚的兴趣。而他的书话、旧体诗,也独步文坛,辞章里有着京派学人的某些气质。

我现在还记得,二十多年前他从虎坊桥的寓所打来电话,告诉我马上要搬家了,一些旧书可能对我有用。我到了他那里,发现许多学术著作,便搬回了几箱。先生给我多是珍贵的版本,大概是影响了其知识结构也说不定。有些对于我后来的工作,是难得的参照。如今翻看其间的版本,似乎感受到他与学术史的某种联系。

那时候我在编副刊,先生也写来一些杂文,犀利、深切,带着诗人的灵气。但我们见面的时候,很少谈文学,多是思想界的话题,他似乎更关注史学界的动向,对于近代史与共产主义运动史尤有兴趣。他的杂文写作，谈论历史的篇目很多，寻常之处，亦有亮点，臧否人物，往往出语惊人。多年间，写过多篇《夜读抄》，让人联想起傅山《霜红龛集》和鲁迅《准风月谈》，一些笔触也有知堂《药堂语录》的遗风。但他又不掉书袋，警惕"苦雨斋"式的沉闷与孤僻，那些谈孔子、孟子、曹雪芹、鲁迅的文字，都在故纸堆泡过，却又从中跳出，沐浴在现代的朗日下，见不到一丝迂腐之气。邵先生的学识，非学院派式，乃野性生长的那一种。

先生和许多学人的交往都值得一提。上世纪八十年代，正是思想活跃的时期，许多学人的新作，都吸引着他，从交往里看出彼此的读书趣味。他的藏书里夹有一些学者往来信件，1982年7月4日，赵瑞蕻先生致信他，言及无锡召开的法国文学年会，顺便提及翻译印象派诗人兰波的事，看出彼此的互动之深。古代文学专家林辰也是他的好友，1986年8月发信于他，对于鲁迅研究的感慨，也恰是邵燕祥最为关心的。有趣的是，他与施蛰存、周有光、季羡林的交往，都有深的思想碰撞。比如施蛰存晚年的诗文趣味和思想境界，世人知之甚少，但他在八十年代寄给邵先生的诗，则流露出气质的另一面，邵先生对此颇多心解。1998年秋，季羡林先生出版了新作，他通知我一同参加燕园的一个活动。那天北大的校园里来人甚多，算是一次有趣的聚会。会上他与季先生的神聊，看得出彼此的快慰。邵燕祥对许多学问家抱有敬意，他还与周有光先生有些信件往来，其中有一封讨论的是世界主义难题，彼此的心语很深，言谈间对于学问之道多有灼见。

先生欣赏的人，都有一点个性和趣味的，多年间，身边有不少学者朋友，对于民间学者，也颇为尊重。那本与朱正编写的《重读鲁迅》，一些解析鲁迅文本的文字，敏锐、浑厚，细读里的智慧，以及思想表达的清澈,毫不亚于那些专门研究鲁迅的人。

邵燕祥早年写诗,作品在明快中略有忧郁的调子。五十年代曾一时被人关注,八十年代后,写作有过井喷期。因为朦胧诗出现,他的诗作显得后滞,不太被青年注意。但他在杂文中找到了个体生命的表达方式。那些时文,因为针砭时弊,每每有鲁迅之风在,被人看成良心之作者多多。他的读书札记和学术随笔,与一般作家不同。这些随笔,韵致直逼唐弢、黄裳等这样的杂家,有时候文笔颇带儒风,不同的是有野外霜天的爽意。《夜读抄·管窥〈管锥编〉》云:

钱锺书《管锥编》,人们都知道是学术专著,旁征博引,豁然贯通,高屋建瓴,洞烛幽微,确是学养深厚,非常人所能企及。

其《一四五,全晋文卷一一一》中论到《文选》眼光时说:"昭明《文选》于陶(渊明)文只录此《(归去来)辞》,亦征具眼;人每讥昭明之不解《闲情赋》而未尝称其能赏《归去来》,又记过而不录功,世态之常矣。"一句"记过而不录功",抵得世人评说功过千万语,岂仅太子萧统可以无憾了呢。

其《一四七,全晋文卷一一三》,末句"强词终难夺理",发人遐想。倘有人于古今文论或政论中集纳"强词夺理"若干则,对照其终于不能夺理的史实,或当大有益于世道人心。

这样文字很多,是其杂感中最为特别的部分。虽然都是读书笔记,但趣味不都是雅态的悠然,而有精神的拷问。思想者的情趣历历在目。邵燕祥的随感,古今对话的时候居多,由微致广,往来自如。直指问题核心,且幽思缭绕,有爱意于斯。他借古喻今,又能以今释古。

有时候带有《日知录》的笔意,从历史深处打捞被遗忘的旧迹,那些沉睡的灵思被一一召唤出来。这样时候,看得出他读人之深,敏于辞章,通乎世道,真的是凛凛有清介气。

邵燕祥的学问还体现在他的旧诗的写作上。他与杨宪益、黄苗子的打油诗,多自嘲、游戏之作,神思涌动,纵横曲折,俗词翻成雅意,谐语亦见忧患。其间不乏鲁迅夫子的旷远之思,又含聂绀弩的奇气。有时候暗用典故,隐语中幽思种种。他与友人唱和中,偶有戏谑之语,但回转间,奇韵顿生。而追思前辈学人的诗句,亦有一丝民国文人趣味。那首《为台北叶国威先生题所藏俞平伯手书诗卷》,就很有深意:

旧时月色去无哗,
瞬息沧桑忆故家。
再走老君堂外路,
安能重见马缨花?

这一首诗是从俞平伯几十年前旧作中点化而来,俞先生的原诗是:

先人书室我移家,
憔悴新来改鬓华。
屋角斜晖应似旧,
隔墙犹见马缨花。

对比两诗,都有寄托,邵先生的内觉,打通两代人的壁垒,看似简约,却含有史的意味,通灵之气也是有的。检索他的作品,对于陈寅恪、张中行等前辈多有誉词，一些诗文也呼应了他们的思想，读其文字，对于学人的敬意，满溢纸上。今天的作家，能如此泼墨为诗者，已经不多了。

邵先生虽有许多学界的朋友，但对于现今的大学的风气，是有微词的。他曾对我说，你们写论文的，常常想把话说满、说圆，反而没有余地了。想起来，这是一种善意的提醒吧。邵先生的笔墨之趣里，是没有这样的痼疾的。学院派里的八股文过多，文字不及有学问的作家好看。此已积弊甚久，而今余风愈烈。每读先生之文，便觉这才是知识人应有的表达，可惜我们这些俗人，少的就是这样的笔墨。

吴学昭
一封无法投递的信

杨绛姐：您好！

　　时光飞驰，不觉您已走了四年了，您和钱先生、钱瑗都挺好吧，非常想念。

　　一直想给您写信，汇报一下我们对您遗物处理的情况，苦于没有邮址，无法投寄。谨试借您一向喜读的《笔会》的一角刊出，但愿您能见着，也让关心您的读者得知一些信息。

　　在您浴火重生的第五天，也就是2016年6月1日，我和您的另一位遗嘱执行人周晓红，还有您母校清华大学党委书记陈旭（她真不愧您所称的"知心娘家人"，各方面给予我们大力支持）派来的两位精力充沛的年轻助手：清华大学教育基金会的池净和清华大学校长办公室的刘立新，进驻您南沙沟的寓所，按照您的嘱咐，清点处理您的遗物。这以前，自您2016年元月底住院，家里一切都由阿姨小吴夫妇在料理。

我们从小吴那里接收了您的存折、存单，按您的遗嘱悉数捐赠给了清华大学教育基金会"好读书奖学金基金"。其后所收单位发给的丧葬费、抚恤费等，也一并捐赠"好读书奖学金基金"。

考虑到您家三十年不曾装修，门窗老旧，珍贵文物留置无人看守的家中，安全没有保障，我们尽量抓紧时间，加快清点处理，有时一天工作十二小时。幸得中国国家博物馆收藏二部和清华大学档案馆、图书馆同志的积极配合，不辞辛劳，与我们一起挑灯夜战，及时将被清点过的珍贵文物和重要的书籍、文稿、资料，接连运送回馆，保证了对您所捐赠遗物的妥善收藏。

您于2014年8月已当面交付国家博物馆一批家藏的名人字画、册页、遗墨、手迹、碑帖等珍贵文物。据国家博物馆邀请的专家们鉴定，您所捐赠的这批文物，如张之洞手书的诗稿等，刘鹗、钱基博题跋的《大观帖》，清末学者邹安跋的《急就章》拓片等，具有极高的史料价值、文化价值及艺术价值。国家博物馆这次收藏的珍贵文物有：你们使用的印章；你们读过的书籍，常用的汉语及英、法、德、意、西等语种的字典、辞典，包括那部长达2 662页、满布钱先生批注的韦氏第三版《国际英语大辞典》；您的作品手稿，包括您在"文革"中失而复得的《堂吉诃德》中译文手稿；你们的读书笔记、记事本、零墨散笺、诗词手迹；你们所获得的奖章、证书，从西班牙国王颁发给您的"智慧国王阿方索十世勋章"到亚洲华文作家文艺基金会颁发给钱先生的奖牌；你们珍存的父辈纪念书物，钱基博老先生的《复堂师友书札精华》，杨荫杭老先生1909年留学美国宾州大学法学院的学生证，以及先辈的行状墓铭、文献笺疏、函札手稿等等。

此外，国家博物馆还收藏了不少你们的相片、衣物、文具、生活用品和各种证件，或许备于今后得以展示你们生活的方方面面：钱先生常穿的蓝色中式外衣，棕色中式棉袄；您为钱先生亲手编织的毛衣，曾被钱先生称为"慈母手中线"而舍不得捐出者；您爱穿并亲手缝补的蓝格衬衫；您常站在五斗橱前，为亲友通关起卦的那副牙牌；钱先生的眼镜，用过的纸墨笔砚，图章印泥；您的针线盒、笔袋、老花镜、放大镜；您为钱先生理发用的剪刀、推子……还有你们的名片，以及从居民身份证、选民证、干部退休证、老年优待证、南沙沟小区出入证，直到居民死亡证等的各种证件。你们的粮食供应证本里，夹有你们在国家困难时期节省剩余的粮票、面票、米票。

以上诸件，统装入你们1938年从巴黎带回的那只欧式老旧木箱中，由国博同志一并运送回馆收藏。他们叹说：这些遗物，看似普通，意义非凡。我们在帮助收拾你们的这些遗物时，联想起它们背后的种种故事，也常常思绪万千，不胜感慨。

记得您说过："钱锺书因没有一个藏书的家，所以往往把读完的书随手送人。书室内留下的，是舍不得送，或还没有送，或还未读完的。有的书上留有钱锺书的批语，或铅笔划痕。有用得破烂的字典辞典，多半上有添补。有部分是我的，有部分是钱瑗的。"实际家中存书亦尚有上千册之多，我们除将其上有钱先生批语的部分书籍交清华档案馆保藏外，其余的全部交给了您的"最爱"——清华图书馆收藏。

捐赠清华档案馆的，除了您生前指定的珍贵文物，还有您的许多部作品手稿、改稿；钱先生的旧作修订本；你们的旧作校改本、复印件；所收存的中外文学评论及各种有关报刊、文学资料；所留存的全部相册及照片；您未及或不舍毁弃的友人来书和众多读者来信，包括石阳小朋友和他的几个同学送您的一本他们自制的小书,还有赵再斯小朋友为您画的那张您喜欢的"会笑的猫"……

您起居室的所有家具,包括大小书桌上的文具,书橱上的照相、摆件,全部交由清华图书馆同志拉回。他们假老图书馆的一室,按照原来式样恢复摆设,就像你们的书房兼客厅完完整整地搬到了清华。您的日本小友、《我们仨》的日译者樱庭弓子女士,2018年访问清华,踏入该室,蓦地感觉似到了您南沙沟的家,心上酸楚。

您卧室的家具亦由清华拉回处置。电器等居家用具赠与小吴夫妇使用。

您在起居室大书桌的中间抽屉里,留给我许多小纸条(大概是您住院前不久,随时想起写下的),我读后均已照办。您贴有标记的所收贵重礼品,如吴仪同志为您祝寿的心形玉石,温家宝同志送您的象征"我们仨"的三株小榕树盆景,铁凝送的燕窝,李文俊、张佩芬送的小玉佛手等,我们都一一退还。陈希同志送您的那只玻璃猪,您很喜欢,称之"聪明猪"的,您生前已自己送还了。您所拟赠友人《杨绛文集》,我们已全部送达。您让退回的通数较多的友人来书,本地的,我们派人登门奉还;外地的,交快递送达。有的附上一两件您使用过的旧物,如一支发箍、一方丝巾、一杆毛笔、一把小剪子等,留作纪念。周毅希望得到您晚年进餐使用的饭巾(围嘴),我们就将您常用的那方深红色饭巾洗净熨平,附上您围此饭巾进餐的照片,寄给了她。

我们清理遗物期间,有您至亲好友登楼来访,我们都由他们自己择取一些衣物,留为纪念。出版社所送样书,留给清华图书馆一两套,其余全部捐赠贫困地区的学校、图书馆。

附带提一下,我们的清理工作虽然紧张,也不乏乐趣。我们偶发见钱先生飞舞在小纸片上的明港(干校)打油诗:"平伯世昌与何生,赛梦红楼作主人,挤挤一堂三宝玉,不知谁贾谁复甄……"不禁大乐赞赏。您的字本已娟秀工整,可您总嫌自己字丑。清理中喜见您长年累月积攒的一摞摞日习毛笔书写的大字,钱先生加评的红色单圈、双圈或杠杠。又见钱瑗1981年9月23日写于片纸上的数语:

上午人民文学出版社人送来《围城》样书。中午吃饭时,Pop说,一有人来,"功课"没来得及做,下午得补。Mom说那你今天就不做算了。Pop说:不行,我的学问就是从做功课中来。(钱瑗注:"功课"指练字,看自己的旧笔记,看新书,看字典,etc.)Pop说,现在每天看几页旧笔记(瑗注:一天中文,一天外文。)联系新看到的东西,常有所新发现。这就能保持自己不断有所进步。

读到这些,我们怎能不感受教益。

您留给我的钱先生《管锥编》原稿中的一节:《全上古三代文》卷一〇宋玉《高唐赋》,即上世纪七十年代中华书局《管锥编》责任编辑周振甫审阅时,"恐滋物议",命钱先生删去者;而钱先生"以所考论颇能穷源发覆,未忍抛掷,录存备万一他年拾遗补缺焉"。我已将钱先生手稿复印交三联书店有关负责同志,请在《管锥编》再版时,补入此一节文。

您留赠我的那九册由钱先生精心遴选、您工楷抄写的《全唐诗录》,所选305位众所周知的诗坛大家和向颇少见的小众诗人的诗作共1 863首,体现了钱先生对唐代诗歌的精深研究、独特的鉴赏眼光和选诗标准。我对出版钱先生此部巨作的建议,曾得您首肯,故于2017年郑重托付您也熟识的人民文学出版社副总编辑周绚隆同志董理,组织该社古典文学编辑部的力量认真考订整理编辑出版。近闻经过他们三年努力,这部具有无上价值的大书,可能于年内面世。相信你们听到这个消息也会感到高兴。

清理工作结束,我们与中国国家博物馆和清华大学经过友好协商,分别签订了捐赠协议,根据您的旨意,就所捐赠遗物的保管、使用等项作了周详约定。

您寓所各室腾空后,我和晓红致函国务院机关事务管理局领导,拟将你们所遗房屋按当年以成本价购进的原价退回国管局,所得款项捐赠清华大学教育基金会"好读书奖学金基金"。没想到国管局领导的回复竟是:感佩杨绛先生高风亮节、无私奉献的崇高品格,愿尽最大努力支持杨绛先生的公益善举,准许出售杨绛先生名下住房,所得款项全部捐给清华大学教育基金会"好读书奖学金基金"。我们十分感激国管局领导为支持善举作出的破例准许,遂将此事委托清华全权办理。

你们虽已先后离去,作品仍长销不衰。"好读书奖学金基金"总数金额,现为人民币6 618万元;自2001年"好读书奖学金"设立以来,受奖学生1 446名。我们曾与陈旭书记相商,希望"好读书奖学金"更多向家境清寒的好读书子弟倾斜,得到她的支持,决定今后除在本校更多向家境清寒的子弟倾斜外,也向清华对口支援的青海大学的家境清寒、好读书的学生颁发奖学金。

您走后这些年,陆续有单位和个人来要求授权改编钱先生的《围城》,拍摄电影、电视剧,创作连环漫画等;也有要求改编您的《洗澡》

《洗澡之后》的。我们均以你们二位所留遗言相告："钱锺书、杨绛作品（翻译作品除外）除已改编为影视作品或已授权改编者外，今后不再授权改编成影视作品或其他艺术形式。"婉辞谢绝授权。

最后，祝你们伫在天上一切顺心如意！

晓红附笔问候
学昭敬上
2020年5月

鲍尔吉·原野

张毛赫尔进山

沙布尔台,蒙古语的含义是泥泞之地,雅致的译法可以写为湿润之地。水在草原宝贵,在内蒙古,你会看到许多地名跟水有关,比如水泉之地,河流之地等。沙布尔台村的地貌看不到特殊禀赋,但是天空富有。我来到的几天中,天空堆满铅灰色的浓云。冶炼时铅与锌分析不充分,就会呈现这种偏蓝的灰色。

油画家们喜欢这种调子,很深沉。这种铅锌云与深绿的草原以及黑莫日山北坡的白桦树对比和谐,有十九世纪俄国画风。这里的人说,离这里不远的锡林郭勒盟的一个铅锌矿被中央环保督察组下令关掉了。这个矿的人有没有可能把铅锌矿石气化到空中,转移到其他地方呢?这不一定不可能,资本无所不能。这些气化云堆在沙布尔台村的天空等待配送。

村里的人对我说,你既然是一个溜溜达达、想听到新闻的人,为什么不去认识一下张毛赫尔呢?我问张毛赫尔在哪里,他有怎么样的故事？村民说，他的故事就是坐着。你到了黑莫日山下的苏金河南岸就能看到他。如果上午看不到，下午也能看到。如果今天没看到，明天一定会看到。他就是张毛赫尔。

我问，除了坐着，张毛赫尔还有哪些故事呢？村民说，他坐了二十多年，这是很大的事了，你想让他怎么样？

我前往苏金河畔去访问张毛赫尔，不是在上午或下午，也不是今天和明天，而是现在。张毛赫尔，这个名字就不俗气。

到河边，我远远看到了张毛赫尔。他穿黑衣服，盘腿坐在榆树的绿荫下，双手放在膝盖上。苏金河倒映的铅锌云上漂着呆呆的水鸟，北岸河床长有一米多高的红柳。红柳向河面倾斜45度，感觉它们再弯弯腰就喝到了河水。河滩地散落一片灰白石头。

对一个静坐的人，不知道可否用语言问讯，我向他点点头。他笑了，这一笑，好像石榴崩裂，他的牙齿和眼睛像是挤出的籽，都在笑，而他颧骨的褐肉如同石榴厚厚的皮。他示意我在他边上坐下，我谢谢他允许我坐下。

我问他，您在这里看山吗？他说对呢，看黑莫日山，看了好多年，觉得它还是很好看。你也看看吧。

我擦擦眼睛，看黑莫日山。这座山不算高，但威严，像一位臂膀宽阔的君王俯瞰河流与草原。山上长满草，黄榆树长在沟壑里。山背后是可以当靠椅的灰色云团，别的我就看不出来了。

我问张毛赫尔，您看山看了这么多年，您——，我想问他看到了什么，有点儿莽撞，没敢问下去。

他说，山啊，刚看的时候还不认识，看着看着就熟悉了，看到了好多的东西。

您看到了哪些东西？可以告诉我吗？他看一看我，再看看我穿的上衣、裤子和鞋，摇摇头。我明白了，意思是我不配知道这些内容。

他说，我想看到山神，但是咱们父母给咱们这个眼睛，是很土的东西，基本上没什么用处。没有鹰的眼睛好，连麻雀的眼睛都赶不上。你能看到什么？看不到。我看啊，看啊。那一天，我差不多都看到了山神，他从山上下来，但是我太困睡着了。

我点点头，同意他的说法。人这个眼睛，近视啊，远视啊，青光眼，白内障，净是毛病，怎么能看到神呢？连河里的鱼都看不清楚。

张毛赫尔说，这个山原来叫古日古山。阿旗的王爷四五岁的时候想祭祀这座山的山神，他奶奶请喇嘛来定日子。喇嘛说，这一个月山神都不会来，他要在下个月初一那天来。到了下个月的初一那天，王爷奶奶的驴被狼吃掉了。奶奶说，介，山神可能是来了。那一天，王爷的奶奶领着王爷祭山神。王爷说我要看看山神，奶奶说你不能看。王爷非要看，奶奶说你不能从正面看，要从他的肋骨下面看。她背着王爷到了山的西南角往上看，之前让王爷闭上眼睛。到了地方，奶奶说你看吧。王爷一睁眼，山神上马的靴子从山上咕噜咕噜掉下来一只，这只靴子现在旗里的博物馆放着呢，你上二楼靠左边第四个玻璃柜子里就有这只靴子。奶奶说你看到山神了吗？王爷说看到了，结果天空开始下雹子，每一颗雹子砸中一棵草，可准呢。所以，山神不让人看，一定有道理。

那您为什么还要看呢？我问。

他没回答，说，王爷的奶奶用银链子把这座山封上了，不让人们上去，把名字改为高戈斯台山。

张毛赫尔提高声音，有点尖，说，我们愿意山神在我们的山里住下来,这里树啊,草啊,泉水,小鸟和花,什么都不少,为什么不来住呢？我们在山上给神垒了一个敖包,敖包下面放进去五种粮食,有谷子,高粱,玉米,燕麦和黍米,还放了金丝和银丝。敖包建成后,喇嘛说,如果正月十五从东北方向来了一位骑花斑马的人,他的灵魂会留下来当山神。

到了那天那个时辰,花斑马没来。喇嘛问,现场有没有叫吉利名字的人？别人问,什么名字才算吉利名字？喇嘛说,有没有叫温德尔呼的人？温德尔呼翻译过来是"泉水往上冒",但现场并没有这样一个人。

我问,最后谁当了山神？张毛赫尔看我一眼,再看看天空,没说话。

我又问,您看山看了这么多年,是不是灵魂已经进入山里变成山神了呢？张毛赫尔说,因为两件事情,我成不了山神。第一我没有贵族血统。有贵族血统的人,也可能讨饭,可能挨打受骂,但是他可以成为神的代表,因为血统纯洁。第二个原因是我干过一些坏事。比如砍树,把河水弄脏了,还干过其他坏事,这是不可饶恕的罪行。

那么您看山最后想得到什么呢？我问。

张毛赫尔说,我觉得看着看着,我的身体越来越小了。我原来个子比现在高,也比现在胖。现在我身体好像一点一点地进到山的石头里了。我想让我这个不值钱的身体全部钻进到石头里,这多好。

我问这是为了什么。张毛赫尔说,你看,人活着不算什么事情,怎么活都行。但是死了就麻烦了,这个尸体怎么办？他已经死了,你让他办,他办不了。让别人办,别人也不好办。西藏人把尸体放到石头上让鹰吃掉,原来蒙古人用牛车把尸体拉到草原深处,牛车把尸体颠簸掉地下,掉到哪里就放哪里了,这都很麻烦。人活着时候很灵活,眼睛咕噜咕噜转,会说话。但他死了之后,这个身体就变成了很容易腐烂的东西,变成了一个坏东西。最好的方法是让这个身体不知不觉地蒸发掉。我的体重现在已经减了三十多斤,还剩八十多斤。看山的时候,我用意念把我的骨骼和肉往山里运过去塞,变成石头,变成树更好。但是用什么方法把肉运过去,我不想告诉你。

我肯定学不会,我说。

学这个比学马头琴难,张毛赫尔说,我正跟死神比赛,要是死了还剩一个尸体,就失败了。最后,他指着自己脚下说,这个地方有一个小黑石子,那就是我。

我问,您其他部分呢?他说其他部分都进入山里了。

我又问他今年有多大岁数,他说我差一岁八十岁了,我年龄偏大,我要做的事情还有很多,还有八十多斤的事情等我来做,我也很累。

这时候我看他的脸,石榴不见了,像晒干的沉思的牛粪饼。我对他说,您一定会达成您的愿望,到时候我会来这棵树下看小黑石子。

听了我的话,他说,如果一个人的血肉永远留在山里,多幸福啊。他身边有山鸡漂亮的尾羽,春天落在石头上的雪带香味,小兔跑来跑去,山丁子树开白花花,说话时他的脸又浮出石榴笑。

在黑绿色的草原上,这样一张脸像一幅画。他的门牙脱落了,或已进入岩石里。他光秃秃的头顶上原来的头发,估计也进入黑莫日山了。很快,张毛赫尔活泼的心脏,肝脏,他身上的分子、原子都会愉快地飞入黑莫日山的石头里,谁都阻挡不了。

裘小龙
更能消、几番风雨

中国社科院研究生院外国文学研究所的同学施康强猝然离世的消息,在微信群里投下一块不小的石头,激起了一圈圈叹息和追思。他是受到众多读者推崇的著名翻译家、散文家,可在我们这些老同学中间,却不仅仅如此。

我们在1978年一起入学,是"文革"后恢复研究生考试的第一届。施康强攻法国文学,我读英美文学,一起听过不少公共课,但深的交往却不算多。这一届学生的年龄相差很大,施康强是"文革"前老北大毕业的大学生;而我,69届的初中生,用我们董衡巽老师在一篇文章里的话来说,是从上海里弄生产组踩缝纫机一路踩上来的。我心里清楚,自己各方面的功底并不扎实,与施康强这样的同学不可同日而语。尽管如此,我们1981年毕业的时候,施康强特地把我拉到一边,脸色红红地说了一通期许、勉励、"莫愁前路无知己"的话。

在微信上,赵一凡同学于是给我发了一篇老气横秋的指示:"外语系大班,英法德语三个专业,合计25人。其中你的年纪最小,而且身处事外,比较中立客观,又善于舞文弄墨。所以呢,我建议你:不妨考虑搜集一些材料,最后给大家写一篇班志。也算我们这一代外语英才,谢幕之前还有个交代。"

赵一凡是我们这一届外国文学专业研究生的班长。刚入学时,同学之间经常开玩笑说,我们是"黄埔一期",有一番事业要做。记得老诗人、翻译家荒芜先生也曾跟我说过,"在科举年代,你们大约都算得上是举人了,春风得意马蹄疾吧"。这自然是老一辈夸张的期许,而在经历了"文革"十年后,我们的国家又一次充满了新的希望和阳光,同学们也都个个"少年心事当拿云"……

"更能消、几番风雨,匆匆春又归去。"四十年的时间转瞬即逝,此刻,赵一凡同学的心情我完全理解。对我、对我们每个同学来说,社科院研究生院的三年都是十分难忘的一段经历。

让我下决心遵嘱写这篇"班志",还有一个原因。这些年大家忙忙碌碌,有不少同学失去了联系,可在微信的年代,却也会意外地听到一鳞半爪的消息。吃惊之余,难免有点像我小说中的那位探长一样,不禁自己也要去勘探一番。譬如我曾读到这样一条微信:

班上还有一个法语同学,胡永桓。他是江西人,毕业后回老家,在地方大学教书。86年我从美国回京,听说他与领导闹翻,离职创业,一败再败,最后家徒四壁,没饭吃。法语同学几次凑钱救济他,没用,他还是穷鬼一个,于是找到我,我也拿出600元,当时我的月薪1 200元。后来听说这个老胡挂了……

但微信在这里是张冠李戴了,因为胡永桓是英语系的,我记得很清楚。在同学间核实了一下,法文系是有个从江西来的同学,名叫赵家鹤,毕业后也确实回了江西。我与他不熟,尽管读研究生期间他还到我上海家中来过一次,但为什么事,隔了这许多年,却怎么都想不起来了。

那么,趁着现在多少还能想起来、记起来一些,写一点下来——也算是雪泥鸿迹,纵然雪正在此刻融去。

当年我们这一届学生,可分成两批。一批是社科院外文所的,另一批是外文所为北京师范大学代培的。作为交换,北京师范大学则提供学生宿舍和教室。不过,是同样的外文所研究生导师班在带我们:卞之琳老师讲莎士比亚,朱虹老师讲英国文学,董衡巽老师讲美国文学,陈琨老师讲现代主义思潮,袁可嘉老师讲现代派文艺理论,李文俊老师讲美国南方文学。有时也从外校请来名师就一些专题讲课,如杨周翰老师、王佐良老师、李赋宁老师等。我们都挤在一个教室里听,也都同住在西南楼学生宿舍里——根本没什么区别。自然我们也跨语言专业听课,如冯至老师讲德国文学,罗大冈先生讲法国文学……

英语专业是大班,分到两间宿舍,每间住六人,上下两铺,但在北京有住处的同学不想挤宿舍。我们这间——西南楼107房——因此实住四个。我和赵一凡是同学兼同屋。一凡长我几岁,老觉得我像是他入世不深的小兄弟,要各方面都带着点。说来也巧,107房间里一共住了三个姓赵的同学,因此很快就有了宿舍里的简称,赵一凡——小赵,赵启光——大赵,赵毅衡——老赵。我们几个好像都挺能折腾的,不久又有了流传到宿舍外的集体外号"三赵一龙"。关于那些日子的一些细节和轶事,我自己也时不时在回想中,许多年后还鬼使神差、改头换面地写进了一个短篇,收入了《红尘岁月》中。编辑在出版前,还专门与我讨论了那篇题为《军装》的短篇,说是她读到过的最精彩的一个故事。可我还是信奉艾略特的非个人化写作理论,即在写作时作者必须像匠人一样,对素材不断地加工,到最后都要认不出原型了。作者对此不需多说,读者也没必要在其中索隐。

小赵睡我斜对面的上铺,新婚不久,他一人来京读博,夜深时,107房间中见他孤独的烟头闪烁,人们就开玩笑说,他又在"悔成夫婿觅封侯"了。毕业后他去了哈佛,跟名师艾伦读了美国研究的博士学位,回国很做了一番事业。他写的西方现代文论研究,我喜欢武侠小说的学生读了,说这是赵老师打通了任督二脉,自己化出来的武功,让后学者学来事半功倍。

老赵,我们中最有做学问范儿的,人也特勤奋,在宿舍里聊天时还一边做卡片;看到他在桌子上把一张张卡片摊开来,就知道又有一篇新的文章快发出来了。他刚毕业就拿了富布赖特(Fulbright)奖学金去美国,接着在英国任教,退休后又回国在四川大学授课,成了符号学的权威。几年前我去成都参加一个会,老赵冒雨到宾馆来看我,聊得很晚,物是人非,人是物非,却又像维特根斯坦所说的,"凡是不能说的只能在沉默中略去。"最后,他太太打电话来催了,在昏黄的路灯下,我看他渐渐消融在雨中的背影——又想到了"巴山夜雨涨秋池"。或许,反而是诗能说出我们很难说的点滴?

大赵,父母都是名校理工科教授,他自己写文学批评也独具一格,条理清楚,像一个个公式排列。他与我在西南楼时都属于BC(单身)俱乐部,俱乐部成员人数不少。夜里,西南楼过道里偶尔还能听到戏仿阿Q的嘶叫,"吴妈,你在哪里?"(后半句来自当时一篇有名的文章

《阿诗玛,你在哪里》,也算互文性运用吧。)大赵晚上常出去约会,他不说,但我们都心照不宣;毕业后他给我寄了一张他与新婚妻子的合影,去了波士顿大学,获博士学位后在卡尔顿学院教中国文学,更成了经常出现在中国电视节目上的嘉宾,讲有关中国和美国各种各样的问题。可惜因为一次意外事故,大赵却英年早逝在美国。

在不住西南楼宿舍的英语系同学中,黄梅是我尊敬的大姐。不仅仅因为她一点儿都不像红色将门之女,或因为在我困难时她无私地施以援手。我更记得她在毕业时对我的嘱咐,说她早先也喜欢写诗,但现在既然读了外国文学专业,只能老老实实做学问。她接着去了美国继续读英美文学,博士论文写的是灰姑娘在文学作品中的原型研究,在美国出版后颇受学界的好评。这些年来,她的话我一直不敢或忘,却还是阴错阳差地写起了小说,做学问的时间多少打了折扣,每每想起时不禁汗颜。几年前,我有一次在北京参加M国际文学节活动,实在凑不出时间聚一聚,索性把她也约到了CAPITAL M西餐厅。她依旧打扮得十分朴素,一如当年在社科院研究生院,那家高档饭店的服务员好奇地问我,我身边的阿姨是不是我要介绍到这里来打工的?我简直气炸了,可黄梅却很高兴地给我发了一个电子邮件,说感谢我带她开了洋荤。

钱满素同学是另一个公认的才女,毕业后留学读了美国研究的博士学位,与黄梅差不多时间回到了社科院外文所。有一年我去北京参加意大利大使馆组织的文学研讨会,住进了清朝年间曾是盛宫保的宅邸、49年后成了康生的寓所、"文革"后又改名为"竹园"的宾馆里,钱打电话进来,跟我谈起了美国的政治正确问题。她觉得情况相当严重,不正视不行,从美国历史讲起,一口气讲了一个多小时。我听着、听着,突然有时空错乱之感,窗外的竹叶簌簌作响,像在叙述着更遥远的故事。现在想起来,钱满素不愧是做美国研究的,她的忧虑并非无的放矢,这一切到了特朗普的年代产生了越发严重的结果。

还有两个英语系同学,平时也不来西南楼宿舍。王齐建同学分到我上铺,但他姐姐是新华社驻外,在北京有房子,他的铺位成了我的杂物堆放处,甚至还挂了滴着油的上海腊肠,但他从未说过我什么。一些年后,他在纽约大学读了博士学位,我在网上看到过他戏背着妻子奔跑的照片,依然伉俪情深,一派"青春作伴好还乡"的模样。胡永桓同学交往最少,几乎从未在宿舍露面,后来也没联系。

107房旁边的一间也是英语系的。其中刘象愚同学毕业后留在北师大,出了好几本有影响的翻译著作,也曾到竹园宾馆与我一起品尝了最正宗、最原型的宫保鸡丁——上面撒满了西南楼的记忆,像数不清的红辣椒。王义国同学是厚道人,食堂就餐券分细粮、粗粮,他常借细粮券给吃不惯窝窝头的我,但我粗心,屡屡借了不还,他只能一次次"提醒"我,可还是继续借我;毕业后他去了另一所大学,也取得了出色的成绩。在那一间宿舍里,还有丁树林同学和刘国彬同学,都是性情中人,只可惜毕业后渐渐失去了联系。

法语系的也有几位已失去联系的同学,如朱延生、李延生同学等,我们的接触原先也不算多。不过,那些日子在西南楼住的几个同学还相当熟,他们的房间就挨着107房的另一边。吴岳添是班支部书记,始终像老大哥似的关照我。他后来在外文所担任过科研领导工作,自己也著述甚丰。郭宏安同学更是成了法国文学研究、翻译的权威。一位李姓同学原先来往不多,只知道毕业前他就在光大集团找了份薪资丰厚的工作;罗大冈老师当着我们众多学生的面,对他的弃文从商的选择严词批评了一番,李同学低头受教,事后喃喃说这是老师对学生的爱护,丝毫没有怨言,也给我留下深刻印象。

还有几个法语系同学,在研究生院时的交往不过泛泛,到毕业后却因种种机缘,接触多了起来。大约从上世纪末始,我每年都得去法国为我的小说促销、签售,而几位老同学也都已在那里站稳了脚跟,开辟出一片自己的天地。他乡遇故知,仿佛立时缩短了曾经的距离。如金德全同学,没毕业就去了法国留学,旋而从商,成了法国一家大公司在上海的代理,干得风生水起,还特意在浦东的滨江公寓中,招待我女儿吃法国牛排。如胡承伟同学,在十多年前的一场巴黎书展上,他和北岛一起出现在我展位前,说是看到了我的宣传海报,一路找了过来。这以后,每年我去法国打书或参加文学活动,都会与胡见面。他在法国电台工作,我的《红尘岁月》在法国《世界报》连载时,他几乎同步把故事翻成中文,一篇篇地放到了电台网页上,甚至都没问过有关稿费的问题。中译本后来在香港出版,还被《亚洲周刊》评为年度最佳中文小说之一——其实是他的中译文。他在离埃菲尔铁塔几步路的地方租有公寓,地段好,价钱便宜,这些年一直没挪过地;来巴黎的朋友都要去铁塔一游,他也都得招待,常忙得不亦乐乎。

施康强同学是例外。1981年研究生院毕业后,我们就再没见过面。不过,我们一个共同的朋友前些年编《万象》杂志,我在刊物上读到了施康强写的多篇散文,出乎意料地充满了旧时江南才子的气质和情怀,博学儒雅却又有着现代感性。具有讽刺意义的是,那种倾盖如故的感觉(至少就我而言)是在我们毕业后多年才不期而来,是因为他那些并不是谈法国文学的随笔。这些年回国的次数多了些,总以为会有机会再聚一聚,可惜最终还是缘悭一面。

德语系最小，大约就四五个学生。现在较想得起来的是杨武能、章国峰同学。尤其是杨武能，他在我们同学中年岁最长，考研时据说已在原来的单位里评上了中高级职称。四川人，爱吃辣，带了个煤油炉，在西南楼的宿舍里独自"经济实惠"地解馋，伴着一阵阵花椒、胡椒的味儿顽强地冲进我们的房间。德语系还有两位同学，一姓李、一姓舒，但都不太熟，只勾得起模糊的轮廓……

于是想到，在赵一凡班长要我写的班志中，二十五名同学不过提到了一半左右；几个写到了的，也仅仅是像叶芝在《1916年复活节》中所写的，喃喃念了一下名字而已。"现在，或是在将来时间，/那所有披上绿色的地方。/都变了，都已彻底变了……"尤其是关于赵家鹤同学，我都无法确定那条微信消息的真假，也无法像叶芝在诗中那样充满信心地断言，"那种可怕的美已经诞生。"

但继而又想到，在中国这些年巨大的变化中，我们这些同学大多还坚守着原来的专业，在勉力尽自己的本分。"青山遮不住，毕竟东流去。"我们尽管早过了自诩为"外语英才"的日子，但或许还没有必要去沉溺于谢幕前的感慨。

那些日子里，外国文学研究所的所长冯至老师是著名的诗人、翻译家。他曾签名送我一本他自己的诗集，我受宠若惊，尤其喜欢其中的这样几行：

哪条路，哪道水，没有关联，
哪阵风，哪片云，没有呼应，
我们走过的城市、山川
都化成了我们的生命。

后面两行我改写进了自己的诗,"我们遇到的一个个人,/都融进、塑成了自己的生命。"对我来说,社科院研究生院的同学们也确实如此。

按赵一凡同学所擅长的后现代理论来说,人的自我是在与他人接触、交往、互动的经历中不断建构、解构的。这并非在某一特定的时刻发生,而是通过一个漫长的过程渐渐呈现。在当时或看不清楚其中的关联,而要到后来回顾时才明了起来。正是在关于这些同学的回忆中,我意识到,自己至今之所以还没有太偏离当年选择的文学专业,很大一部分因素也是因为我们班的同学们。就像艾略特在《小吉丁》所写的:

你以为你所以来的目的
仅是一个外壳,意义的外壳,
在目的实现时意义才会从外壳中
迸出,要不是你就没有目的,
或是这个目的超过了你预计的终点,
在实现时又以改变。

这也是我在刚开始写这篇班志所未曾想到的。其实,努力去描述我自己熟悉或不那么熟悉的人,也是要对我自己是什么样的人,重新试图作出一番描述。在这个意义上,我认识到我不仅仅是我,同时也是另一个,也是这些同学们;要真正表达对他们的感谢、感怀之意,是要与他们一起,把我们的班志继续写下去。

裘小龙
晨起临风一惆怅

早上手机微信提示音响起,我还睡眼蒙眬,看到的是海林发来的消息:"李毅强于十三号下午一时半心脏病悄悄地走了。"打开窗子,漫溢着雨意的晨风带来了惆怅的悲哀。

在我的朋友圈中,李毅强是我习惯称兄的一位——"毅强兄"。这当然不仅仅因为他长我一两岁,更多也是因为我对他学识的尊重。应该是早在上世纪七十年代初,辗转通过好几个朋友的介绍,我就认识了他。那些日子里,私底下还在偷偷读书的"待业青年"为数不多,我们"臭味相投",很快成了"一丘之貉"。

他的家离我的不远,在云南路广东路的拐角上,走路去用不了十分钟。在他与父母亲同住的那个亭子间里,我第一次见到了自己心仪的书房。房间不大,但至少有一面半墙,是用他自己定做的书架叠出来的,架上的书琳琅满目,罗列起中外各种文字,不少精装本的书脊烫金,熠熠闪亮。他背靠着书,跟我聊到兴高采烈时,取下一本德文版,摇头晃脑地读了起来,好像是海涅的一首抒情诗。他读书的兴趣甚广,在他书架上我看到了哲学、历史、心理学书籍,当然更多的是文学。现在回想起来,我们读书的路子不尽一样。我有功利性,那些日子集中精力在攻英文,偶尔看些其他方面的书,也大多是作为英语学习的泛读;毅强兄却更多江南才子的派头,随心所欲,什么有兴趣的书抓到手里都看。他聊起来也因此天马行空,从一个学科跳到另一个,我听着,受益匪浅。我第一次接触到美国实用主义哲学,就是在他借给我的一本英文书里。其中有威廉·詹姆斯关于实用主义的一个比喻,说的是有一条长走廊,两边是不同形状和大小的房间,一个人推开其中的一扇门,发现里面既合适也舒服,就选择住了下来。有很长一阵子,我成了他家里的常客。

记忆中,那亭子间书房的经历中还有两个小细节,不知道为什么还没有被时间抹掉。亭子间楼层下面是公用厨房区,众多煤球炉子的煤气会一阵阵直逼上来,让我们都透不过气,毅强兄打开窗,却小心翼翼地只打开一小半,唯恐突如其来的阵雨会淋湿临窗的书。我们常聊得很晚,在书的世界里忘乎所以。有一天他母亲匆匆上来,加了一件衣服,又匆匆下去,我这才恍然大悟:为了让他跟"读书朋友"交往,她只能待在弄堂里跟邻居聊天。没太久,我们各自进了里弄生产组,要三班倒工作,去他家的时间不那么多了。

1977年,我考上中国社科院的研究生院,去了北京,毅强兄作为特殊人才,破格进了上海社科院工作;等我从北京读硕士毕业,分配回上海社科院,没多久他就东渡去了日本读书;接着,我自己也去了美国做学术访问,阴错阳差地在那里滞留了下来。不过,我们的几个共同朋友还不时传来一些有关他的传闻。有说他因为写得一手好字,受上司赏识做文书工作；有说他在日本饭店打夜工，存下不少钱全买了书；有说他在那里的生活不尽如人意，中间还一度去了南美闯荡……种种传闻不一，可张文江兄确凿地告诉我，说毅强兄曾给他打国际长途电话，通话时间长达一个多小时，惊人的账单可以想象，肯定在日本是太寂寞了。还有一位朋友告诉我，说毅强兄在东瀛好几次讲到我，颇有"却话春申夜雨时"的感伤。只是当时没有电子邮件，更不要说微信，一直未能联系上，大家都在异国他乡忙得不可开交，也只能相忘于江湖了。

一直要到本世纪初，我的英文小说译成了多种文字，也包括日文，在脸书上意外地收到一条突兀的信息："你是否就是认识李毅强的裘小龙？"发信息的是一位从未谋面的女士，我回答她说，"我当然是认识李毅强的裘小龙。"她又发了过来，说她名叫海林，曾与李毅强在日本一起留学，他常跟她提到我，言词间多有赞许之意。"他已回国，在北京住了几年，现回上海定居了。"

可我还在美国，就只能争取在回国时安排见面了。海林告诉我，毅强兄在新浪上写博客，网名是李沫来无痕馆，在新浪、零度写作网上写作甚勤，更写、译出版了多本著作，有心理学的、谈庄子的、谈佛经的，兴趣依然是那样广。据博客首页上的介绍，他已写了一千多万字，更擅唱评弹、京剧，还会各种乐器。一位写序者为他的书写了篇序文，题目是"江南才子李毅强"，正是他当年给我留下的印象。

终于找到一个机会回国了，在上海逗留的日期却太短，杂事又太多，只能约了毅强兄一家，还有几个同在上海的美国朋友，在"王朝"饭店一起聚餐。"人生不相见，动如参与商。"毅强兄第一个到，妻儿陪在身旁。他把当年我写的、译的一些书都带了过来，说是要签名留念。

还是我当年熟悉的毅强兄,他是三句都离不开书的。然而,尚未开始用餐,小舟却要他先步出包间,悄声对我说他血糖高,得先打上一针胰岛素。可能是我自己因此产生的心理因素,席间总觉得他显得疲惫,言谈中再不像过去那样精神勃勃,妙趣横生。岁月何其摧人,我们已经无法再一次回到他云南路亭子间书房中的夜晚。

下一次回中国时,我与毅强兄通了好几次电话,说好了要到他家旁边的餐厅聚聚,可临时又有什么事,没去成。下意识里,或许还真有点像海林所说的那样,"见到那么快乐善谈的李兄变得那么病怏怏的,都不知道如何面对。"倒是海林在日本读完书,也来到了美国,在维拉诺瓦大学(Villanova University)教书,特意请我去学校作了两次讲座。我们见面、通信时肯定会提一个话题,自然是"毅强兄"。不久,听说他肾脏也出了毛病,每星期都得去医院洗肾,尽管有小舟在他身旁照顾得无微不至。"不许英雄见白头",更何况是像他这般久病之身呢?他没有再邀我去他家,我也不知道怎样可以安慰他。去年又一次回上海,路过云南路,在那个拐角上,毅强兄曾居住过的弄堂早已不见了踪影,而在一片尘土飞扬中,我家原来在山东路的老房子也要拆了。自己的心绪很糟,踌躇再三,还是没去看毅强兄。想等到今年上半年回国时再说,结果因为疫情拖了下来,还未成行,却收到了他去世的消息。

夜里,又接到朋友们关于毅强兄去世发来的一条条微信,海林的微信更证实了多年前听到的一些传闻。"我们在日本一起留学,共有十年。那是个很充实的年代,充满激情和希望,大家那么努力乐观……一个连碗都不洗的人,在日本打夜工(咖啡馆)整整做了六年。都是白天睡觉,晚上打工。挣的那些钱,基本都买书了。我们这代人对知识的渴望，对书的渴望，成了一种心理病。好像［唯恐］忽然又来一场烧书毁书运动，拼命买书。我们的嗜好就像现在买豪车豪房的人一样，不惜千金……李毅强的书，里面有很多资料，也有谈及你的篇章吧……"

睡不着，索性起来上网看李沫来无痕馆的博客。博文毅强兄只写到2013年，此后可能因身体的关系，未能再加以更新。冥冥中仿佛也充满了嘲讽的巧合，我看到的第一篇是"读书谈翻译"，在谈到一些留学生外语只会读、不会写的现象后，他引出了这样的感叹："朋友中，有的已经用英文在美国出书了。很多饱学之士，述而不作，只有周围很少的人知道他、理解他、从他那儿受到教益。很珍贵的东西，随风散尽，很可惜！"他朋友很多，用英文在美国出书的倒不一定是我，但周围很少有人知道、理解的饱学之士这几句，或许多少有些夫子自道的意味。接下去他又写道，"后来困了，睡意袭来。便去睡了，居然很熟，梦境也比以前丰富。在醒过来的时候，仿佛很开心，心里盘旋着两个念头。一个是：'我的身体，只要我想它好，就会好！让我想它好吧！'另一个飞翔的念头是，'好的事情从现在开始，就是此时此刻此地开始呀！我为何要焦躁呀！大可不必！从现在就可以开心呀！'"这里应该是他独特的自嘲，但也可以读到他身体衰弱时的不甘与挣扎。

再返回去看早一些的博文，在另一篇对关于"无痕馆"名字的解释中，他说这是源自苏东坡的两行诗，"人似秋鸿来有信，事如春梦了无痕。"在饱经宦海沉浮、人事沧桑的诗人笔下，"秋鸿"意味着积极的、入世的一面，"春梦"则是退隐、出世的一面，毅强兄取这个名字，不无苍凉之感，但那些年他何尝消极下来过呢？他这一篇篇我正在读的文章，一本本我要读的书，都在说着他的不懈和努力，只是可惜他身体先垮下来了。

苏东坡诗中确实有不少感慨人生的句子，尤其是关于生命踪迹的转瞬即逝，他写下那首著名的雪泥鸿爪诗，我自己也经常引用。不过，尽管"泥上偶然留指爪，鸿飞那复计东西"，踪迹的存无，意义或许更在于那些在旁边走过的人，看到鸿雁偶然在雪泥上留下爪印，吸一口冷气，继续往前走去。

毅强兄和我都是书生，在或许是书生不宜的年代里，我们曾一起跌跌撞撞走过一段路。我感怀他，因为他对我来说，绝不是"无痕"的：他的足迹其实与我的混杂在一起。

那些已显得多遥远的日子里，我曾写过一首题为"骊歌"的诗，其中有两节："风雨中的桅杆划过窗子/我仿佛在闪电中又看到你/在偶然的礁石堆中/探出布满伤痕的身子/你的嘴唇沾满了海藻/依然在无声蠕动——//（你在哪里——当黎明/涂得殷红的指甲/轻弹着窗子，咖啡与/面包进入正醒来的/意识，门打开了，微笑般/迎来鲜花以及报纸/我将在电话上学你的声音说/'我就是。'）"许多年后，这两节还真是为毅强兄写的。

沈芸
余所亚的一封信

余所亚是谁?

现在很多人都不知道了,包括我在内。

直到有一天,Z先生给我看了一封从故纸堆里发现的信:

夏公,您好!

忆昔每当我遭到困难时,您就像及时雨地伸出援助之手,而且是最得力者,不管在港、桂、渝、京都是如此,感激之情,无时或忘!

今又蒙关怀近况,我现在忙于全国木偶戏学会的筹备工作,一切尚好。至于问及我现在还有什么困难,我觉得没有什么奢求了,唯有房屋问题,仍未有落实。

原来文化局在一年前分配了一套坐落在前门的房子给我的,但是被木偶剧团挪去分配给别人居住,却叫我迁到郊区北太平庄去,路远难行,交通不便,且又在三楼,难以攀登,事实为难耳。

故特恳求您向文化局长赵鼎新同志说项,请求文化局另配房子给我,让我能有舒展工作的地方。

谨此敬请

大安！

东四四条十五号
余所亚
1980-12-25

收到信以后,我祖父几乎是第一时间致信北京市文化局局长赵鼎新。

鼎新同志：

余所亚同志是一位老画家,下肢残废,行动困难,他为房子的问题,给我写信,拟请您大力协助,来信附后,请核阅,甚感。

敬礼

夏衍 12.27

赵鼎新在自己名字上画圈后批示：

松声、李珍同志酌处 赵 12.30

松声的批复：

敬亭同志抓紧解决 松声 1.4

随着对夏衍研究的不断深入,发现盲点越来越多,年表、书信及《夏衍全集》漏收的内容很多。

余所亚的名字在以往与我祖父有关的文字中几乎未曾涉及,但是,仅从这封一来一往的信札中看,他们的交情极深,遍及港、桂、渝、京四地,时间从抗战延续到上世纪八十年代。

余所亚,1912年生人,笔名Soa,广东台山人,生于香港。现代画家,为三四十年代活跃的漫画家,新中国成立后,任中央戏剧学院舞美系教师兼木偶研究组组长,后任中国木偶艺术剧团艺术指导。

这是目前可以查到的寥寥数语。

先回过头来,说说余所亚信中所谈的房子问题。

苗子伯伯和郁风阿姨的儿子东东,是他父母的信使,经常被差遣到各家去送信送物,我们住在南竹竿胡同的时候,他家就在芳嘉园住,很近,他常来送东西,而有些通知他爸妈的电话会打到我们家,然后由我跑一趟去转达。

东东告诉我:"余所亚原来住在灯市口那边的本司胡同,是个平房院子。离当时的木偶剧院近,离王铁成家也近,我们老头老太太有时候看完余所亚,就去王铁成那儿转一圈。我不敢肯定给夏公公写信时,他还是住在这个地方,经过'文革'以后这个房子的条件已经很不好了,他一个残疾人不方便……余所亚不怎么出现在二流堂的聚会上,就是来了也不是最活跃的,他说着一口广普(广东普通话),对我们小孩儿倒是挺随和的……"

再多,东东也不知道了,他笑着"投降":"你要是搞逼供信,我就只能瞎编啦,哈哈!"

去年,在上海枫泾,沈峻阿姨的儿子丁小一把我们二流堂及漫画家的后代聚集在一起,为"丁聪美术馆"开幕。展陈的图片中,有我祖父和漫画家们的合影,华君武、张乐平、丁聪夫妇、廖冰兄、黄苗子和郁风,他们几十年风风雨雨,情深义笃。

但是,在这些活动上并不见余所亚。

然而,意外还是会出现的,我们的朋友焦达先生在一张集体活动的大会合影上看到了一个坐在轮椅上的小小身影,他指认给我看:"这就是余所亚!"

一同在场的东东,也认出来了,这是枫泾之行的收获。

焦达的外公是虞哲光先生,与余所亚之间有故事,这其中包含了焦达个人的感恩之情。

"1949年应欧阳予倩之邀,原本是由我外公北上赴京于中戏木偶专业任教,而后因工作需要,特伟调包了。特伟力邀外公虞哲光去东影美术片股,并说由他与欧阳予倩商谈将余所亚留京,为此,袁牧之或是陈波儿还专门跟外公谈了话。正当我外公回沪卷铺盖准备北上长春时,突然上面又决定美术片组由上影组建,于是,我外公留在上海不走了,但所亚老人却永远留在了北京……一个广东人独自留在北方,生活是蛮吃力的。"

余所亚的这封信让焦达的思绪回到了1980年。

"时间是1980年,那时正值'文革'结束,国家百废待兴,被'四人帮'迫害的老一辈劫后逢生,在1979年第四届全国文代会后,更是如获新生,一个个又回到了他们为之奋斗了一辈子的岗位,用余生再做奉献。

"1981年11月中旬,我参加了文化部在北京主办的全国木偶影戏观摩演出,其间又出席了由刚成立不久的中国木偶皮影艺术学会主办的为期一周的美术造型及工艺装置座谈会,会议地点就在当时沙滩的文化部内,余所亚老人是学会的副会长,我外祖父虞哲光为会长,因为常听外祖父述及所亚老人与他交往旧事,每天去余家接送的任务当非我莫属了。

"记得会议期间,文化部专门安排了一辆'首汽'的轿车供接送我外祖父及学会的一些老人,于是每天将他们提早送到文化部会议现场后,我再随车去接所亚老人。老人家住在三楼,每次去他都准备停当在家等我,由我背着他下楼,会议结束又将他送回寓所。广东籍的所亚老人身体非常瘦弱,自幼下肢瘫痪,他的体重对当年还不到三十且下过乡的我来说一点不是负担。

"所亚老人对我这个后生也很器重,记忆中那短短几天的来去途中他说了很多旧事,令人肃然起敬。"

爬上爬下三楼,对于身患残疾的人是非常困难的,而焦达所参加的会议,应该就是余所亚信中所说的:"我现在忙于全国木偶戏学会的筹备工作,一切尚好。"

焦达先生在我的不断"催促"下,终于辗转打听到,余所亚的家最后是搬到了昌运宫的单元楼,路途在当时看是有些远了,但总算是他希望的一楼。这个结果,我祖父可能是知道的。

余所亚走的时候,享年近八十岁,无声无息。

1992年1月14日,他的老友黄永玉先生写了一篇文章《余所亚这次真的死了》:"朋友刚来电话,说老所一月九日死了。太突然,我要冷静地想一想。四十多年来,老所'死'过许多次,这一次是真的了。……"

这是为数不多的关于余所亚的文字。

这位在黄东东和焦达眼里"随和"的长辈,在黄先生看来却是"脾气很坏!"

一九四八年木刻家王琦在思豪酒店楼上开个人作品展览时,郭沫若和他的妻子于力(立)群到场,于力(立)群见到老所,问他两条腿为什么这么小时,老所不耐烦地挥一下手,开玩笑地告诉她:"等我印好说明书,以后送你一张!"

也是在1948年的冬天,余所亚的朋友搞来了一笔钱,拍了"新中国第一部木偶片",黄永玉跟着她一起捏泥巴人,做人物造型。

有一天我们在门外休息,看一位当时鼎鼎大名的女演员拍片,女演员脱下"皮草"正式开拍的时刻,一个临记讨好地问她:"你唔怕冷吗?"
女演员回答说:"为了艺术嘛!"
老所忽然发怒了,大声地:"丢你妈!你懂×艺术?为了钱!"
所有的人都呆在现场,最少也有三四秒钟静默。我不清楚那一帮人认不认识老所,只知道这句话的分量很重。

当然更早,1946年战后,余所亚还在虹口狄思威路904弄一间"顶"来的房子,用广东语法的国语骂过一个做过日本人老婆的上海"收租婆":"你是一个不君子的女人!"(黄永玉:《比我老的老头》)
这个脾气很大的人不简单,"夏衍、绀弩、胡风、马思聪……以及周恩来、廖承志、乔冠华……许多老人都是他的知己"。
黄先生称,余所亚在"漫画界是一个思想家"。
这位思想者,在1940年的桂林,找到了他抒发壮志的平台:一报一刊,《救亡日报》和《野草》。
这还要从我祖父的抗战路线图说起。

1938年10月,广州沦陷,夏衍带领林林等《救亡日报》同人,经三水、肇庆、柳州于11月7日抵达桂林。三天之后,只身赴长沙向周恩来请示《救亡日报》复刊事宜。在到达的第二天,即11月12日晚间,发生了抗战史上著名的"长沙大火",匆忙告别之际,周恩来指示《救亡日报》尽快在桂林复刊。

1939年1月,《救亡日报》复刊了,到了年底发行量已经突破8 000份大关。而《救亡日报》在桂林的办报时间也不过两年。与此同时,夏衍还和秦似、孟超、聂绀弩、宋云彬等创办了现代文学史上杂文的重要刊物《野草》,他自己著名的《旧家的火葬》一文,就发表在1940年8月的创刊号上。

随着从沦陷区撤离的革命知识分子的纷纷到来,围绕着《救亡日报》,桂林这个原本只有十来万人口的地方,成了名副其实的"文化城",一时间人才荟萃。

为了躲避即将到来的战火,张光宇、丁聪、徐迟等9月下旬离开香港,余所亚离开的时间也差不多,他们前后脚来到了桂林,共同出现在桂林美术界的招待会上,时间是1940年10月5日。

余所亚与我祖父的相识,按他书信中"港、桂、渝、京"的顺序,应该是早于桂林时期,在香港就认识了。

余所亚在桂林的收获是丰厚的,他结识了美术界的叶浅予、廖冰兄、黄新波、关山月等,并与他们成为终身的挚友。

那是一段意气风发的日子。

《救亡日报》专门发文《看余所亚的画》介绍他,他也接连在《救亡日报》和《野草》上发表他宣传抗战的漫画和艺术评论。

其中11月5日,余所亚在《救亡日报》上发表的《关氏画展谈》,

对关山月画作的批评近乎严苛，却得到了夏衍的肯定："我们极希望有余所亚先生所发表一般的批评，因为批评不妨严格，而心底和态度都要坦白和民主。"更为难得的是关山月本人对此也并不反感，由此，两人成为莫逆。

五十二年以后，为悼念余所亚的逝世，关山月赋诗，并作了注释："1941年，我们难居桂林时，他住在西郊的一座茅棚里，和一位年青学徒过着温饱无常的艰苦生活，我则住在他的邻居一位朋友家中的饭厅里，过着寄人篱下的日子。1942年在成都时，曾一同居在督院街法比瑞同学会宿舍的楼上，他自己一个人每日扶着两张小木凳上下阶梯。我们生活在一起时，往往在艺术上争论不休，有时面红耳赤，有时谈笑风生。1992.07.16"

余所亚强大的小宇宙和他残足的身躯形成了巨大的反差。他内在的气场很大，大到似乎可以化解人世间的一切苦难。包括曾坐在一辆破烂的儿童车里，被他五岁大的孩子推上去，接受几千人的斗争，都扛过来了，余所亚没有死！

1947年4月在重庆，聂绀弩写了著名的《一个残废人和他的梦——演庄子〈德充符〉义赠所亚》。这篇寓言小说，原题为《德充符》，最初发表在1948年香港《大公报》，后被收录于1950年九龙求实出版社出版的《天亮了》。

第二节：中途

他是一个"兀者"，就是说两只脚失掉了作用，不能站，更不能走，却又没有断掉，永远累赘着他。要穿鞋、袜、裤，享受跟别人的腿和脚一样的权利，却不肯尽走路的义务，而且当他用膀子和手走路的时候，它们还像一只大力的手抓住他的衣领,不许他前进似地拖住他……

他走路是用两只特制的轻便的小凳子,约莫一尺多高。两只手抓住凳子,膀子笔直地撑着,让他的身体腾空起来,不,他的脚还拖在地上的,这,在他就叫做"站"。用一个膀子撑着身体,另一只拿起凳子向前移动那么半步远,随即用这只膀撑住身体,那只拿起凳子向前移动,交替不停,就叫做"走"。……不,他并不是兀者,兀者是受过刖刑的人的称呼,他却是小时候生了一次怪病变成这样了的。

这是最权威的,余所亚的"站"与"走"。

黄先生说,小孩子们都喜欢老所的小凳子,"若来到朋友家里,跟孩子最是亲近,让孩子们玩他的凳子,他则坐在一张正常的椅子上满意地用广东腔北京话逗着孩子。"(黄永玉:《比我老的老头》)

最早玩过他小凳子的一代孩子,现在恐怕也要八十岁了。

2020.5.18 于北京
祖父120周年诞辰纪念

孙小宁
八月的父亲

2020年疫情反复，上半年基本都在惶然与期盼中度过。居家多了就能精准地接听到老妈的电话。从来只拨打座机的她，尤其关心北京的疫情，散步时一听说些风吹草动，就电话我来求证。疫情紧时她心情也紧，并进一步推想：今年中间，你怕是回不来了。年初的春节回家，我是大年三十起程，初二即回返，等于做了一次惊悸的折返跑。我想她可能希望，年中间我再回家一趟。但眼见得疫情拖延反复太无常，渐渐也就不提这事了。但有些事虽然没提，我们都不会忘，那就是父亲忌日快到了。

父亲的忌日最好记：八月八日。五年前的这一天，立秋。早先，这日子出现在妈妈的话头里，是因为父亲住院，病情不见缓，天热难耐，妈妈就劝，磨一磨，磨过立秋，天一凉，人就好受了。自此这个节令，就在家人心头落了颗种子，即使最后将父亲接回家，我们也做如是想。因为，眼见得，在医院被各种病症折腾得奄奄一息的父亲，回家之后腹泻止了,神志也清明了,各方面都是好转的迹象。

这是八月,我还在他身边的时候。此前,父亲七月初入院时,我并没有回家,是当时尚在人世的姐姐不让回。"你什么都干不了。回来还得让人分心照顾。"这是她对我的判断。但也出于好意。每到家中这种时刻,她的体内常生出某种想要一肩扛的孤勇,全然不顾自己也是有病之身。她或也觉得,哥也请假了,加上家中保姆,三人轮替,再难的事儿总能搞定。但七月下旬,她再电话我,说到父亲,语气就有些慌,这让我预感很不好,自此,我想的是,无论如何,我都必须回家了。

月底前赶回来,奔到医院,见到了病床上的父亲。他脸颊凹陷,整个人都像被缚在病床那一团乱麻的治疗管线当中。饶是如此,见到我,虚散的眼神中仍闪出一丝光亮:咋把娃也折腾回来了。他开口就是歉意。这让我判断出,他还清醒。这种时候的他,是不麻烦人的。这多少也是他一直未送医院的原因。晚年,他整个人都陷入沉默,身体也在这无边虚空中一天天弱下去,但也可以理解成衰老的常态。直至咳嗽,昼夜不停地咳时,才觉出事态严重。但即使是这样入的院,他也一百个不情愿。医生例行查房,他一律三个字:好着呢。语气平静而淡漠,看不出心绪起伏。只有从那堆治疗管线中挪动身子时,他会眉头一皱,显出隐忍中的不耐。但此刻的肉身,已经完全不听他使唤,咳嗽伴着腹泻,一路摧枯拉朽。一次腹泻后,我帮他做清理,他突然开口说:让你大伯做。我能觉出他内心的难堪,但我没告诉他:他口中的我大伯,他的兄长,早几年就已离开人世了。

哥哥守夜,我和姐姐白天轮换。但深更半夜间,在家的我们也会被紧急召回,医生的话一次比一次直白:到最后时候,要不要进ICU?姐姐脱口而出要,我和哥哥,则想了又想……

捱到八月,是探望父亲的堂哥替我们拿了主意。长我们几岁,又经历过大伯之死,出于乡下的阅历与经验,他说得直截了当:这种时候,还是拉回家好。最主要,听听老人意见。

没想到父亲听后,欢喜得如获大赦一般。而当嫂子好不容易协调好一辆转运病人的车,我们才知道,更大的考验是在路上。

动身时其实已过了正午,但天气仍像个火爆浪子。滚烫的阳光透过车玻璃,直射进车中,父亲的脸上。要命的又是,司机座后有个围挡,前座的冷气根本无法传到后面。我们下意识伸出手掌,帮父亲遮挡太阳,但是自己却闷得快透不过气来。二十分钟车程不长,但每一分每一秒都可以折算成年,我们不敢想,要是父亲扛不过,可怎么办?

但是父亲愣是扛过。将身体挨上熟悉的床,瞬间,那个从前在家的父亲又回来了。依旧衰弱,却安稳踏实。"磨个儿,立秋了,就好了。"妈又把这句话说了一遍,他转世婴儿一般听着,还是医院那个侧卧的一边倒。

那个姿势并不让他舒服,反而是分分钟的受难。不能倒换是因为,一个肺病灶严重,换个方向就不能呼吸。而老一个姿势躺着,全身重量就压在同侧的大腿胯骨上。皮骨相磨,不是有淤青就是生褥疮……对于这些,久病成医的姐姐,自有她一套配方经验,但是上药,就必须大家一起将他的腿抬起,身体微侧,这时候,他马上就又呼吸困难……

——佛问沙门:人命在几间? 对曰:数日间。佛言:子未知道。复问一沙门:人命在几间? 对曰:饭食间。佛言:子未知道。复问一沙门:人命在几间? 对曰:呼吸间。佛言:善哉,子知道矣。

《佛说四十二章经》这一处,我就是在此领会的。还好,我们买到了气垫床,给他铺在身下,到网上再寻,发现一些大小不一的护具,可以垫在腿以及脚腕各处,也赶紧下单。父亲对我们所做,均表默许。样子既淡漠,又坦然。

这或许是因为,那种我们平常所认为的人在垂危之际总要面对的激烈状态,他在医院中,已经经受过了。我甚至不确定,死神是否也抻拽着他,到了某个临界点。因为他迷迷糊糊曾说:都是大雾,白茫茫,看不清。胡话中也夹着清醒之言,我记下了三句:一、还把娃折腾回来。辛苦你了。(这是对我)二、要照顾好你妈。(这是嘱咐大家)三、宴客。我渐渐意识到,这已经是在交代后事。

在独自完成一轮与死亡的交战之后,回到家里的父亲,呈现的是交战后的缓息。这时的他,皮肤像蛇一般清凉。皮下的多余物似被荡涤一空,说是肉身,更像一棵中空的老树。

一棵这样的老树,也不一定说倒就倒吧?怀着这样的错觉,我决定返京。临行前,对他说,您好好养,过段时间我再回来。而没过三天,我就又返回,来参加他的葬礼。

立秋,远行。妈妈口中期待的日子,果真成为属于他的日子。人都有自己的生命刻度,活着时自认生日重要,身后被郑重对待的,却是死日——这是多数普通人的情形。老人更深谙这一点。为父亲忌日而回的某一天,我陪老妈散步,楼下的老人碰到我就问,一年回来几次呀?我说:春节肯定回,中间争取机会回。妈便补充说:现在她爸老了,周年也回。其中一个便说:是呀,人老了就有日子了。

所谓的周年,祭到第三年就是尾声。那一次启程去墓园之前,妈又一次叮嘱:你们去时穿孝衫,回来就脱了,这叫换服。脱了的孝服她再次收好,然后总结一句:你爸这事就算毕了。毕是完毕的省略,如同老是老死的简称一样。都知道,各方亲戚不再为着这个日子来了。

此后的父亲,便是一种日常,化在我和妈的电话聊天当中。

最近一次是今年端午。外甥带着刚订婚的准媳妇来看她,带了好多礼物。妈一一向我描述。有一盒巧克力,个数不多,但觉得好,她便分装成两小碟,一碟献给父亲,一碟献给她的大女,我姐。

父亲的离世,对于我这样出门在外的人来说,真是一次次礼俗的普及,比如这个"献"字。正式仪式里有"献饭"一说,不同身份有不同的讲究。这一点,有妈把关,不会让我糊里糊涂乱献。但在平常,我妈对此的态度,经常是既当真,又不当真。逢年过节,正吃着团圆饭,半道有人想起,还有人饿着呢。我妈就说:去,盛几个饺子、抓点瓜子花生给你爸放跟前。若我们把碟子碗装得太满,她又说:放一些就行了,这就是个意思……又比如清明、寒衣节(农历十月初一)烧纸钱,晚辈自都记得,但买来的纸钱票面越印越大,妈就说:这也哄人呀?咋花得完呢。你爸能写,实在不够了就在那边打工赚去。我们都笑,我那好脾气而又寡言的爸呀。妈再怎么对他,他也不会怪罪的。

记得的事终究记得,但一个人身后的遗物,还是一年年少下去。父亲的遗物更是。每年回家,都有一些交我判断去留。而我拣来拣去,于我有意义的仍不多,倒是一本他晚年写的回忆录,他参与编采的一本县志,以及随手记事的笔记本,我想留着。满打满算,也就一书包。背着它们离家,我心里在叹:这就是活了一辈子的父亲。

人只有走了,才知道什么叫身外之物。所幸父亲还有这些,能让我感受到与他的精神牵连。这可能是因为,我也是读书人之故。是被父亲熏陶培养出的读书写作的人。而仅就在心中认可这一点,我也经历了好长岁月。年轻时心气盛,总觉得后浪总比前浪强,到中年有了阅历，会知道一代人有一代人的遭际与梦想。父亲是在前面，为我开路的人。

说到写作，以前我老觉得他写东西有框框，工作上的框框，以及他那一代人的思维框框，没有细节，或者本能地回避。但在他身后，翻他随手所记，我突然觉得，很多生命中重要的东西，他其实都在记，只是从没想过，将这些写进公开的文章。更令我意外的是，他竟然有一份文字记录，如纪录片镜头一般，刻下奶奶在老家的最后十日：奶奶翻了个身；奶奶又喝了一口橘子汁；亲戚××来看望她了；她对谁又说了什么。中间还不忘对父亲说，别让我回来，娃路远（那时我在远方上大学）……巴掌大一个小本子，父亲来回跳跃地记、补记，我边读边顺，不禁潸然。

"你当这是享福呢，这是受罪。""不要经管我，让我安安宁宁地走。"这确实很像奶奶平常说话的风格，可以想见，人到最后，虽然有亲人的悉心照顾，但那种再怎么也无法分担的艰难，还是让她对这些照顾有微微的抗拒。这让我想到，八月的父亲，看着我们兄妹三个，在他身边忙前忙后，他是不是也早都意识到，这一切的徒劳？但是，"人的一生中再也没有比临终时更庄严，你好生地守着他吧。"三船敏郎演的红胡子医生，这句话可是厉声对身边人说的。亲历没亲历过，对生命的理解不一样。深夜苦守父亲的哥哥，父亲百日后也离世的姐姐，肯定比我更懂这一点。

当妈妈说，你爸的事就算毕了，她同时也是在说：你姐的事也一样。但我们都知道，所有外在的仪式结束之后，才是漫长岁月里属于自己怀念的开始。

这可能也是我到现在才写八月的父亲的缘由。三年应尽的礼俗，两地间的往返,那像风一样散去的遗物,以及并不轻易触碰的笔记本,好像隔着岁月才能看清其中的意味。

还有那张年头日久早已失去弹性的旧床。硬而窄,中间还高低不平。每次回家,我都是在这张床上和妈夜谈中睡去。于我,每睡一夜都像爬一夜坡,妈却坚持说:我睡正合适,美着呢。

正是这张床,曾有一家人围聚的时刻。为了父亲,我们有过分工、协作,也有过争吵、埋怨。但这一切都过去了。生死离别立秋日,这日子属于父亲,也属于我们。

张蛰
王老师的鹰

那二年,我一直在村子西头的一口土墙屋里追逐、扭打、尖叫、鬼哭狼嚎地读书。

王老师要求我们读书要大声,他常说的一句话是"读书要使出吃奶的气力",他还常说另一句话:"不大声读书就等着挨揍吧!"他说到做到,谁不大声读书他就揍谁。有一回田鸭子要把吸溜到嘴里的鼻涕咽到肚子里去,就吞咽的那一刻王老师站在了田鸭子身后,他没听到田鸭子的声音,当即给了鸭子一巴掌。这是一个残酷的事实,我们吸取教训的办法是直接用袖筒把淌出来的鼻涕抹掉,嘴里含混不清也不敢把声音停下来,而且要大声。看我们抬头,张嘴,小脸憋出青筋,直着嗓子念书,王老师就很满足的样子在屋子里晃来晃去,他晃到哪里,哪里的声音就嘹亮成直着嗓子嚎叫。

王老师喜欢揍人是有名的,起初宁五、鸭子、我、安全、三仓和外号"非洲刚果"的黑子,还有几个,都不愿意上学,原因就是怕挨他揍。王老师三番五次上门动员读书时，我们又不能跟大人明说不愿去读书，只是心里暗暗盼着家里拿不出学费。没想到，王老师居然慷慨地保证五毛钱的学费可以暂时不交，他向上级打报告减免。这下糟了，大人们觉得再不让孩子读书就太不给王老师面子了，小孩在家也是野，反正要收收性子，那就交给老师调理调理。"孩子交给你，我们就不管了，皮就揍，揍毁不要紧。"宁五的爹以此表达对王老师的信任。田鸭子的爹更狠，直接对王老师轻描淡写地说："不听话就揍，揍死拉倒。"只有我父亲还算心疼自己的孩子，没对王老师表决心，只是警告了我："以后在学校有管角了，还野，不听话，少不了挨揍。"

我们的担心很快变成了现实，王老师揍人的传说是真的。最先挨揍的是宁五，他上课爱做小动作，几乎堂堂挨揍。但揍得最惨的是田鸭子，他也几乎堂堂挨揍，因为学习反应迟钝，挨的打便比宁五他们重。王老师揍人一般用巴掌，他打人后脑勺，重的时候一巴掌过来我们会眼前发黑，头发晕。有时候也用粉笔头砸学生头，王老师砸得极准，说砸谁的头就砸谁的头。更倒霉的是，王老师规定，被砸的人在被砸后要赶紧替老师把粉笔头找到，送到老师手里，不然……所以许多时候他一生气粉笔头出去了，我们听不到叫声，只能看到一个撅起的腚和弯下的腰。王老师声音非常洪亮地告诫我们，粉笔太珍贵，弄丢了太可惜。但要说王老师打人最厉害的那还是用教鞭，他曾经一教鞭就让田鸭子的额头上鼓起一个包，我眼睁睁地看着那个包慢慢鼓起，鸡蛋一样挂在鸭子的前额上。

在打孩子这事上，大人们言行一致。田鸭子当天头上顶着大疙瘩回到家，他爹先看见，没吱声。后来他娘看见了就问了一句："上树摔的还是打架打的？"鸭子就有些委屈，扑簌簌掉下几颗泪来，哽咽着哭道:"老师敲的……"结果安慰没有,招来的是他爹的两大脚,大巴掌到头的一刹那,鸭子跑掉了。

在王老师的巴掌、粉笔头、鞋底、教鞭帮助下,我们迅速成长。最大的变化是鸭子,他挨打的次数最多,成长也最快,常常是王老师的教鞭敲得他眼泪直流,可王老师一转身在黑板上写字,他就回过头对着全班做鬼脸,脸上挂着泪,嘴上吊着鼻涕,眼睛带着笑意,那个表情分明在宣示鸭子的存在,他要用可怜的不屈服表达自己的尊严。很多年后,如此笨拙、顽皮、可怜的田鸭子又变成一个木讷、善和的中年男人,名字不知什么时候改成了田守奎,开口喊我"叔",称呼变成乡人间的礼分。

慢慢地我们发现,王老师打人都在课堂上,上课不认真听他打,作业写错他打,回答不上问题他打,但下课你死劲儿疯他不问,几个人在教室里乒乒乓乓地追逐打闹他也不管,就算你尖叫,就算你几个在地上滚来滚去地撕扯,他也由了你去。他不闻不问,他不参与我们课外的世界。我们教室是三间开的土墙屋,北墙是实墙,无窗,但南墙上有两扇窗户,每扇窗户都竖插着粗细不同的木棍,木棍间的空隙大小不一。有天宁五在课间忽发奇想去钻窗户,结果卡在两个木棍之间,进不来也退不回,急得两腿直蹬,他起先还笑,最后咧开大嘴哭起来。我们去喊王老师,他课间回家去了,等他跑到教室,宁五已经嚎得没了力气。他哈哈大笑,声如洪钟,教室里外看了看,一把将宁五扯了出来。我们以为这回宁五有的挨揍了,但王老师只向梧桐树林里正疯玩的人群喊了一声:"上课了!"

王老师有一子一女,儿子比我们小三岁,不在我们关注里,女儿更小。他妻子是个药罐子,常年喝中药。王老师常常一身中药味地扑到教室里来上课,他用教鞭敲着黑板,一下一下敲得很响:ɑ—o—e。我们就尖脆地跟着读:ɑ—o—e。声音响得把整个教室都搅得全是中药味。

　　跟着王老师读书的两年里,我们最快乐的日子在深秋。这个季节,半下午放学后,我们可以跟着王老师去放鹰,他家养了一只鹰。放鹰都是在漫河滩里,我们一路穿过村东的野林地,从五彩缤纷的落叶铺就的小道上踩过去,空气清新凛冽,王老师左手臂套上了一个大大的皮筒子,鹰稳稳地站在上面,翅膀拢起,有时张开,双眼闪着寒光扫过我们一张张兴奋的脸。因为过于专注于鹰的双眼,我们都被路上的各种各样的东西绊倒过。到了漫河滩,王老师的手腕轻轻一抬,嘴里打声呼哨,那鹰就从王老师的手腕上飞了出去。它小幅拍打着翅膀,不断往上攀升,那动作好像既努力又克制,在到达它想到的高度后,我们看到它完全张开翅膀,开始在空中滑翔,画出一个非常大的圆圈,最远时几乎就成了一个点,然后又看到它张着翅膀回来。王老师在鹰开始盘旋画圈后,就不再出声,也不许我们出声,我们就一起昂着头看鹰在空中俯瞰大地。我们全神贯注,跟着鹰的身影移动,随时准备接纳它捕获的猎物。每一次,那鹰都会让人毫无准备地突然来一个急速俯冲,有时几乎是垂直下坠,像炮弹一样直扑地面上的某个目标。不过并不是每次都能得手。后来我们也看明白了,当它俯冲的最后阶段张开一只鹰爪时,事情多半就成了。鹰扑下去,再没起来,我们就会呼啦啦地往鹰落的地方跑。穿过收割后的红薯地、豆地或棉花地,来到鹰前,我们会看到它正用翅膀盖住一只兔子,对呼啦啦到来的人群,显得非常警惕,只有王老师才能从鹰爪下取出猎物。王老师把鹰捕获的兔子,都给了自己的妻子调补身子。

不知道为什么，有一段时间，王老师没来上课，西村的孟老头给我们上课，他脾气好得能让田鸭子在课堂上玩蝈蝈。宁五更是肆无忌惮地在课堂上作恶，不停地扯拽女生的辫子，把她们拽得尖叫连连。有一天孟老师在课堂上教我们生字"挪"，他读：n—u—o——那。好在王老师很快回来了。

1985年我考上大学时，全村最高兴的是王老师，逢人就说自己当年是如何地看好我。真的吗？我不相信。王老师说的是1975年还是1976年？他就教了我这二年。那个时候，鬼才知道读书识字后能干嘛，王老师不会知道。后来我想过一个问题，当年王老师把我们当作什么呢？我的答案是牲口。其实，这也是一个父亲的角色，每一个父亲，当年都把自己的孩子当作牲口来养，不当牲口养难养活，至于教育，压根就不是他们考虑的。如今，田鸭子、宁五们又回到了原点，那些已去或者仍在的上一代人，依然不明白如何让孩子成长，王老师也是。他九十岁了，很健康。

第三辑

陈保平

以痛惜之情回望青春
——读冯同庆的《敕勒川年华》

冯同庆先生与我素昧平生。他在北京一所大学任教,从事劳动关系研究。因研究课题与我弟弟相识,知道我也插过队,还做过出版,给我寄来了他新近出的知青小说《敕勒川年华》。

现在许多小说翻几页就知道是编的,但冯同庆这一本从头至尾没有违和感,叙事和抒情都很真挚,至少还原了那个时代人的情怀和情感。其实,我更愿意相信这是他插队经历的自传。当然,即使是作家,也并不都具备还原生活的能力。冯同庆让我惊奇的是他长期从事社会调查和理论研究,却有着不俗的文学素养。五十余年过去了,他对那段青春岁月仍然保持着鲜活的记忆。最不容易的是他的这个个人故事,比较准确地概括了这场"知青运动"。他没有非黑即白的判断,没有趋时溢美的追风,也没有痛不欲生的诅咒。它是一首挽歌,也是青春的礼赞。它勾勒了这一代人的整体形象,写出了那个时代对人的塑造。

冯同庆笔下的知青,与其他作品中的知青不同的是大多志存高远,鄙视苟活。这当然与他们的家庭背景和学校氛围有关。用他自己的话来说:"我们插队的几个哥们儿,在中学遇上了好的班主任、好的辅导员,属于学校里最乖的孩子,那时就有了人生志向,现在想想,却也少不更事,人格有缺陷。"但就是这样一群人,在那个浑浊的大时代里,也演变着不同的人生。因做情报工作的父亲档案里被塞了"特嫌"材料,清怡被旗里作为"不安分对象"调查。她为自证清白赴滇缅作战。她认为她要参加的是解放全人类的革命战争。结果受了重伤,双目几近失明。作者写道:定格在我脑海里的,是那张女娃娃的脸,隐隐的忧郁,还有那个年龄罕见的决绝。另一位插友赵小驹,因乡亲们吃不饱,商量如何可少交公粮,她认为这是阶级斗争动向,提出要抓坏人。一些农民种了枸杞、党参,她认为是走资本主义道路,要剜要铲,甚至还要绑人。结果搞得众叛亲离,不得不离开村庄。作品中的司马小宁,是以第一人称"我"的面目出现的,他天性善良,比较书卷气,虽也被大时代裹挟着懵懂前行,但对人与事的判断都是出于良知,并没有受当时政治生态的影响。他对发小赵小驹行为的反感,对受迫害的老干部、知识人的同情,对蒙族乡亲们的友情,都超越了当时"政治正确"的理念。劳动和劳动着的人们是他最大的教育者。"我"和蒙族姑娘妮妮的故事,既是一段纯洁、美好的感情,同时妮妮也是让他懂得很多"胡理",感受人民勤劳、善良、温柔敦厚最体贴入微的老师。他融入了他们的生活,最终获得乡亲们的信任,当上了生产队长,带领大家改变贫困和愚昧。司马小宁代表了知青一代的佼佼者。他们受土地之惠、劳动之惠、人民之惠,当然还有书本之惠(他们在农闲时读了许多历史和理论书),让他们内心始终有一种自我矫正的能力,在容易盲从和投机的年代保持定力。

《敕勒川年华》另一个给我留下较深印象的是,作者对这块土地和淳朴民风的叙述有历史追溯,且感情饱满。他从第一章"缘起",就交代了妈妈让他去敕勒川的原因:那里是边地,也是宽乡。对远离政治中心的边地可以理解,但"宽乡"的含义是什么?我读完作品后才有较深的理解。书中有一章,记述驻军巴师长带知青参观可汗遗址八百室,遇见了常年守护在这里的锁钥大师,巴师长问:外面都在搞运动,你们这里不搞么?锁钥大师回答:你没听说,伊金霍洛无运动哟!这里的人宁可走,也不斗。一旁的赵小驹不解,问巴师长:"你和我爹爹都是行伍,不就是靠暴力打天下么?"巴师长回答她:"那要看甚人,为甚事。"与"我"最贴心的插友朵儿知道一些当地的历史,她说:彼此相交,誓约缔盟在先,如若毁约坏盟,才会好勇斗狠。妮妮诵起了这里的古诗:夫两辕之车,拆其一辕,则车不能曳焉;两轮之车,拆其一轮,则车不能行焉。司马小宁和他的一帮插友,遍走大草原,也读《青史演义》《明实录》等历史书。原来"1500年前,社会动乱,敕勒族人从漠北迁到阴山南北,少数人领兵为将,受封为官,而绝大多数仍旧从事畜牧。阴山南麓水草丰美,'乘高车,逐水草……畜牧蕃息,数年之后,渐知粒食……牛羊遂至于贱,毡皮委积',乱世之中,出现了一片富乡净土"。类似这样的田野考察和历史探究,作品中不时可看到。宽乡的宽厚、仁德之风或许就是这样酝酿、延续下来的。这片土地,对那些爱上高楼,却不慎懵懂撞入的少年起到了心灵呵护和促其理性回归的作用。

作者把一代人的青春年华放在一个特定的空间展开,而这个空间本身又由更长的时间构成。这种时空感是他们过去没有体验过的。于是他们内心会产生与京城空间的交叠、映照,许多人和事变得清晰起来:曾经信任的开始怀疑,一直怀疑的却忽然明白。过去生疏的东西渐渐成为日常生活,而那些别人或自己造成的伤痛已成为抹不去的记忆。如果把"边地和宽乡"当作知青一代去"广阔天地"锻炼的代名词,那么这一代人恰恰是在那里触摸到了中国血脉,了解了中国最重要的一块国情,对农民要改变贫困落后的现状有着强烈的感受,以致司马小宁和他的许多插友后来大学毕业去从事农业现代化的工作。他们有的去了农科院搞科研,有的到农业部任职,有的干脆赴海外经营大农场,做农产品进出口贸易。

"上山下乡"运动在冯同庆动笔写《敕勒川年华》时,已过去半个世纪,许多亲历者留下了大量作品和史料(有些地方还成立了知青史的研究机构)。后人也许可以从中对这场运动作出客观评价。作为一场社会灾难的伴生物,它对大多数人青春的耽误大概是个不争的事实。但灾难也给了这代人特别的馈赠,他们对中国底层社会不隔膜、有感情,对人生有较强的抗压能力。知青一代每个人都有自己的边地和宽乡。冯同庆的作品以一种几近痛惜的感情回望自己的美丽青春,对那段历史立此存照,这是最有价值的。

读史老张
顾颉刚笔下的武康路

雨天,路过武康路。忽然想起史学大师顾颉刚先生就曾住过这里,便拐进去找顾颉刚旧居。一幢三层楼洋房,墙面米灰色相间,貌不惊人。据顾颉刚描述,这房子原本"前有草地""庭院颇大",但我左看右看,看不到草地,也没感觉它有多大。

顾颉刚于1948年初抵沪,原住山阴路兴业坊。1949年3月,他迁到武康路280弄9号。9号的主人姓袁,那时已赴台湾。经人介绍,顾颉刚一大家子租住袁宅底楼,一直住到1954年夏迁往北京。这一时期,顾颉刚任大中国图书局总经理,后又任上海市文物管理委员会委员,并先后在诚明文学院、震旦大学和复旦大学兼任教授。《顾颉刚日记》卷六、卷七,记录了他在此五年多的生活,鲜活生动。其中有关武康路上的人与事,读来饶有兴趣。

在日记里,顾颉刚并未正面描述武康路。对于上海的道路里弄,他似乎并不在意,"千篇一律,极不易认,我辈所以能认者,以记得阿拉伯数字之门牌耳"。但从字里行间，我还是闻到了武康路的市井味。例如，顾颉刚多次写"到武康路口"：买书、买玩具、买蚊香、买糖、买连环图画、刷鞋、吃馄饨、吃牛肉汤、存款取款、看游行队伍……这个"路口"，应该就是武康路与淮海路、兴国路交界处，可见当年这里市口好，生意兴隆。偶尔，他也会从武康路出发，到华山路买鞋，到徐家汇配中药，到思南路寄信，或者与妻子张静秋一起，到国泰大戏院看电影，到静安寺百乐商场购物。至于那幢诺曼底公寓（今武康大楼），无论今天如何名闻遐迩，顾颉刚却只字未提——最接近的记录，是写他多次去紫罗兰理发店"剃头""剃须"，这个"紫罗兰"，就在诺曼底公寓楼下。另有一次，一个老家来的女佣在他家厨房中与人幽会，被别人撞见，羞愧交加，离宅"逃走"。顾颉刚和张静秋正好去武康路口"换钱"，发现该女佣正"徘徊于大街之廊，周身遭大雨湿透矣"，遂"携之归"。这里的"大街之廊"，应该就是指诺曼底公寓底楼长廊。

　　顾颉刚当年入住武康路，图的是清静。武康路远僻、落乡，却使他感到"安心"，迁居后感觉不错，"自移家武康路，十分舒适""夜中极静，睡眠甚好""有安乐之乐……复得写作，竟不思动矣"。然而不久，烦恼接踵而来，"楼上王家天天邀客打牌，抽头每天可得十余万，除饮食茶烟外均给工人，故工人极高兴"。这却让顾颉刚高兴不起来，后来他另找地方读书写作，大概根源在此。另外，大中国图书局在北四川路，离武康路较远，顾颉刚每去一次，"需时一小时许，来回便耗三小时，而车费亦须五百元之谱。一月合计实一大支出也"。这一点，也让他有点不爽，难怪他后来多次请假延期到复旦任教，理由很充分："住居徐家汇区，离江湾太远。"在诚明文学院，顾颉刚任教时间最长，诚明在南市民国路（今人民路）老北门，离武康路也不近。有一天下课回家,他想去霞飞路(今淮海路)为女儿买东西,为了节省四百元电车费,他沿着民国路向西步行,哪知民国路是一条弧线,走着走着,竟走到了肇周路,"近黄浦江矣,只得雇车到霞飞路,反而花了一千五百元"。还有一次,他乘三轮车到重庆南路上的震旦大学上课,震旦那天却因故停课,这让他愤愤不平:"学校停课,也应打电话来通知一声……害得我白跑一趟,花去两千元车钱,抛却半天工夫。"更要命的是,一到雨天,武康路一带即积水成河,"浅者数寸,深者尺许,店铺多闭门"。有一天下雨,"出门,无电车,讶之",走到霞飞路才发现,"积水甚深……车轴亦入水,竟成浩荡长河"。

对于武康路市井生活,顾颉刚有切身体会。刚迁入时物价飞涨、生活清苦,他们一家有时也买豆腐渣吃,有人惊问:这是喂猪的,如何吃得?顾颉刚慨叹:"然不吃此更有何法。"袁宅主人离沪后,留下若干佣工看房。有一女佣张妈,"头脑太旧,负责又过分,遂多扞格",她对顾颉刚家人限制颇多,例如洗衣"不许在浴盆内",洗痰盂"不许在便桶内",还写信向在台湾的主人告状,"嫌我家人多,嫌我家工人毁坏其器物",以致对方来函指责。对此,顾颉刚记曰:"寄人篱下,痛苦若此!"武康路原本治安差,偷盗猖獗。某天夜间,"有贼自后园篱笆入,窃去余家面粉两袋,又入东邻,窃其自行车一辆"。隔了两天,"贼又来,后园入,偷去鸡二只,摔开锁,自大门出。可见其胆子愈来愈大"。还有一次,"对门一家易主之际,脱空一天,窗上铜链全被窃去。静秋入市买菜,亲见一人菜篮被抢"。

顾颉刚迁居武康路初,国民党政权正值风雨飘摇中。国民党的挣扎和溃败,他曾目睹。1949年4月26日,国民党军警在全市高校大搜捕,进步师生"被捕者数百人",顾颉刚的老友、同济教授郭绍虞被列入黑名单,复旦教授周谷城被捕。当天日记里,他写道:"不期途穷日暮,又复倒行逆施。"5月16日,国民党军队在"武康路堆沙袋",张静秋听一个士兵嘀咕:"这有什么用处!"顾颉刚又评论道:"军心如此,而乃期其守乎!"5月19日,武康路筑起栅栏,国民党保甲长挨家挨户前来收款,"所索数甚大,必非我力所可任",这让顾颉刚"不胜其扰"。5月20日,他上街买菜,发现肉铺老板将肉"藏于内室或抽屉中",原来,肉铺进货,"一银元买不到二斤";而国民党军队前来买肉,"则一元须买四斤也"。肉铺老板哀叹:"明日预备关门矣。"几天后,各商铺就频现"脱货求现""惊人牺牲"招贴,顾颉刚感慨:"商人之苦,即此可知。"5月24日起,他的日记进入了上海解放的节奏:"晚间炮声及机关枪声甚近且密,静秋不敢睡床上,与之同卧地板,以此遂失眠。"5月25日,他一起床,即闻人民解放军已从清晨四时进入市区,"共军由兴国路进,国军由武康路退","解放矣!……上街,看新标语已贴出,电车已停,商铺开门者极少,外国人行动受阻"。5月27日,他写下这样一行字:"看报,上海全部解放。"

上海解放后,武康路的治理走上正轨。1953年1月,武康路居民委员会成立,临时办事处设在武康路270号。张静秋因工作积极,当选为居委会副主任,四处奔忙。对此,顾颉刚看在眼里:"静秋为里弄就业工作,日夜开会,今晚至十一时方归";"静秋近日为彻底贯彻婚姻法,无日无会,会必以夜,十分疲乏,夜半作冷发抖,致和衣而眠"……他心疼妻子:"不知渠身体吃得消否?"后来,张静秋果然累病了,顾颉刚还亲自出手,"为静秋写居民会信"。读到这里,我就想,不知这封"居民会信"现在何处?倘能保存至今,无疑是武康路上重要的历史文物,十分珍贵。

……不知不觉中,我已踱步到了武康路口。在顾颉刚笔下,当年这里有肉铺、菜市、银号、馄饨店,还有修鞋匠、烧香客、剃头师傅和摆连环画摊的书贩,既不小资,也不时尚,却烟火气十足。今天,武康路口已成为"网红"打卡地,虽是雨天,武康大楼长廊下,依然人来人往。各类海报招贴上写:武康路是"可阅读"的马路、武康大楼是"可阅读"的建筑——在我看来,所谓"可阅读",最终还是要回归到阅读历史文化。因此,在"阅读"武康路和武康大楼时,像《顾颉刚日记》这类历史文献,倒不妨读一读。

徐则臣
《晚熟的人》的文体意义

最近五年里的小说集阅读中，让我有强烈的震惊性阅读体验的小说集有三部：一是加西亚·马尔克斯的《梦中的欢快葬礼和十二个异乡故事》(以下简称《葬礼和故事》)，二是以色列作家阿摩司·奥兹的《乡村生活图景》，第三部就是莫言的《晚熟的人》。

这三部小说集放在一起，可观者颇多。首先，三部作品都是作家创作盛年或其后的心血之作。

《葬礼和故事》中，按照作家本人在小说集的序言中所说，除了《雪地上你的血迹》和《福尔贝斯太太的快乐夏日》两篇写于1976年，另有五篇完成于1980年10月至1984年3月。接下来的"经过两年时断时续的写作"，剩下的五篇完成，"去年九月它们就已经准备好付印了"。这个"去年"，指的是1992年小说集出版的前一年，即1991年。即便不清楚"时断时续的写作"的"两年"具体指哪两年，也不知道哪些作品是在"去年"最终完成，依然可以断言，这部小说集中的绝大多数作品都完成于1982年加西亚·马尔克斯获得诺贝尔文学奖之后,也即作家55岁之后。阿摩司·奥兹的小说集《乡村生活图景》首次出版于2009年,这一年,作家70岁。奥兹是以色列的大作家,29岁即写出现在已成经典的长篇小说《我的米海尔》。事实上他一直是以色列的文学旗手,多年来都是诺贝尔文学奖的热门人选,遗憾的是2018年79岁时因病去世。我不敢妄言该集子中的小说写于什么时候,但以内容、风格和写法上观之,应该是奥兹60岁以后的作品。《晚熟的人》最早一篇写于2010年,最新一篇完成于2020年,整个小说集的创作跨越了莫言55岁到65岁这十年间。57岁那年,莫言获得诺贝尔文学奖。不厌其烦地列举这些数据,无他,只想说明,三部小说集都完成于作家创作的鼎盛期或其后,带有一定的萨义德所谓的"晚期风格"。这一时期作家的创作,早已臻于化境,足够成熟,每一部作品都该是深思熟虑的心血之作,是生命的结晶。

三部小说集第二个共同点,是集子中的作品都一反作家早前的短篇小说创作,呈现出完全不同的文体样态。

加西亚·马尔克斯早前的经典篇目大家耳熟能详:《礼拜二的午睡时刻》《我们镇上没有小偷》《格兰德大妈的葬礼》《巨翅老人》《世界上最美的溺水者》等,每一篇都堪称完美。但这完美是我们对短篇小说的认知范畴内的完美,我们看见了它们的完美,也熟悉它们的完美。它们在莫泊桑、欧·亨利、契诃夫的短篇小说传统里完美着。但《葬礼和故事》中的作品绝大部分都和这些小说完全不同,不仅在篇幅上都相对短小,最短的只有两三千字,小说意趣和写法上也呈现出强烈的异质性。奥兹前后期的短篇小说创作也存在类似的差异,《胡狼嗥叫的地方》《恶意之山》等小说集中,我们习惯的经典的文体特征和讲故事的方式在《乡村生活图景》中几乎荡然无存。《乡村生活图景》里，故事讲到三分之二，即将迎来高潮时，奥兹没有带领我们继续向故事的顶点攀登，而是陡转急下，让情节断崖式下坠，生生地拐到了另外一个方向。阅读时，你会有被闪了一下的感觉。显而易见，奥兹决意在这部小说集中开始一种新的讲故事的方式，这一批中短篇因此有了别样的形态。莫言之前已被经典化的短篇我们可以列出一串：《大风》《枯河》《白狗秋千架》《秋水》《拇指铐》《月光斩》等等。它们的敏感、瑰丽和冲击力余音绕梁，让人掩卷难忘，但它们的独异，更多表现在故事、修辞、风格、想象力、现实批判等方面，结构、形式等文体角度尚缺少作家长篇小说那样可供论述和阐释的广大空间。或者说，这些小说就文体而言，依然局限在我们熟知的契诃夫、鲁迅、福克纳、胡安·鲁尔福划定的短篇小说的四方城里。到了《晚熟的人》，莫言从契诃夫、鲁迅、福克纳、胡安·鲁尔福们的高大的城墙里突围了出来，展示出了一种完全不同的短篇小说的样态和书写方式。在这部小说集中，除了《天下太平》一篇，尚沿袭了经典的短篇写作的路数，结构上起承转合严丝合缝，其他篇什都呈现出了别样的写作模式，与先前的短篇写作显著地区分了开来。

  三部小说集的第三个共同点：都以集束的方式展示了一种新的短篇小说文体的可能性。

  三位都是大师级作家，几十年的写作实践让他们有了远超常人的文学理解，也让他们比一般作家和读者更深地感受到了某一文体发展到今天，可能面临的困局与瓶颈。前后期的短篇创作差异如此之大，正是他们基于对这一文体局限和困境的认知，所采取的自觉突围；也因为这突围，为短篇小说这一文体的发展做出了开疆拓土的贡献。阅读三部小说集的过程中,我反复思量同一个问题:作家总要求变,偶尔写出个把篇别致的新款小说也许并没那么难,谁没有个意外惊喜,但用一部专集如此集束地收录同一种模式的作品,且这批作品迥异于旧作,当不是偶然与巧合吧。那么原因何在?只有一种解释:作家在长期的创作实践之后,不管是源于对某一文体既有范式的厌倦而下意识地寻求改变,还是有意识地探索革新,如此规模地亮出新模式、新特点,起码表明了他对这一文体的理解确有变化,以及对新的写作实践的认可与坚持。漫长的文学史中,每一种文体的发展,也都正是得益于这般开疆拓土的革故鼎新。从这个意义上说,《葬礼和故事》《乡村生活图景》和《晚熟的人》,正是加西亚·马尔克斯、奥兹与莫言有意无意地对自己早中期短篇小说创作的"反动",是创作中期或晚期的"变法",是对短篇小说这一文体的开拓性创新。也是在这个意义上,他们堪称短篇小说这一文体的文体家。

文学史上臻于完美的作品琳琅满目,文学史上堪为大师的作家也并非罕见,但真正在文体上有所突破、当得上"文体家"者,凤毛麟角。莫言的文体探索与贡献,论者云集,但几乎都集中于他的长篇小说创作上,自《红高粱家族》始,《天堂蒜薹之歌》《十三步》《食草家族》《酒国》《丰乳肥臀》《红树林》《檀香刑》《四十一炮》《生死疲劳》一直到《蛙》,没有任何两部长篇在结构和形式上是相同的,几乎每一部都向我们展示了长篇小说写作的新的可能性。其"大踏步后退",有意识地与中国古典文学的对接,对传统叙述资源做发现、唤醒和现代性转化的努力,对当下的创作尤有启发。这些创作对长篇小说文体的拓展之功,不惟在中国,在世界文学中也有目共睹。而在短篇小说领域,尽管1994年的诺贝尔文学奖得主、日本作家大江健三郎曾断言,"如果要给全世界的短篇小说排出前五名,莫言的能进去",但莫言于这一文体的拓荒之努力,并未得到充分认可。这一次,在诺奖之后睽违八年,莫言拿出了这部《晚熟的人》。

除去《天下太平》,另外十一篇都有一个辽阔的时间和空间跨度,自叙传色彩虚虚实实、影影绰绰。这些作品说古道今、纵横捭阖,由一时及一世,由一人至众生,闪转腾挪,俯拾皆是又信手拈来。时空出入信马由缰、从容自在,置身泱泱烟火人间但如入无人之境,饱含阅尽世事后的丰沛与苍茫,待尘埃落定,老和尚却是热心热眼,说出了家常话。这容量与叙事方式,是短篇,又不似短篇。

一部短篇写尽百年人生不乏其作,典范者短如巴西作家若昂·吉马朗埃斯·罗萨的《河的第三条岸》,三千四百字足矣;长一点的,福楼拜的《一颗简单的心》,一万九千字。两部作品在处理时空跨度时,因时空之间的隔绝有概括性的叙述来铺陈和弥合,阅读上毫无断裂之感。《晚熟的人》一集中的作品反其道而行之,极少概括性的联络与弥合,直接以场面的细节描写来转换时空,留白巨大,加上多以第一人称叙事,整个小说腾挪的空间就尤显得开阔,时空跨度也因此被强调和放大。断裂的情节生硬果决地对接所形成的空间上的阔大与苍茫,以及浩荡、幽深的命运感和历史感,让小说呈现出一种前所未有的阅读体验和美学风格。不由得让人进而逼视它与短篇小说这一文体的关系。

阅读上的另一个体验是,单篇看,这种跨度巨大的块状人事拼贴似有肌骨消瘦之感,但十一篇相同模式的作品放一起,其规模效应及相互间的启迪生发,形成了意外的核聚变式的巨大能量与艺术张力。不仅整部小说集因此更加雄浑与有力,每一篇小说也因之愈加丰富和圆满。

　　我不知道这是否作家苦心孤诣孜孜以求的效果，但我知道这必是作家在世事洞明之后，对短篇小说的理解和形式探究进入了一个新的自由之境的结果。《晚熟的人》以集束的方式，证实了莫言在短篇小说写作上的盛年"变法"；在这部集子中，他对短篇小说这一文体所做的开疆拓土的努力，也让他成为了真正的短篇小说的文体家。

2020年11月9日，大连

吴学昭

吴宓和他的《世界文学史大纲》

我父亲吴宓一生学习和研究世界文学,讲授世界文学,非常重视文学史于文学的功用。他认为"文学史之于文学,犹地图之于地理也。必先知山川之大势、疆域之区划,然后一城一镇之形势之关系可得而言。必先读文学史,而后一作者一书一诗之旨意及其优劣可得而论。故吾人研究西洋文学当以读欧洲各国文学史为入手之第一步,此不容疑者也"(吴宓《希腊文学史》)。

据父亲早年的清华弟子、原北大西语系教授李赋宁回忆:"早在(1921年任教)东南大学时期,吴宓就已制订出'世界文学'讲授提纲(英文),包括各国重大历史事件和各国文学史。这在我国是最早的世界文学教程。有了世界文学的基础知识,才有可能从事比较文学的研究。吴宓在东南大学、清华大学、西南联合大学、燕京大学、武汉大学,以及解放后在重庆大学、西南师范学院一直讲授世界文学课程,他是这门学科的创始人之一。"(李赋宁《在第一届吴宓学术讨论会上的讲话》)

父亲去世以后，曾从他受业的许多友生，关心他有关世界文学，尤其是他最早开设的世界文学史的遗著的整理出版，谆谆以此嘱托家人。除了父亲最亲密的学生李赋宁，我印象最深的是西南联大外文系上世纪四十年代初毕业的几位校友：许渊冲、李俊清、许芥昱、关懿娴、沈师光等，他们谈起当年听吴宓的"世界文学史"课，常是眉飞色舞，兴致勃勃，使我也很受感染。当时就想，有朝一日，父亲关于世界文学史方面的遗著得以出版，一定要请他们写点什么，作为纪念或读后，配合发表。

然而十分惭愧，我们一直迟迟未能着手于此。缘于父亲以他多年对世界文学的系统研究，虽编撰有"世界文学史"中英文讲授提纲、讲义多种，可惜他的这些倾注心血的手稿，不幸于十年动乱中悉遭抄没，而他于当时所托付代为保藏讲义、手稿的人，至今不肯归还，家中一无所存；以致此书在他生前未得付印，身后也无法出版。我们多方寻访征集，亦无所获。

很久以后，西南联大外文系一位1944级的校友李希文闻讯，将他珍藏了半个多世纪的吴宓所编世界文学史大纲（英文），辗转托人"赠与吴师家人留念"。"大纲"系打字油印于战时通行的粗糙纸上，历经岁月沧桑，纸张已发黄变脆，最后几页且有缺损。虽然如此，对我们来说，仍如获至宝，异常珍贵。现今出版的吴宓《世界文学史大纲》一书，即是以李希文学长惠赠的这份不全的西南联大外国语文学系所印《世界文学史大纲》为主编辑的（并借此题命名全书），附录吴宓所撰《希腊文学史》《西洋文学精要书目》《西洋文学入门必读书目》等文，所翻译、增补材料并详加评注的美国李查生与渥温（William L. Richardson & Jesse M. Owen）二氏合著的《世界文学史》，为清华大学外国语文学系所制定的办系总则和课程设置,以及他对世界文学史上几位著名文学家、批评家的论述。此外辅以两篇不同时期友生对吴宓授课的感受。虽不能充分表现吴宓研究和讲授世界文学史的观点和心得,也算是对他四十多年教学生涯的一个纪念。祈愿如今散失各地的父亲遗稿,终有一日得刊行面世。

感谢美国芝加哥大学比较文学博士、斯坦福大学东亚系副教授周轶群女士受编者之请,于百忙中在细读深研吴宓日记、作文、书信,及其他许多有关著作的基础上写出《吴宓与世界文学》的长篇导读,为本书增色不少。感谢商务印书馆陈洁同志精心编辑,将本书收入中华现代学术名著丛书。相信吴宓和他已故的受业弟子地下有知,也会感到慰藉。

在吴宓的《世界文学史大纲》出版之际,我深感遗憾的是,由于此书着手太迟,当年谆谆敦促我们及早寻访搜集、编辑整理父亲世界文学方面遗稿的清华、联大外文系诸位老学长,如王岷源、李赋宁、许芥昱、李俊清、沈师光等,已先后故去,不及亲见此书,予以批评指正;而今健在的两位,亦皆年届高龄:关懿娴102岁,许渊冲99岁,不便叨扰。于是原拟敦请这些曾亲炙吴宓授课的友生,为本书写点读后或书评之类的愿望全然落空,只有根据我当年的访谈笔记和点滴回忆,将他们对先师教课的感受,略述一二,与读者分享。

据清华学校历史档案,学校自1926年西洋文学系(1928年改称外国语文学系)初建,即很注意西洋文学概要及各时代文学史的一体研究。设有自古代希腊、罗马,中世纪至但丁、文艺复兴时代的西洋文学史分期研究学程,由吴宓与翟孟生(R.Jameson)及温德(R.Winter)分授。1937年全面抗战爆发,翟孟生返美;清华南迁,温德滞留北平以外侨身份帮助处理校产；西洋文学史乃改由吴宓独自讲授。

吴宓在西南联大所授"世界文学史"，为外文系二年级的必修课，8学分，是外文系学分最多的一种。该课原名"西洋文学史""欧洲文学史"，后因实际讲授内容范围很广，包括了东方的波斯、印度、日本等国文学，遂改称"世界文学史"。西南联大"世界文学史"课，一直由吴宓讲授；1944年秋他休假离校，无人接任此课，最后改为"英国文学史"，由他的弟子李赋宁讲授。1946年联大解散，清华复员北平后，"世界文学史"课亦未重开。

"世界文学史"为联大当年最叫座的课目之一，外系旁听的同学不少，何兆武说他就是来"听蹭"的。彭国涛1941年选修了这门课程，从此爱上外国文学，第二年由历史系转入外文系。他回忆吴宓上课，从不看书和讲义或卡片，讲到作者生平，名著情节的时间、地点以及一些著作的原文，都能准确无误地说出，并写在黑板上。讲述荷马史诗《伊利亚特》和《奥德赛》、但丁的《神曲》、卢梭的《忏悔录》、塞万提斯的《唐·吉诃德》等，滔滔不绝，有声有色，如数家珍，使他至今难以忘怀。"先生对书中人物，不仅介绍，且作出评价，指导人生，使你思想感情上受到感染，潜移默化。我们听课，既学到许多知识，也提高了思想境界，升华了感情。"(彭国涛《我的导师吴宓先生》)

同学们反映吴宓讲课极为生动，讲述那些名著中的故事，更引人入胜，让人不知不觉如身历其境。沈师光、于绍芬等犹记当年听先生讲卢梭《忏悔录》，尤其卢梭牵着两个少女的马涉水过河的一段，听得她们如醉如痴，直以为那是卢梭的一段最幸福的生活，最美丽的文字。

同学们喜欢吴宓的要言不烦，一语中的，如"欧洲文学史"讲文学与非文学的分别，说：文学重情感（emotion），想象（imagination），乐趣（pleasure）；非文学重理智（reason），事实（fact），教导（instruction）。这比下定义好得多。又说：哲学是气体化的人生；诗是液体化的人生；小说是固体化的人生；戏剧是固体气化的人生。哲学重理，诗重情，小说重事，戏剧重变。形象地概括了事（小说和戏剧）、情（诗词）、理（哲学）三者的分别，说出了小说和哲学的关系，等等。

同学们印象深刻的还有，吴宓常用列表来概括事实。如"欧洲文学史"讲Dante（但丁），讲到Dante's life in relation to his works（但丁生活和作品的关系），他就列出了一个简单明了的表：

1. Love（Dream）梦想产生爱情，写出作品New Life（《新生》）
2. Study（Learning）学术作出研究，写出作品Il Convito（《飨宴》）
3. Politics（Experience）经验造成政治，写出作品Divine Comedy（《神曲》）

但丁在翡冷翠河滨遇见贝雅特丽齐，一见钟情，在她死后，写了悲痛欲绝的《新生》。《飨宴》把各方面的知识通俗地介绍给读者，作为精神食粮，所以书名叫作《飨宴》。《神曲》描绘了翡冷翠从封建关系向资本主义过渡时期的社会和政治变化。书中的地狱是现实的情况，天国是争取实现的理想，炼狱是从现实到理想的苦难历程。

除了列表，吴宓有时亦绘图来说明问题，如所绘但丁《神曲》的"宇宙结构图"，使学生一目了然，印象深刻。何兆武至今记得吴先生画的一张七级浮屠式的图，把对权力的追逐放在最下层，以上各层依次是对物质的追求，对荣誉的追求，对艺术创造的追求；最上一层为对宗教的追求,据说是采纳了沈有鼎的建议。

1943年从军的许芥昱(1941年11月,美国志愿空军大队来华对日作战,需要大批英文翻译,联大外文系高年级男生,除个别例外,全部应征服役)曾与级友李俊清交流,说他从吴宓的"欧文史"课程得到比较文学的思想启发,由此决心从事比较文学的研究。

许芥昱后来果然赴美研习比较文学,获斯坦福大学文学博士学位,其后在旧金山加州州立大学授比较文学。1973年突发奇想,携其比利时裔的妻子和两个可爱的儿子远来漫游中国半载;其间亟欲赴重庆北碚拜谒卅年未见的导师吴宓,为此通信往来多次,最终以当时四川尚未对外宾开放而不果。许芥昱在他返美后所出版的 Our China Trip(《我们的中国行》)一书中这样写道:

对李赋宁两个小时的访问,话题几乎没有离开过"奇普斯先生"。我们的 Mr.Chips,我们背地里这么称呼他,我们对他绝不说再见。[昆明战时放映过一部英国1939年拍摄的影片 Goodbye, Mr.Chips(《再见吧,奇普思先生》,中文片名《万世师表》)描叙一位老教师的职业生涯和个人生活。联大外文系许多人看了很受感动,有些同学觉得吴先生与 Mr.Chips 很相像,于是背地里就称他为"奇普思先生"。]——他仍然活着,在四川。他教过我们所有的人。

我告诉李赋宁,吴先生仍旧用红墨水批改我的信,拼写出所有缩写的词,在字里行间用印刷体整齐地改正错字。另在我去信的边上写下对我的回复。

李赋宁说:"他对我也这样。"李已任北大副教务长有年,1950年自美国留学归来,在教师中保持领先地位。"那就是吴,"李说,"我想他永远不会改变。"

李过去多年一直是老诗人吴宓最亲密的学生和朋友。吴是安诺德坚定的赞赏者及丁尼生的模仿者,他为同情他的因失恋而憔悴的学生落泪……

关懿娴对吴宓将《红楼梦》与萨克雷的 Vanity Fair(《名利场》)进行比较,很感兴趣,她的毕业论文就是以《名利场》为题作的。她发现吴先生特反对"古今中外、人天龙鬼,无一不可取以相与比较"的轻率态度;讲授中,始终以历史的演变及系统异同的观念,着眼于探索某些"中西古今"的"不易之理"和"东西文学公认之言"在文学领域里的普遍应用。中西比较如此,西西比较也这样。

"欧文史"考试却很使关懿娴发怵:吴宓出的考题包罗万象,从狄更斯某部小说的出版年、出版家到定价的细小题目,到 Fully describe(详述)一部世界文学名著如荷马史诗、歌德《浮士德》等的内容、文学价值及其在文学史中的地位等等。她常是最后交卷的几个同学中的一个。吴先生总是彬彬有礼地站在一旁,或坐着看书,还不时微笑着说:"不急,慢慢答。"有次期终考试,关懿娴和几个同学竟考了五个小时,最后一同交卷。吴先生边叠齐考卷,边说:"你们的食堂已经关门了,来,跟我到'文林'(学校附近的一家小饭馆)一起吃饭去。"时值冬季,一顿热腾腾的饭菜,吃得既果腹又暖和。用餐中间,吴先生还讲些他青少年时代的学习轶事,其乐融融,久久难忘。

1938年考入西南联大外文系的许渊冲,是吴宓"欧洲文学史"班

上最出色的学生。他仰慕吴宓学识渊博,吴宓赞赏他聪明好学。这方面许渊冲在联大日记和学习笔记中多有记述。他说:

> 吴先生是联大外文系唯一的教育部部聘教授,中国比较文学的奠基人,他的中文和英文水平都不是当时英美任何汉学家所能比拟的。他是哈佛的毕业生,在联大外文系讲"欧洲文学史",用的方法完全和哈佛一样,所以外文系的精英们等于身在联大,心却可以去哈佛。吴宓还是清华大学中文系第一任系主任,第二任是杨振声,第三任才是朱自清。这样学贯中西的教授实在难得。
>
> 他品评别人总是扬长避短,对自己则从严,严格得要命。从他对钱锺书的评论中也可看出他的学者风度,虽对自己学生也能虚怀若谷,可见他多么爱才!对我也是这样:1940年5月29日,上完"欧洲文学史"时,吴先生叫住我说:"我看见刘泽荣送俄文成绩给叶公超先生,你小考100分,大考100分,总评还是100分,我从没有见过这样好的分数!"吴先生是大名鼎鼎的老教授,这话对一个19岁的青年是多么大的鼓舞!我当时就暗下决心"欧洲文学史"一定也要考第一;结果我没有辜负吴先生的期望。(按,许渊冲当年"欧文史"月考98分,学期平均95分,学年平均93分;比全联大总分最高的张苏生的"欧文史"成绩还高了两分。)
>
> 吴先生讲"欧洲文学史",其实也讲了"欧洲文化史",因为他讲文学也将哲学包括在内,如讲希腊文学,他却讲了苏格拉底、柏拉图、亚里士多德。后来他为外文系三年级学生开"欧洲名著",讲的就是《柏拉图对话录》。他最善于提纲挈领,认为柏拉图思想中最重要的是"一""多"两个字:"一"指抽象的观念,如方、圆、长、短;"多"指具体

的事物，如方桌、圆凳、长袍、短裤。观念只有一个，事物却多种多样。柏拉图认为先有观念，然后才有事物。如果没有方桌的观念，怎么能够制造出方桌来？他还认为观念比事物更真实，因为方的东西、圆的东西，无论如何也没有方的观念那么"方"，没有圆的观念那么"圆"。因此，一个人如果爱真理，其实是爱观念超过爱事物，爱精神超过爱物质。这就产生了柏拉图式的精神恋爱观——这后来对我产生了不小的影响。但是观念存在于事物之中，"一"存在于"多"中，所以爱观念不能不通过事物或对象。而对象永远不能如观念那样完美、那样理想，因此，恋爱往往是在"多"中见"一"，往往是把对象理想化了。但理想化的对象一成了现实中的对象，理想就会破灭；因此，只有没实现的理想才是完美的。但丁终身热恋贝雅特丽齐，正是因为她没有成为但丁夫人啊！

许渊冲学习动脑筋，爱琢磨，他不"师云亦云"，有不同意见，乐于同老师探讨。吴宓讲"世界文学史"，从语文系统开始。他说表现思想的方法有两种：一种是声音，一种是形式；前者如欧洲的拼音字，后者如中国的象形字。两种文字各有其长，各有其短，不能说哪种好，哪种不好。所以他不赞成（汉字）拉丁化。当时许渊冲认为，从艺术的观点看来，吴先生的意思没错；但从教育的观点来看，他的意思却未必对。因为教育的目的是要普及，而方块字的确太难，就是中国人也要学几年才能学会。何如拼音文字能说就能写，能写就能读书呢？久后才体会，吴先生的意思还是对的，自己的意见却很幼稚，完全是跟着鲁迅走，并没有消化鲁迅的思想，也没有用实践去检验拉丁化是否正确，就说出了自己后来也反对的话。其实鲁迅也说过：中国文字有三美：

意美以感心，音美以悦耳，形美以悦目。而欧洲文字只有意美和音美，没有形美。欧洲有个大哲学家甚至说过：世界上如果没有中国文化，那真是人类的一大损失。如果没有中国文字，人类文化就要大为减色。实际也是如此，如杜甫的著名诗句"无边落木萧萧下，不尽长江滚滚来"，兼具对仗、重叠、草字头、三点水偏旁等形美，是西方文字万万无法翻译的。由此回想吴先生所说中西文字各有长短是有道理的，拉丁化没有形美确是一大缺点。

"欧洲文学史"课上，吴宓曾说：古代文学希腊最好，现代文学法国最好。许渊冲却认为俄国文学不错。吴宓说：法国文学重理智和形式，德国文学重感情，不重形式；英国文学理智和情感并重，但都不如法国和德国，只比德国更重形式，却又不如法国。依许渊冲看，俄国文学和英国文学差不多；除普希金重情之外，果戈理、屠格涅夫、陀思妥耶夫斯基、托尔斯泰，都更重理，而且很重信仰。后来读了屠格涅夫的《春潮》，故事给他的印象是：爱情有如春潮，时涨时落。这和德国斯托姆的《茵梦湖》不同：莱茵哈德几十年后还留恋青春时代的旧情人，可见德国文学重情，歌德的《维特》也一样。而屠格涅夫最重情的《贵族之家》结果和《春潮》也有相似之处，只是伤感之情更接近《茵梦湖》。这样想想，吴先生的结论还是有道理的。

许渊冲后来还选修了吴宓的"文学与人生"和"翻译"课，亦心得多多。

吴宓外貌严肃、古板，似乎很难交往；同学们接触多了，才发现先生其实待人谦和热情，诚挚率真，是一至性中人。对学生课外问难求教的，无不认真细致讲述解答；倾诉思想苦闷的，或为感情问题烦恼而请予指教的，——耐心给予教益和安慰；生活困窘来求助的，亦极尽己力济助，尽管自身生活也很清苦（全面抗战初期，联大教授薪津，仅发原薪的70%）。

吴宓特喜与爱好文学的学生交流。他赞同Arnold（安诺德）所说Literature is the best that has been thought and said in the world（文学是最好的思想和言论）。他认为Literature is the Essence of Life（文学是人生的精华）。他乐于把自己读过的好书，见闻的好事，思考过和感觉到的问题，直接和间接的生活经验，献给学生；通过与学生无拘无束、心情愉快地讨论交流，与许多同学成了朋友，吴宓称之为"友生"。

2009年春，吴宓的几位海内外弟子，一次偶聚北京。大家聊起难忘的Mr.Chips，回忆他循循传播的古圣先贤的智慧与禅意；都说他们所受益于先生的风格者，不亚于受益于先生的学问。李鲸石复诵先生对他说过的"Everything I say and everything I do is in accordance with the teachings of Confucius, Buddha, Socrates and Jesus Christ."（我的一言一行都遵照孔子、释迦牟尼、苏格拉底和耶稣基督的教导。）许渊冲对吴宓当年所论The Golden Mean（中庸之道）和Virtue, Justice vs Profit, Gain（义利之辨），记忆犹新，感叹道："吴先生的儒家思想深深地影响了我们这一代外文系的学生。"

张宪光
"神偷"张爱玲

一

《倾城之恋》取材于《诗经》中的《柏舟》,有张爱玲的白纸黑字为证。更准确地说,她从《柏舟》得到的只是一个故事母题,也就是"小姐落难,为兄嫂欺凌"的烂熟套。《柏舟》云:"亦有兄弟,不可以据。"复云:"忧心悄悄,愠于群小。觏闵既多,受侮不少。"又云:"日居月诸,胡迭而微?心之忧矣,如匪浣衣。静言思之,不能奋飞。"前两者与流苏回到白家后的遭遇相似,后一点与悲哀的主题有关。《柏舟》的作者,历来争议纷纷,有人说是失意士大夫,有人则以为妇人之诗,从小说来看,张爱玲自然同意后一说。她对古典诗歌涉猎很广,常随口吟诵,或摇笔即来。胡兰成记二人一起在阳台上读诗说字,张爱玲的几句闲言碎语,不知要胜过多少头巾气的考据文,真真聪明得"像水晶心肝玻璃人儿"。凭着天才的敏感,她在《柏舟》里有了惊人的发现:"'如匪浣衣'那一个譬喻,我尤其喜欢。堆在盆边的脏衣服的气味,恐怕不是男性读者们所能领略的吧?那种杂乱不洁的,壅塞的忧伤,江南的人有一句话可以形容:'心里很雾数。''雾数'二字,国语里似乎没有相等的名词。"那些学者,有的把"浣衣"解释成"鸡",有的把这诗说成"处乱君之朝,与小人同列",最多想到未洗衣服上的污垢,而喜欢闻油漆、汽油的张爱玲想到的是馊衣服的气味。单从这个比喻看,这诗的作者就是个女人,"君子远庖厨",腐儒们大抵只关心"道",连衣服也懒得洗,所以也闻不到脏衣服发出的那种"雾数"味儿。

松柏坚致密实,皆是造船佳料。我想,那艘柏舟一定是独木舟,孤独地在时间的河流中漂泛,无所归依。流苏也是生活之河上的一叶孤舟,暂时栖息在白家的港湾里,却始终在被奚落与凌辱的小风暴里讨生活,与诗人的命运相似,也与《刘知远白兔记》中的李三娘相似。张爱玲小说中的女性地位基本是下降的,比如薇龙从一个美貌而有朝气的女学生沦落到一段糟糕的婚姻中,《连环套》中的霓喜也是在姘居中不停地坠落,《红玫瑰与白玫瑰》中王娇蕊结局也类似,只有流苏的命运是上升的,而这降与升都离不开对单纯的物质生活的喜爱,在泼辣或矜持中有着生命的纵恣、狡黠、素朴与真实。流苏的故事,虽是落难小姐命运逆转的熟套,却也有其现代性。她大龄、离婚、寄居娘家,处境尴尬,本已是坐吃等死的命,偏偏家人不容,招惹出一系列的意外来。陪妹妹去相亲时,靠从浪荡前夫那里学会的舞技,居然大大出了一场风头,这是她的得意之一。再后来,范柳原居然请她赴港,将落难小姐的舞台迁移到香港,这是其得意之二。再后来,居然因为一个城市的陷落,终与浪荡子范柳原喜结连理,这是其得意之三。每一次得意,似出偶然,然而皆靠着更大的失意在底部帮衬着、支撑着。她有的只是自己的身体,只能靠情感冒险来谋取一份长期饭票,这也许就是她的"下贱难堪"处。她是被"抛"到这个境遇里的,她无法选择,所能做的只是险中求生,试探着不可知的命运的深渊。在《李延年歌》里,美色与倾国倾城的关系似乎是确定的,而流苏只是擅长低头,香港的陷落与她无干,是偶然性成就了她的婚姻。

二

《倾城之恋》里有一些古与今、中与西的纠缠,也在那些不经意的典故里表露出来。

白流苏第二次赴港,范柳原在细雨迷濛的码头上接她:"他说她的绿色玻璃雨衣像一只瓶,又注了一句:'药瓶。'她以为他在那里讽嘲她的孱弱,然而他又附耳加了一句:'你是医我的药。'她红了脸,白了他一眼。"柳原有点顽固地热爱中国文化,究其实最多只是个半吊子,可是这句话中的"药"喻却有来历。《金瓶梅》第十九回写李瓶儿之语:"你就是医奴的药一般,一经你手,教奴没日没夜只是想你。"第十七回也有一句话,几乎相同。柳原的话,即出此处。而《金瓶梅》之语,又与《西厢记》第三本第四折中张生的言语遥遥呼应:"自从昨夜花园中吃了这一场气,投着旧证候,眼见得休了也。老夫人说着长老唤太医来看我;我这颏证候,非是太医所治的;则除是那小姐美甘甘、香喷喷、凉渗渗、娇滴滴一点儿唾津儿咽下去,这鸟病便可。"西洋人也患有相思病,据说常用放血的方法治疗,但并不常见,而国人的相思病似是从印度传来,佛经及相关文献有不少记载,在戏曲、小说中得以发扬光大,给出的药方也只是简单实用的性满足。《倾城之恋》中的"药"喻,自然是巧妙的,可是也有些性暧昧,故而流苏"红了脸,白了他一眼"。以范柳原对中国文化的了解,未必能达到如此精微的修辞,乃是作者越俎代庖,借用人物的声腔宣示自己的在场。

药与药瓶的比喻,总让人想到赫胥黎《疗养》中的那个比喻:"她的神经系统似乎因为受不了不平静的生活而和她分了家。它们像笼中的鸟,紧张地一再被每一细微的动静所惊起,而她那疼痛疲倦的身体就是它们的鸟笼。"许子东曾说张爱玲的比喻有一种意象延伸的动作性,它并不是打一个比方就完了,而是在同一节或后文中要延续这个比喻,在推进中生出浪花来。这种语言技巧,赫胥黎也爱用,似是西洋文学擅长的修辞套路。至于观念的直接挪用,在《倾城之恋》也有体现,比如"婚姻就是长期的卖淫"即是一例。旅馆中打电话的情节,是《倾城之恋》中最动人的场景之一,其张力即在于东西方两种爱情观、婚姻观的纠缠。小说写道:

流苏沉思了半晌,不由得恼了起来道:"你干脆说不结婚,不就完了!还得绕着大弯子!什么做不了主?连我这样守旧的人家,也还说'初嫁从亲,再嫁从身'哩!你这样无拘无束的人,你自己不能做主,谁替你做主?"柳原冷冷地道:"你不爱我,你有什么办法,你做得了主么?"流苏道:"你若真爱我的话,你还顾得了这些?"柳原道:"我不至于那么糊涂。我犯不着花了钱娶一个对我毫无感情的人来管束我。那太不公平了。对于你,那也不公平。噢,也许你不在乎。根本你以为婚姻就是长期的卖淫——"流苏不等他说完,啪的一声把耳机掼下来,脸气得通红。他敢这样侮辱她,他敢!

《小团圆》中，张爱玲不停地记录下九莉关于婚姻的心理，其中较重要的是这一句："她一直觉得只有无目的的爱才是真的。"而白流苏的目的性太强，把婚姻当成了长期饭票，实在是庸俗的常态。那一句"根本你以为婚姻就是长期的卖淫——"，在范柳原的语境里，只不过是一句寻常的调侃话，却使之倍感侮辱。柳原的话，让我们想起恩格斯关于资本主义婚姻的论断："这种权衡利害的婚姻，在两种场合都往往变为最粗鄙的卖淫——有时是双方的，而以妻子为最通常。"萧伯纳《人与超人》也曾有类似言论："婚姻是人类制度中最放荡的。"对张爱玲影响甚大的赫胥黎、毛姆等人，观点也大体接近（有兴趣的读者可以参看陈娟《张爱玲与英国文学》第四章第一节）。然而柳原并不是一个政治经济学家，也不是文学家，只不过鹦鹉学舌，将英国时髦的反婚姻言论滥用一番罢了。可是这句话，的的确确击中了流苏。两个人的恋爱往还，其实是在不同的音轨上展开的，一个要的是稳定的婚姻，一个则是确切感受到惘惘的威胁——时间、战争、死亡等等——所带来的不确定性。柳原倾心于精神恋爱，对人的渺小、不定、悲哀亦有着真切的体悟，而流苏看似新潮，敢于离婚，骨子里想守住的却是名分和稳定的关系。（讽刺的是，白流苏所说的"初嫁从亲，再嫁从身"乃《水浒传》中王婆劝诫潘金莲的话，《金瓶梅》后来又加以改写。）从精神气质上看，柳原离张爱玲近，流苏则较远。

三

《红玫瑰与白玫瑰》的对话，不免小资的油滑，也缺少性灵和高贵的东西，可是文字里全是机锋，简直可以说是一片片隐喻的小丛林，大埋伏里套着小埋伏。用作者自己的话来说，那语言真如"龙头里挂下一股子水一扭一扭流下来，一寸寸都是活的"。我曾以为这些妙文字一空依傍，完全是张爱玲师心自用，独出机杼，近来也看出其中不乏因袭处。比如佟振保与王娇蕊在阳台上的这一段：

振保靠在阑干上，先把一只脚去踢那阑干，渐渐有意无意地踢起她那藤椅来，椅子一震动，她手臂上的肉就微微一哆嗦，她的肉并不多，只因骨架子生得小，略微显胖了一点。振保晓得："你喜欢忙人？"娇蕊把一只手按在眼睛上，笑道："其实也无所谓。我的心是一所公寓房子。"振保笑道："那，可有空的房间招租呢？"娇蕊却不答应了。振保道："可是我住不惯公寓房子。我要住单幢的。"娇蕊哼了一声道："看你有本事拆了重盖！"振保又重重地踢了她椅子一下道："瞧我的罢！"娇蕊拿开脸上的手，睁大了眼睛看着他道："你倒也会说两句俏皮话！"振保笑道："看见了你，不俏皮也俏皮了。"

这段话自然属于张爱玲说的那种高等调情，每句话都暗藏着细密、深微的心思，彼此都懂得，彼此不说破，属于油嘴滑舌的机智。娇蕊的名字也有讲究，与这段话有关联。娇蕊第一回见到振保，把自己的名字写给他看，"纸上歪歪斜斜写着'王娇蕊'三个字，越写越大，一个'蕊'字，零零落落，索性成了三个字"，——那三个"心"字不也是别有意味的指涉吗？偶然读到新月派诗人朱大枏的《逐客》，才发现张爱玲的灵感所自。《逐客》诗云：

自从你搬到我心里居住，

苦恼就是你给我的房租；
但我总渴望有一天闲静，
心里没有你的舞影歌声。

我几时贴过招租的帖子？
我一生爱好的就是空虚。
去罢，你乘隙闯入的恶客，
你镇日歌舞着无昼无夜。

你舞蹈的震撼你的叫嚣，
我心可受不住这样搅扰！
去，你不用向我装痴装傻，
有一天我就要赶你搬家！

这首爱情诗表面上说的是爱的苦恼，暗底里未始没有一些甜蜜。妙的是，这首诗用房东、房客、房租、房屋一系列的隐喻来描摹单相思的苦恼，意思新，拟喻巧，让人印象深刻。朱大枬是个短命的诗人，二十出头就去世了，我颇疑心张爱玲读过这首诗，不然何以相似乃尔？但是张爱玲毕竟是张爱玲，不仅在原有的比喻系列中增添了"单幢（房子）""拆了重盖"这样的机锋，还在后面留下了苍凉的回响："振保笑道：'你心里还有电梯，可见你的心还是一所公寓房子。'娇蕊淡淡一笑，背着手走到窗前，往外看着，隔了一会，方道：'你要的那所房子，已经造好了。'振保起初没有懂，懂得了之后，不觉呆了一呆。他从来不是舞文弄墨的人，这一次破了例，在书桌上拿起笔来，竟写了一行字:'心居落成志喜。'"那情景的鲜活完全是诗所未有的。我向来以为诗要胜过小说,可是张爱玲对原材料的改造,实有青胜于蓝之效。

四

张爱玲《童言无忌》云:"最近我在一本英文书上看到两句话,借来骂那种对于自己过分感到兴趣的作家,倒是非常恰当:'他们花费一辈子的时间瞪眼看自己的肚脐,并且想法子寻找,可有其他的人也感到兴趣的,叫人家也来瞪眼看。'我这算不算肚脐眼展览,我有点疑心,但也还是写了。"这话颇有些英式幽默的味道。那么张爱玲所说的那本英文书是什么呢?最近读赫胥黎的小说集《瞬息的烛火》,才发现这句话出自赫氏短篇小说《烟花梦》。《瞬息的烛火》的书名出自《麦克白》,是赫胥黎1930年出版的小说集,似乎仅有嵇叔明的译本,台湾志文出版社1976年版,译得文雅流畅,现在已经不多见了。《烟花梦》里写道:

"正如字面所暗示的,"他说,"一个人缺乏教化而企图占有一个灵魂。一个未开化的理想主义者,一个高等思想者,却什么都不想,除了他的——或者更常见的,我怕是她的——一点点个人的感官情意。他们花一辈子时间看他们自己的肚脐眼,偶尔还想找个有同样嗜好的人跑来和他合看。哦,这比喻多绝多妙。"

这个肚脐眼的比喻,主要是讽刺那种所谓的理想主义者或思想者,沉迷于自己的一点点个人感受,而不能看到世界的本质。张爱玲用它来讽刺那种过于关注自身的作家,实在很恰切。《烟花梦》写的是一个五十岁功成名就的男小说家与一个二十一岁女崇拜者之间的爱情故事,初看起来很是乏味,愈读愈入佳境,然而小说的结局终归是幻灭的,弥漫着赫胥黎所特有的颓靡无常及怀疑主义思想。赫胥黎是张爱玲欣赏的作家,那么她得到英文版的《瞬息的烛火》,读到一些警言妙句,受其启发,再创造性地运用到自己的小说中,是很自然的事。

张爱玲是比喻的高手,大概唯有钱锺书与之旗鼓相当。她与赫胥黎妙语相通的地方实在太多,篇幅所限,姑且再举一例。《第一炉香》有句话令人印象深刻:

薇龙第二次看见他们俩的时候,两人坐在一柄蓝绸条纹的大洋伞下,梁太太双肘支在藤桌子上,嘴里衔着杯中的麦管子,眼睛衔着对面的卢兆麟,卢兆麟却泰然地四下里看人。他看谁,薇龙也跟着看谁。其中惟有一个人,他眼光灼灼地看了半晌,薇龙心里便像汽水加了柠檬汁,咕嘟咕嘟冒酸泡儿。

张爱玲善于"以实写虚",即以具体的意象来描摹抽象的情绪或情感。少女的嫉妒,本是无形无声无色的,她偏偏要用汽水与柠檬汁混合在一起冒出的酸泡泡来比拟,真是绝了。白先勇《香港——一九六〇》也有类似表达:"嗯,香港快要干掉了。天蓝得那么好看,到处都是满盈盈的大海,清冽得像屈臣氏的柠檬汽水,直冒泡儿。可是香港却在碧绿的太平洋中慢慢的枯萎下去。"两相对照,孰优孰劣,甚是了然。这个比喻,我们可以在《烟花梦》中找到它的原型:

也许……这几乎使她觉得自己的血液，一定变成了红热的苏打水，到处冒着兴奋和恐惧的泡泡。她在这冒泡泡的摇摆恍惚之中隐隐约约听到他在说，"现在，看那个。"

这是小说的女主人公潘蜜拉与男主人公方宁一起观看太阳神阿波罗神像时的心理描写。当方宁对着阿波罗神像解释自己的人生观、哲学观和艺术观时，潘蜜拉越听越痴迷于他，于是感觉到自己的血液也像苏打水一样冒着兴奋与恐惧的泡泡。这种手法，在赫胥黎那里真是家常便饭一样普遍。《烟花梦》又云："那凉爽、新鲜的（金银花）香气好像肉眼看不见的岛屿，散落在蕨草气味形成的燠热的大海中。"香气无形无色，赫胥黎却把它比作肉眼看不见的岛屿，散落在由蕨类植物的气味所形成的炎热郁闷的大海中，的确是善于拟喻。

五

张爱玲小说语言的美妙，主要出自她的天纵之才，而古典小说与戏曲、外国小说以及电影的滋养也是不可缺少的。那些典故或影响本是零散无序的，作者用绵密的针线将它们重组起来，织出了绚丽的小说图案。只是由于文献不足，并不能将那些影响一一征实。这里举的几个例子，只是偶有所得，为张迷增添一点谈助罢了。有人把别人的妙语好句明火执仗地抢过来，直接做贼，总觉不太体面。像张爱玲这样的妙手空空，点铁成金，至今言者寥寥，也可算是一位"神偷"了。

孙郁
我读木心

木心去世后,世人对他的怀念一直没有中断过。我曾在杭州、北京等地参加过他的诗歌朗诵会,发现到会的都是青年,喜欢他的并非都是文学圈子里的人。青年人欣赏他,原因自然有种种,但其中不乏一种对古风的追慕,古希腊与中国六朝精致的美,我们于今人笔下久矣不见,而竟复活于其笔下。众人为之欣然而往,不是没有道理。我们常人的世界里,不太易这样地说话,这样地思考。他的存在,既显得遥远,也很亲切。

十几年前读他的作品,觉得文风古朴,笔底灵思种种,有点晚清文人的样子。浅显里是幽深之谷,讲究中又多见率真之气。随后,青年读者的评论也丰富了人们的认识。夏春锦最近写了本木心的传记《文学的鲁滨逊:木心的前半生》,显得更为系统,介绍了木心生平诸多细节,先前读者朦胧的地方,渐渐清晰起来。一个个人物登场,一缕缕愁思聚散,还有惊心动魄的生死瞬间,就这样与我们面对着。

桐乡乃人杰地灵之所，六朝以来文人的书卷气，至民国气象渐盛。乌镇的茅盾，石门镇的丰子恺，崇德的太虚大师，都是满腹经纶的人。后来读到《木心考索》，知道古风流转何以孕育出许多人杰。我们平常之人读书止于理趣，有心人却寻觅那理趣背后的东西，那些被作者隐去的本事和旧曲，悄然涌动，读之不禁生叹。读夏春锦谈木心的书，觉得是桐乡文人史奇妙的一章，多了先前艺术家没有的东西。看似人物轨迹的描摹，实则也在为时代画像。笔法呢，远离了八股，行文持之有据，不涉虚言，个体命运在时代风潮里的起落，以及诗意的精神在灰暗里的喷吐，都有特别的交代和展示。

描述木心，显然有许多难处，倘不了解其气质或掌握充足材料，易滑入空泛之论。除了一般史料的功夫之外，还需文学与美术的领悟力，惟有在多重艺术空间的转换里，方能窥见其修辞的策略，诸多谜底，也随之得以解开。木心一生坎坷，但文字里却没有什么苦楚的痕迹。他早已是抹去了尘世的恩怨，那心绪有古人超然之气。先生早年受到了特殊的教育，很小就接触《周易》《大乘五蕴论》等书，家庭的习佛风气又沐浴了思想，内心不乏灵性的体验。他在上海美专开始瞭望到艺术世界的远景，不久又得到哲学思想习染。值得一提的是他和茅盾家族的关系，因了这位前辈的藏书，自己的眼界大开，感受到了美术与文学间的共同的东西。从彩色到文字，形象到理念，各类元素悉入脑际，洗刷掉了传统读书人的暮气。温习这些旧事，当使人重见旧时风气，那一代人的心事与文事，在今天的青年那里不易见到了。

人们都说木心有着传奇的一面，但仔细想来，也普通得不能再普通。他生活在革命的年代，也曾是激进的青年。那动荡年月浪漫的歌蹈，纠缠的也有尼采和福楼拜的遗风，这使他没有陷入海派时髦青年的幻境里,却成了喧闹时代的独行者。在起起落落的命运中,可贵的是一直有一种不变的东西。他善于独处,将自己放逐于清冷之地,笔触探入心底,每每荡出波澜,那纤细之音和高雅之调,绘出独思者的精神之图。这一切与鲁迅、林风眠亦多交叉的地方,他自己衔接了这两位艺术家的某些精神。即便在落魄的时候,依然保持着自己的高贵,于是我们恍然领悟,他的亲近纪德、加缪,可能都有所寄托。左翼思想也是开放的,特立独行和不谙世事的选择,是浪漫之中的另一种浪漫。

我读木心时,觉得看似简单的句子,其实是有精心的经营的。他带有一丝唯美的洁癖,采蜜般飞在各类色彩的世界。一般人的写作是从自己的经验出发与世界交流,他却相反,从世间的经验返回己身,六经注我的用意也是有的。那些远古的知识不再是冰冷的存在,在其笔端都有了温度,所以,成了没有艺术边界的游历者。在对艺术的态度上,他是一个泛爱的人,人间一切有趣的诗文,都吸引自己驻足,打量中奇思漫漫,那些亮点也成了其生命的一部分。这不仅与京派文人不同,和海派亦有很大的距离。说他是五四的子遗,似乎亦不确切,他的跨界的顿悟,早已洗刷了世间的陈迹,拥有的是中古文人冷观之眼。许多文字是写给自己的,自己与自己的交流,但却醒悟了世间的人们,我们何曾这样有过内心的追问?先生行乎无方,飘忽无响,却终于修成正果。他知道,救赎的办法不在外在的世界,只有自己的文字,他的写作让我们看到了汉语的潜能。

而这一切,很长时间并未引起批评家的注意。当代的批评界多是怠慢了木心,他们的沉默好似缘于作品的简约,没有大起大落的惊艳,对于时代的记录过于冷僻。与之相反的是,民间的青年却那么关注这位作家,他们看到了这位老人与自己的亲昵之感。木心不仅告诉我们学问与艺术的关系,也告诉世人,在没有趣味的地方,如何发现趣味,且与之相互依偎。在他那里看不见对于金钱与权力的崇尚,辗转于风尘之中,却未染世俗之气。世人倾利,木心钟情;众生慕名,木心贵智;名士趋时,木心感旧……此其与常人不同之处。我们模仿先生,往往不得要领。

一个作家的文字倘被青年所反复阅读,那就真的活在这个世间了。先生留下的遗产,对于苦苦行路的青年而言,乃雾中之风,沙漠之泉。章太炎当年提倡独异的个性,但识之者易,行之者难。木心一生耐得寂寞,于文图中化苦为乐,收获的是人间至美。他说生命的特点是时时不知如何为好,看似悲观,却有悟道的安然。当生活艺术化的时候,因了艺术之神的存在,便不再孤寂。艺术地活着,才有活着的艺术。过去我们解之不多,现在有了新的例证。

韩立平
"愚弟"闲话

往年读吴小如(1922—2014)先生学术短札，获益匪浅，印象最深者是关于尺牍谦词"愚"的讨论。小如先生在《称"兄"道"弟"及其他》与《长辈对晚辈的谦称》两篇文章中，认为"愚"字是"以上对下、以尊对卑、以长对幼的所谓'谦词'，平辈之间是不能用的"，"称'愚'的一方必须辈分大，或年龄长，或社会地位高，才有资格向对方如此自谦"，"长辈可对晚辈自称'世愚弟'，这个'愚'便是长辈对晚辈的谦称"。此后，凡遇书画作品或文人尺牍，笔者即对上下款尤为留意，也发现有些情形不尽如小如先生所言。查阅相关资料，始知语文学界对小如先生的观点，早有辩驳之文发表，但所用论据多是《西游记》《歧路灯》《儿女英雄传》等明清通俗小说中的语言材料，而于晚近文人信札等却付诸阙如，似有隔靴搔痒之嫌。"愚""愚弟"在文人尺牍中究竟如何使用，仍觉有"闲话"一番的必要。

以"愚"自称，其来久矣。清人梁章钜《称谓录》卷三十二"谦称"

类中收录"愚""下愚",引诸葛亮《出师表》:"愚以为宫中之事"(梁章钜案:皇侃《论语义疏》:"愚,不达之称也。")及华覈《自责文》:"猥命草对,润彼下愚"。《称谓录》未收"愚弟",可知"愚弟"应是一个较为晚近的词,早期典籍无征。福格(1796—1870)《听雨丛谈》卷六《名刺》记载了清道咸间称谓情况:

……此康熙年中事。今又二百年,风气益变,全无前称。亲戚称"姻",世交称"世";同年只称"年愚弟",而去"家"字;老师与门生称"通家生",亦称"同学弟";若子侄之师,则互称"通家弟";同门友称"门愚弟";督抚与司道名刺称"愚弟",与府厅称"寅愚弟",与州县称"寅弟",与下僚称"年家眷弟"。

就现有文献材料而言,"愚弟"的频繁使用主要在明清时期,尤在清中期以后,晚清民国仍在延续。

1935年至1938年间,开明书店出版了《初中国文科教学自修用国文百八课》,由夏丏尊与叶圣陶两位语文大家编写,人民教育出版社、三联书店分别于1985年、2008年再版。此书第八课"书信和礼仪"说:

书信里的称呼向来是很复杂的。称对手的有"仁兄大人""阁下""足下""执事""台端""左右"等等,自称的有"愚弟""鄙人""不佞"等等。现在改得简单了,除彼此有特殊称呼的以外,一般的尊称是"先生",知友称"兄",自称是"鄙人"或"弟"。"我"字向来是不常用的,现在不妨用了。

据夏、叶二老举例,"现在"之前的晚清,常用书信自称有"愚弟""鄙人""不佞"等;"现在"即白话文逐渐取代文言文的时期,"愚弟""不佞"已不常用,多用"鄙人"或"弟"。这一段文字可以反映当时的情况,但只是一般情况,具体使用则因人而异。例如周作人虽写白话文,文中却常爱以"不佞"自称。至于"愚弟",1949年后也仍有使用。林散之(1898—1989)与启功(1912—2005)同为二十世纪后期书法大家,林散之年长十四岁,属于长辈。作为晚辈的启功曾在上世纪七十年代致函林散之,景慕求教之意溢于言表(信中言"倘蒙恕其烦渎,当时修笺牍,以求教诲")。林散之给启功回信,落款书"愚弟散之上",用谦辞"愚弟"自降一辈,以体现书信交往礼仪。今日长辈与晚辈书面交流,也会以"弟"自称,"弟"前加"愚"则较少了。

小如先生说"平辈之间是不能用""愚"的,这一判断过于绝对了。就笔者所寓目的书画及尺牍材料而言,在绝大多数情况下,"愚弟"确是"以上对下、以尊对卑、以长对幼"的自称谦词;但平辈之间用"愚弟"也是存在的。2018年中国嘉德拍卖推出"笔墨文章——信札写本专场",内有一通清代著名家王文治(1730—1802)致学者毕沅(1730—1797)的信,上款为"灵岩山人阁下",下款为"年愚弟王文治顿首"。王文治与毕沅同岁,又同为乾隆二十五年进士(毕沅为状元),故王文治以"年愚弟"自称。

晚清民国,"愚弟"仍然可以在平辈间使用。《陈垣来往书信集》收录了柳诒徵侄孙柳肇嘉致陈垣(1880—1971)的五通信,其中三通落款"弟柳肇嘉",一通落款"愚弟柳制肇嘉"。柳肇嘉生年,《京江柳氏宗谱》作"1884年",《两江师范学堂学生名录》作"1886年",年龄应比陈垣小四五岁左右。《汪康年师友书札》收录一通伍元芝(1865—

1923）致汪康年（1860—1911）的信，上款书"穰卿仁兄同年大人阁下"，落款书"年愚弟伍元芝顿首"，伍元芝比汪康年小五岁，谊属同辈。以上两例，自称"愚弟"者都比对方年幼，是名副其实的"弟"，但岁数相差并不太多，仍可视作同辈。如果两者年龄差太多，至十四五岁甚而更多，则不再属于同辈，年长者仍可谦称"愚弟"，年幼者就万不能自称"愚弟"了（因此时已体现不出谦虚）。据说当年梁启超（1873—1929）第一次拜见两广总督张之洞（1837—1909）时，投刺署款："愚弟梁启超顿首拜"，年长三十六岁的张之洞极为恼怒，后来就有了一副对联："披一品衣，抱九仙骨，狂生无礼称愚弟；行千里路，读万卷书，侠士有志傲王侯。"

明了"愚弟"的使用情形，就能帮助我们辨识一般书画出版资料中的舛误。例如某出版社2017年曾出版一套十三卷的《沈阳故宫博物院藏精品大系》，其中《书法卷下》收录一副清代对联："识渊鱼之所乐，驾天马以同游"，作者是宋诗运动倡导者程恩泽（1785—1837），下款书"年愚弟程恩泽"，上款书"桂山仁兄大人正"。桂山即孙三锡（生卒年不详），字桂山，一字桂珊，一作桂三，号怀叔，浙江平湖人，工篆、隶，精鉴古。《沈阳故宫博物院藏精品大系》在这副对联旁标注孙三锡的生卒年为1762—1806，这是明显错误的，孙三锡绝无可能年长程恩泽二十三岁，因为后者绝无可能对年长自己二十三岁的人自称"愚弟"。

其实，问题的关键不是晚辈不能自称"愚弟"，而是晚辈不能自称"弟"。晚辈不是不可以用"愚"，只是不能将"愚"与"弟"搭配使用。小如先生说："称'愚'的一方必须辈分大，或年龄长，或社会地位高，才有资格向对方如此自谦"，"长辈可对晚辈自称'世愚弟'，这个

'愚'便是长辈对晚辈的谦称"。小如先生这一判断若加在"弟"这个词上,或许更合适。我们不妨说,"弟"才是长辈对晚辈的谦称,"愚"则并非如此。明清以来,晚辈固然不可对长辈自称"愚弟"(实则是不可称"弟"),但晚辈可以自称"愚侄""愚婿""愚儿"等,因为这里的"侄""婿""儿"等已经表明辈分,前面再冠以"愚"字,还是符合书信交往礼仪的。清代这方面的例子自不必赘述,民国以来仍然存在这样的传统,不妨以最近初版的《蘧草法帖》为例。

《蘧草法帖》收入王蘧常五百余通尺牍,从最早一通致王国维(1925)到最晚一通致王兴孙(1989),时间跨度长达六十余年,是了解、研究二十世纪文人尺牍变化的重要材料。《蘧草法帖》收录了王蘧常(1900—1989)致张元济(1867—1959)的信札共三十九通,最早一通在1928年,最晚一通在1954年。三十九通信中,上款基本都是"菊老年伯大人尊前",下款书"年愚侄"最多,共二十六次,此外"年世愚侄"一次、"年侄"十次、"侄"一次、"小侄"一次,"年愚侄"加上"年世愚侄"总共二十七次,占比高达69%。王蘧常父亲王甲荣(1850—1930),为清光绪十五年(1889)举人,是年同中举人的还有张元济、蔡元培、梁启超等。张元济与王甲荣两人为同年,故王蘧常可在张元济面前自称"年愚侄"。王蘧常最早对张元济自称"年愚侄"是在1928年,那年他二十九岁,任光华大学附属中学高中教员,同时在大夏大学兼课。王蘧常给张元济写信的目的,是"以家累重",托这位"年伯"向另一位"年伯"——时长第一交通大学的蔡元培"谋兼课"。二十九岁的王蘧常,绝非小如先生所谓"辈分大,或年龄长,或社会地位高",但仍不妨其用"愚",不妨自称"年愚侄"。

要之,"愚弟"属于长辈对晚辈的谦称,偶尔也见于同辈(年龄比对方略小数岁者亦可用以自称),不可用于晚辈对长辈。晚辈对长辈也可以用"愚",但与"愚"搭配的词不能是"弟",而应是表示晚一辈的称谓词。以上对吴小如先生的观点略作补正,由于掌握材料有限,所论或有疏误,还请方家不吝指正。

黄开发

师生"称兄道弟"那些事儿

年轻时读新文学作家的尺牍,知道他们对学生和年轻朋友称兄。受他们的影响,待到自己在大学里做了教师,也开始"称兄道弟"起来。

鲁迅与学生称兄也遇到过障碍。1925年3月11日,北京女师大学生许广平给鲁迅写信,请教人生问题,自称"受教的一个小学生许广平"。另有几句附言,有意提示自己是个女生:"他虽则被人视为学生二字上应加一'女'字,但是他之不敢以小姐自居,也如先生之不以老爷自命,因为他实在不配居小姐的身分地位,请先生不要怀疑,一笑。"

老师收信当天即回复,称对方为"广平兄"。许广平从未遇到过这样的称谓,诚惶诚恐,有些哭笑不得。3月15日回信,上款写"鲁迅先生吾师左右",称谓后还加了敬词,很正式,而第一封信上款是直书"鲁迅先生"的。她表达了自己的困惑:"当我拆开信封,看见笺面第一行上,贱名之下竟紧接着一个'兄'字,先生,请原谅我太愚小了,我值得而且敢当为'兄'么？不，不，绝无此勇气和斗胆的。先生之意何居？弟子真是无从知道。不曰'同学'，不曰'弟'，而曰'兄'，莫非也就是游戏么？"一连三问，嗔怪之意显然。

几天后，鲁迅再回信，依旧称"广平兄"。不过作了说明："这回要先讲'兄'字的讲义了。这是我自己制定，沿用下来的例子，就是：旧日或近来所识的朋友，旧同学而至今还在来往的，直接听讲的学生，写信的时候我都称'兄'。其余较为生疏，较需客气的，就称先生，老爷，太太，少爷，小姐，大人……之类。总之我这'兄'字的意思，不过比直呼其名略胜一筹，并不如许叔重先生所说，真含有'老哥'的意义。但这些理由，只有我自己知道，则你一见而大惊力争，盖无足怪也。然而现已说明，则亦毫不为奇焉矣。"面对如此倔的老师，也只好听之任之。一直到正式同居后的1929年，鲁迅才在给许广平的信中改用昵称。

鲁迅解释了自己对"兄"字的用法，然而说"自己制定"恐怕未必。其实，这种称谓在新文化人士的尺牍中较为普遍，如周作人、胡适等致学生的信札。

1933年，上海青光书局印行《周作人书信》。书中包括书牍文和尺牍两类，前者是书信体的散文，后者为平常所说的用于交际的书信，原是作者不拟发表的。尺牍部分收录作者写给他三个著名弟子俞平伯、废名和沈启无的书信。其中有致俞平伯的信三十五封，大多数称呼"平伯兄"。1933年2月24日信则称"白萍道人"，"白萍"是俞氏的一个号。致废名信十七封，多称兄，有两封称"常出屋斋主人""常出屋斋居士"，"常出屋斋"为废名在西山居所之名。致沈启无信二十五封，无一称呼收信人的本名，多用别名、别号、笔名，如南无、画廊、奇无、茗缘、茶衲等。与此对应，致信人也不用自己的本名，而是用别号、别名等:尊、饘敬、荼庵、难明白、案山、案、山尊、粥尊、樽、淳于、苦茶子、苦茶、知堂、知等。从中,收信人会感受到一种亲切、诙谐的气氛。如果没有深交,用这么多名号是很奇怪的。有些名字外人可能不甚了了,而双方是心领神会的,看后不禁莞尔。

上面所述是与学生辈朋友间的书信往来,周氏与钱玄同、刘半农等老朋友之间的称谓更带有戏谑的成分。他与钱玄同、刘半农有深交,彼此往来尺牍中的称谓不仅花样繁多,而且多有隐语、新典故、文字游戏等。

称学生为"兄",并非周氏兄弟等新文化人士始创,其来有自。周氏兄弟的老师章太炎就用过。下面是章太炎致二人的一封短札——

豫哉、启明兄鉴:

数日未晤,梵师密史逻已来,准于十六上午十时开课,此间人数无多,二君望临期来赴。此半月学费弟已垫出,无庸急急也。手肃。
即颂
撰祉。

麟 顿首 十四

据考,此信写于1909年5月3日,系现存唯一一封章太炎致周氏兄弟的信。内容是拉他们一起从印度梵师学习梵语。此信把周作人的号"启孟"写作"启明",以后周氏便把"启明"作为了自己的"字"。

周氏兄弟是章太炎的弟子,1908至1909年间大约有一年多,他们在东京民报社听章太炎讲《说文》。在学生们的眼里,这个老师不拘小节,亲切可近。周作人在《知堂回想录》中回忆道:"太炎对于阔人要发脾气,可是对青年学生却是很好,随便谈笑,同家人朋友一般,夏天盘膝坐在席上,光着膀子,只穿一件长背心,留着一点泥鳅胡须,笑嘻嘻的讲书,庄谐杂出,看去好像是一尊哈喇菩萨。"从这一封信中可见一斑。

到东京民报社听讲的学生还有钱玄同。1906年9月,钱玄同到日本留学,与出狱后前往东京的章太炎相识。马勇编《章太炎书信集》收录章太炎致钱玄同的书信五十九封。1906年至1907年间书信开头称"钱君",双方还不是很熟悉,所以称姓而不是名字。在1908年的一封中,上款为"德潜吾兄左右","德潜"是钱玄同的字。从1910年4月到1911年9月,称"季足下",钱氏别号中季,又称季。同时,至少有十一封信落款为"商宾白"。"商"意为商讨,"宾"为宾客,章太炎在与晚辈学人切磋学问时尊对方为主人。所以,署名"商宾"是自谦,反映出太炎虚怀若谷的治学精神。1936年5月有二信称"玄同仁弟足下",在1934年9月致黄侃的一封信中,称"季刚仁弟足下"。"季刚"是这个章门大弟子的字。

我有些好奇,章太炎的业师俞樾是怎样称呼这个弟子的?查阅《春在堂全书》的尺牍卷,未见与章太炎书,而且其中的尺牍是省略了上下款的。在新近印行的《俞樾函札辑证》和《俞樾书信集》中也未得见。不过看到了俞氏致其他弟子鲍晟、丁立诚、冯梥生、毛子云等的尺牍,其中多称收信人为"仁弟",下款自称"兄""愚兄""世愚兄"等。章太炎给钱玄同、黄侃信中遵照老例,或许可以说更显亲近感,可视为对其师徒关系的高度认可。毕竟,与黄、钱相比,周氏兄弟只能算是章门的外围弟子。

其实,老师与学生"称兄道弟"古已有之。老师称学生贤弟、仁弟、贤契,自称为兄、愚兄,代表了传统师生关系中亲切、友好的一面。"兄"字的"兄长"义引申为"朋友"义,把学生和其他晚辈提升到与师者平等的朋友的地位。晚清以后,师生间通信的称谓更简单,少了繁文缛节,用词则无大变,不过词语后面的思想观念却迥乎不同。现代的师生关系是现代教育制度所规定的,师生关系的私人性大大淡化。同时,"五四"以降的教师接受了现代性的"人"的观念,不再重视师道尊严,普遍有了民主、平等的意识。

我与老一辈学者交往最多的,除了读研究生时的导师,就要数舒芜了。近二十年间,前十年邮寄书信,后十年发电子邮件,他总是称"兄"的。虽然他长我四十多岁,我也不以为意,只要记住回信不要称兄就可以了。1990年,我在一篇论文中评述他的研究成果,后以"同乡后学"的名义给他写信,并附上拙作的复印件。他很快回信,上款称"开发兄"。他说注意到我是安徽人,本来想联系,但又怕我把他说得太好了,有所顾忌。还说了鼓励的话:你那么年轻,写了那么好的文章。最后邀便中去他家一谈。读罢这封亲切、热情的信,我颇受感动,没过几天就骑车去皂君庙社科院宿舍拜访。

在现今的学界、文艺界,对晚辈称兄较为流行。我手头上有一本李辉编《黄裳致李辉信札》,收录黄裳于1988年至2011年间致编者的书信。1988、1989年最早的六封信均称"同志",1991年信一封称"兄",1995年信一封称"先生"。1996年以后,双方熟稔,成为朋友,则一律称"兄"。

就我个人而言,对在校学生叫某某同学,或直呼其名。对男研究生偶尔称兄,对女研究生偶尔称君。学生毕业后,则一般称"兄"或"君",与对待其他朋友相同。称姓氏后的名字,常比称兄称君更亲切。比如胡适致受业弟子顾颉刚的信,大多数时候称"颉刚",偶尔才称"颉刚兄",表现出他为人亲和的一面。在现在的社会语境中,称女性为兄还会让人觉得唐突。只是对极少数女同窗,我才有时以兄称之。有些同龄人不是很熟悉,称先生有些生分,叫兄又嫌过近,也以君称之。曾有分到我名下刚入学的硕士生来信,我回信的上款用了"兄"字,他很诧异,来信表示难以接受。我告诉他这是"五四"以来新文化中人的一种惯例,他好像也就释然了。还有位本专业毕业的硕士生,好几个春节都发来短信拜年,有一次我回拜称兄。他颇为不解,我同样加以解释。他回复云:谢谢,没想到发短信拜个年,还受了教育。我一下子想到一句话:人之患在好为人师。以后也就没再收到他的短信了。

我习惯于对学生称兄称君,喜欢"兄""君"等称谓所传达出的亲切、友好和平等的情味。

外一篇

刘聪
也说"称兄道弟"与"愚弟"

吴小如先生在《称"兄"道"弟"及其他》中指出,"兄"与"弟"都是师长对晚辈的称呼,"这是老一辈学者的谦虚,但也属于一种惯例"。吴先生还举了不少例子,如鲁迅称学生许广平为"广平兄",吴的老师周作人、沈从文称吴为"小如兄"……可以看出,在"五四"那一辈学人中,这样的称谓习俗还是普遍存在的。

不过,长辈对晚辈称"兄"道"弟",其间的差别却常常为人忽视。看看吴文中所举浦江清先生的例子,就十分值得玩味:

五十年代初,我一度给浦江清先生做助手,但我并不是浦先生亲炙的弟子。浦老在称呼上很讲究礼貌,当他注释的《杜甫诗选》出版要赠我一本时,在题款上曾大费斟酌,并跟我本人商量。浦老说:"你不是我的学生,我们只是年辈不同的同事。我送给你书,照理应写'小如兄';可是你现在是我的助手,也算半个学生吧,写得太客气了反而显得生疏。你看怎么题款才好？"我答："我现在就是您的学生，您千万不要同我客气。"最后先生是这样题的："小如学弟惠存指谬，江清。"此书我至今珍藏在箧……

看来，称晚辈为"兄"，也有不尽妥当的时候。称"兄"，正如浦江清先生所说"太客气了反而显得生疏"。这种称呼，虽为谦称，但久而久之，也不无称者以长辈自居，并稍含倨傲的味道。长辈一般对比较生疏或年龄、地位相差悬殊的晚辈，才多以"兄"称之，客气之外，实也有自重身份的意味。而称"弟"，则为真谦，一般对及门弟子或极为相熟或比较看重的晚辈才使用，其中不无亲热或期许之意。

试举一例。陈巨来《安持人物琐忆》记载，况周颐平生只认缪子彬和林铁尊为入室弟子，而对前来学词的赵叔雍和陈蒙安，却认为"都不配做吾学生的。吾因穷极了，看在每年一千五百元面上，硬是在忍悲含笑……"陈巨来回忆道："况公每作函给二人时必尊之为'仁兄阁下'；解放后余在缪子彬处获睹况公手书，均称'仁弟'也。"这里对比而观，更让人明了，"兄"虽为尊称，却殊乏亲热之意，且不无敬而远之的味道。因此，"仁兄"是用来称呼"不配做吾学生的"赵、陈二人，而"仁弟"则专门称呼入室弟子缪子彬等。其间亲疏之别，判然可见也。

再举一例。谢国桢《题王国维先生书扇面绝笔书遗迹》云："当先生写扇面时，将桢名后，误写为'兄'。这天先生赴颐和园后，又返校园办公室用墨笔涂改'兄'为'弟'字，然后又进颐和园鱼藻轩前效止水之节自沉。于是可见先生强毅坚忍之志，镇定安详，临事不苟的态度。"其时，谢国桢为清华国学研究院的学生，而王国维正是研究院的导师。虽说，老师称学生为"兄"为"弟"均无不可，但显然，投水前的王国维仍觉对弟子谢国桢称"仁兄"未妥,只有称"仁弟"才更为恰当。可见,一字之差,兹事体大。自沉前王国维的"临事不苟",也正可看出老辈学人对称谓的讲究。

这里,不妨再作个对比,看看彼时的顾颉刚,他在写给王国维的信中说:"私衷拳拳,欲有所问业,如蒙不弃,许附于弟子之列,刚之幸也。"可王国维却对之不感兴趣,回信时仍尊称顾为"颉刚仁兄大人阁下",客气中也明显多了疏远之意。不妨说,"仁兄""仁弟"之不同,实际也是王国维对谢、顾二人的态度以及弟子身份认可的不同。

那么,"仁弟"之称是不是只能用于门人弟子呢?尝读刘永翔先生《也曾遥沐邓林霞》,谈及作者与前辈学人邓广铭的交往。邓广铭在写给刘永翔的信中,称谓从"永翔教授"改为"永翔仁弟"。刘先生解释说:"'仁弟'乃是老师称呼弟子所用,可见恭三先生已把我视作门生了。"其实,"仁弟"虽多来称呼门人弟子,但用于关系密切的晚辈也无不可。笔者手边恰有一本1933年开明书店出版的《宋词十九首》,为影印端木埰书赠王鹏运的十九首宋词。书后款云:"幼霞仁棣清玩。"端木埰比王鹏运年长三十余岁,王鹏运填词也曾深受端木埰的影响,但二人交往多年,虽为中书内阁之同僚,却无师弟关系。王鹏运称端木埰为"畴丈",以示敬重;而端木埰称王鹏运为"幼霞仁棣",以显亲切("棣"通"弟")。

可以说,称"兄"道"弟",二者的情味不同,但今人却往往不辨。近读黄开发先生《师生"称兄道弟"那些事儿》(载2020年10月22日"笔会"版),亦言"称兄道弟"是"五四"以来新文化中人的一种惯例,作者还特别喜欢称"兄"时所传达出的亲切、友好和平等的情味。但其实,对晚辈"称兄道弟",是自明清以来渐渐形成的传统,它体现了我国称谓文化中卑己尊人的精神。而且,比较讲究称谓的文化人,还特别会注意"兄"与"弟"的差别,以避免称晚辈为"兄"时所传达出的疏远和倨傲之意。

此外,除了师生关系,长辈对晚辈的称呼,还往往会根据交谊的不同,分为"年兄""姻兄""世兄""乡兄"等,自称则为"年弟""姻弟""世弟""乡弟"等。而如此称呼,也同样含有自重身份的意味。1942年文通书局出版的《酬应文艺指南》(张鸿猷著)中说:"朋友固皆可称'弟'。有时较疏的尊长,亦因自谦而称'弟'……例如'姻弟''世弟''愚弟'等,均系'姻长''世长'及年长者,对'姻晚''世晚'及年幼者之谦称也。"

这里又提到一个常常惹人争论的称谓——"愚弟"。按"愚"字本无倨傲之意,但与"弟"结合在一起,就渐渐变成尊长对卑幼的自称了。尤其在清代官场中,"愚弟"还长期作为上司对下属的自称。当然也偶见于平辈间,但用此者往往有自尊或自重之意。对此,不要说今天的读者会感到茫然,即便老一辈的文化人也常常有所误解。

比如舒諲先生在《微生断梦》里,就曾引述过曲园老人俞樾给冒鹤亭的一封信:"鹤亭仁兄大人吟席……愚弟俞樾顿首。"并解释道:"'仁兄'系平辈的尊称……自称'愚弟'则更谦矣……"当时,曲园老人早为一代朴学大师,又年长冒鹤亭五十余岁,齿德俱尊。对晚辈自称"愚弟",明显是以耆宿自居,极含自重身份的意味。哪里能说是"更谦矣"?

《酬应文艺指南》中又云:"'愚'字本尊长对卑幼自谦之词……所谓辈尊年长、德高望重,原可自谦。而辈卑年幼者,对于尊长本即是愚,又何必自谦……"如此解说,不无道理。不过,除了事理与逻辑外,称谓之道也往往有着约定俗成的另一面。"愚"字亦不可一概而论。近读韩立平先生《"愚弟"闲话》（载2020年12月27日"笔会"版），已然指出，"愚弟"虽属长辈对晚辈的谦称，但偶尔也见于同辈。这个结论是不错的。但文中举了几个"年愚弟"的例子来证明"愚弟"，却颇有不妥。

按"年愚弟"（"世愚弟""姻愚弟""乡愚弟"等亦然），乃平辈间常用的称谓，与"愚弟"全然不同。依明清以来的习俗，如有年谊者——同科中举人或进士，致信时宜互称"仁兄年大人"（或"仁兄老同年"），落款则署"年愚弟"。而对同年的子侄辈，则可称"年兄"，而自称"年弟"。也就是说，"年弟"和"愚弟"一样，皆为尊长对卑幼的称呼，但"年愚弟"却不一样，按惯例即为平辈间的谦称。

掌故家李伯琦《答灵犀先生称谓之问》（《社会日报》1943.3.10）亦云："称'愚弟'傲矣，若冠以'世''姻''年''乡'等字，又不能去'愚'字。例'姻愚弟'平称也，去'愚'字只'姻弟'则傲矣，乃长对卑之称……惟称交谊加'愚'字则谦，秃头者称'愚'为傲。同一字反覆如此，理不可解……"所谓"交谊加'愚'字则谦"，正是说"世愚弟""姻愚弟""年愚弟""乡愚弟"等，皆为同辈间的谦称；而"秃头者称'愚'为傲"，则是说"愚弟"含倨傲之意，是长辈对晚辈的自称。

当然，长辈为免倨傲，对晚辈自称时也可用"世愚弟""姻愚弟"等谦称，这是效仿平辈之礼。或者，直接称晚辈为"世仁弟""姻仁弟"等，而自称"世愚兄""姻愚兄"。这恰与师弟关系一样，是将比较看重的晚辈视为平辈，体现出长者友好而亲切的态度。

（本文刊2021年3月2日文汇报"笔会"）

第四辑

本原
敬畏立秋

二十岁左右的岁月,最是令人难以忘怀!

十八九岁,二十岁……那时插队在农村玩命。

八月八日立秋之前,我在生产队与父老乡亲苦战二十天"三抢",抢收、抢种、抢培。月明星稀,早上四点起床,晚上九点收工。一人回到落户的住宿处,冷饭加酱瓜,偶有一个咸鸭蛋,打发饥饿。如是,再准备好第二天的吃食,老井内吊两桶水,一桶从顶上冲下,一桶用于擦拭,昏沉沉中猛然凉爽,那时挨不上听重要报告,算是从肢体感觉上领教,醍醐灌顶的内涵。但时已至此,早就双腿沉重,两目迷离,由不得人啦,倒下就睡。

只有历经酷暑的"三抢",我才深深体会到,江南四季劳作中,水田的耕耘,是最为劳累、艰辛的。三十七八度高温下,无遮无掩,全凭一顶草帽挡着,烈日烤在颈间、背上、赤裸的膝盖那一段腿,犹似火灼,常年田间劳作的人,这个尚无妨。

此时水田的泥浆水温,已开始微烫,水田前期翻耕之后,为确保二季稻亩产过千斤,买不起化肥,就在有机肥上下力气,狠劲壅下去的人粪、猪粪、牛粪、铲起来的羊圈土,最是那与之在泥塘里,层层搅拌一起腐烂的青草植物类沤肥,本就是顶级的"大味",烈日烘烤之下云蒸霞蔚,特殊的气浪不断向你袭来,颇有味熏火燎之势。据我体会,即使如此,真正的农民,还能顶得住。

而不是仅凭咬牙就能顶得住的,是在此种状态下的插秧。左手快速捏秧、精准捻秧,每撮秧苗四五根,右手接住后,按照双脚在水田里后退时趟出的秧路,左二右二中间二,一行六棵(撮),迅捷、轻巧,呈五十度角斜插下去。心有灵气,手上功夫了得者,一大把秧,捻到最后,正是左手五根,右手五根秧苗,便双手齐下,顺势把之前留出的左边一棵、右边第六棵插下,其手法与针灸高手点穴下针无异,娴熟、轻脱。整个生产队,下田的六十多名男女劳力,可当插秧主力者不足六成,善工者勉强二成。

问题是此活一上手,少有抬头,弯腰曲背连续四五个小时。忍得烘烤、忍得大味、手上也能机敏轻盈,但倘若马步、腰功不厚实,任是壮实汉子,三四天连续插秧,也功架尽散。有两位实在顶不住,居然一屁股坐在水田里。另一位乖巧,嗷叫一声,弯腰窜到田埂上,着地躺下,唉唉地唤着,醒腰。六八年三月份,我曾被安排到部队砖瓦厂劳动,整整三个月所干的活,全是冲着马步、腰功来的。有过苦熬经历,当下这一关算是跨得过去的。尽管如此,高度艰辛劳累之下,心气儿也有点变样,不是怨,而是怒。身为知青,居然迁怒于城里人,城里坐办公室的,特别是长于在台上舌吐莲花,大讲城市、乡村一派莺歌燕舞的那种人。产生政治上很不正确的想法:我们在烈日下水田里插秧,你来试试,就赤脚下田,站在旁边看着,还可让你撑把阳伞,不用两小时蒸熏,如仍能站得住人,我就服你!

为防大田劳动中暑,那时,我喜欢赤膊短裤直接套了一身旧卡叽布中山装上阵,硬壳壳,在水田中,伸出双手,空气直豁豁进来,称之用"弄堂风"降温。尽管如此,淡蓝色的中山装上尽是汗水干后留下白乎乎的盐渍。好在回家后,全脱下来,放在与大江大河相通的沟浜水桥板上,在水中撂湿之后一阵狠踩,晾起后,第二天早上四点又可穿了。苦难中生存或苦难中谋生,历来是人生最好的老师。由此,我也开始渐省人事,立秋,只要立秋,天凉好个秋,日子可以好过了。人有期盼,开始深切地关注立秋,关注全年的二十四个节气。知道按照阳历与农历的对算,立秋一定是在阳历八月七日与八月九日之间,八月八日是大概率,一年中的苦熬开始转折。

其实,立秋这节事门槛非常之高!先人在《历书》中讲得很明白,"斗指西南维为立秋,阴意出地始杀万物,按秋训示,谷熟也。"立秋后,降雨、风暴、湿度等处于一年中的转折点;在自然界中,阴阳之气开始转变,万物开始从繁茂成长趋向萧索成熟。季节转换,反映了气候、物候等多方面变化规律。这对农作物的播种、生长有着巨大影响,顺之则丰,违之则歉。是不可逆的铁律,天道也!

双季稻晚稻的种植务必在立秋之前落定,倘若延迟,哪怕一个时辰,长势、收成有不二的绝杀。善于耕耘的长者告诉我,隔壁生产队那位管事的是个强人,庄稼茬口安排上不妥,还自以为是,不信这一说:只要当家肥下足,灌水保证,用心侍弄了,怕什么?大前年有二十亩地的水稻直至立秋之后,才打了个歼灭战。百日之后,晚稻开镰,大都收割完毕,这二十亩立秋后栽的稻,由于集中力量呵护,稻棵长势旺盛,而稻穗窄小，直挺着，昂首迎风。于农事上稍明白者，大都清楚，稻穗肥硕，随风低首，乃至弯腰者，才是成熟更是丰收的征象。果然，秤不欺人，这二十亩水稻虽然仅仅晚栽了二天，亩产却比其他的低了足足三成，脱壳后的米粒缺损率高，什么品相啊！在众人面前，那个队长铁青着脸，只管低头抽烟。这老哥的娘子倒是敞亮人，指着男人骂骂咧咧的，在社场上也不避讳。之后听说，夫妇俩闷在家内，三天没有出工……

二十一岁始，有段时间，我负责生产队老老小小一百二十多口人的活儿，再逢"三抢"，远不是辛劳与苦累了，最让人心惊的是如何顺利跨过"立秋"这一关。实施"以粮为纲"，今年的水田面积又有所拓展，按实有劳力和能级，我和几位要好弟兄，暗中搞了几次沙盘推演，若按往年程序走，断无决战决胜的把握，突破华山之险，只有三四成的胜券！此时，直想大叫：上苍，再放容三日！

听着田头高音喇叭中庆祝"八一"，更为惊觉，时辰已紧迫，离立秋只有六七天。退无可退了，我把两三铁杆叫到电灌旁的大杨树下议事，不知哪一位气急败坏地提出，现在事情只能倒着做，横竖也要抢在八月七日把秧全部插下去，比立秋提前一天。这几天要细分，把这六天的活儿切成六块，哪一块没完成，这一天谁也别想回家歇着。众人附和，这话不无道理。离立秋越近，虽然形势压人，但农活总量已基本见底，能看得清，细分条件远比开始时要充足。

我觉得闯过这一关的核心，是确保质量，又好又快，用急行军的力度把秧插下去。在大家议论的基础上，我狠了狠，提出一个方案。在水田整好之后，男女劳力分成四拨人马，一拨拔秧捆秧，一拨挑秧撒秧，一拨插秧，剩下的整理田头杂事。要害是在插秧上大做文章。按每户人员多少,老人不算,家家都要有人参加插秧队;每一天把抢攻插秧的水田统一丈量,分成数十垅,插秧人员每人负责一垅,不管时间早晚,今日事今日毕,插好就可回家;设置三个兼职监察员,每人分发一根一公尺半的小竹竿,检查所插的水稻秧苗,确保每行六棵,一公尺半内必须达到规定行数,按密植要求,每亩必当在五千五百棵之上。所插秧苗不达标者,凌乱、浮根者,一律返工,并且扣罚工分。话音一落,几位年青铁杆"轰"的一声叫好,"是骡子是马,拉出来遛遛"!不知是哪一位,轻拍我肩胛,于耳边低声:会不会有人举报我们这是"唯生产力论"!我黑着脸,谁敢?规定大家不准往外讲。缓一缓,我笑了,别忘啦,我是生产大队大批判组负责人,什么鬼的"唯生产力论",夺粮如夺命,这是坚持"以粮为纲"!

人们已为"三抢"日夜苦战了十五天,人困马乏不说,家中猪啊、羊啊、鸡鸭啊、五六分自留地啊,全已接近粗疏撂荒,消减日常的油盐钱和逢年过节撑门面的东西,这是心中最痛的。那天早上四点半出早工,社场上严辞宣布之后,一种新的生产形态展开了。只要把当天分配的秧趟插好,又符合质量,即可走人,干自己的事情去,哪怕回去躺着也可以。人们似乎一下子严肃起来,全无声息,连日常最不缺的插科打诨也听不到一言半语。匆匆走向自己的秧趟,嗖嗖地分秧、捻秧、插秧,手脚之麻利,绿色秧行推进之快,完全出乎我和几位起事者的预想。

与我紧挨着的是一新,二十七八岁,公社建筑站的泥瓦工,平日干的大都是弯腰的活,飞刀削砖砌墙,一把好手。我让其起首领头,拉直秧路,可起天上飞翔的头雁之功用。历经磨砺,我自以为马步、腰功是可以的,加上三年插秧苦习,也练成自身技法,埋头之下,暗忖越过一新，灌他进弄堂不难，谁料到三小时过去，我额上的汗水已流进眼眶了，也始终未占一行先机。一新虽然汗湿衣背，但胸襟前、裤管上无一滴泥浆。如此累人的活，干到这般轻盈、洒脱的份上，非个中高手，不能呀。让人讶异的是，相当一批人，插秧功效的增长，几近百分之五十。至下午四点三刻，几个人竟然先后到点，傍晚五点半之后，更多插秧者"上岸"，三伏与立秋之交，那个时段，太阳之下还是有点晃眼。此时收工回家，在整个生产大队、公社乃至全县，都是破了天荒的。

当然，也有四五人远远滞后了。最末尾者，为一杨姓妇女，实际上，其人不凡，弄过一段生产队长的官衔，因为勾连同伙，窃拿生产队畜牧场大麦麸皮被揭穿，加上平素仗着与大队领导的款曲，弄权苦人，实在没了脸面，那次只好辞职。四十四五年岁，敦实的矮个，嘴上功夫了得，荤素不论，偏偏在插秧上很不在行。事后有人告诉我，第一天分趟，直到晚上十点半，在儿子、女婿赶来之后才完事。一根竹杖上挂了盏马灯用以照明，插毕五六行后退时，边移竹杖马灯，边哭喊几声。第二天提出，宁愿扣罚工分，也要退出插秧队去拔秧组。

形势发生急剧转变，原打算两天完成，现在一天过一点就解决，大杨树下聚合在一起的几个铁杆再作推算时，已经牛皮轰轰，完全有把握，赶在八月七日下午三点解决"三抢"一战，当然也包括为棉花等除草、松土、喷洒药水一类物事。以提前二十四小时为敬，恭迎"立秋"！

七日那天的包垅插秧，谁先完成者，不可拔脚走人，这是事先讲好的。最后关头，帮助后进，不仅是助人一把，更是为立秋"清场"，为晚稻生发，争得好节气。七日，还是从早上四点半起活，去掉早、中饭耗时，一口气猛干了八个多小时，烈日下，喝光了稻田埂岸上接连挑来的三大桶酸醋冷井水。下午两点半之前,插秧的最后一批人也爬上了田埂。我不是大喜,也非大愤,只是出于一种内心自然的渲发,仿佛不是对着人们,而是对着旷野,声嘶力竭,大喊三下:全部回家!

声音还在空中回荡,自己已立马放倒,在电灌渠道斜坡上,一个盹,躺了三刻钟,后来发现基干民兵排长永乐也横在我不远处。

……

世事沧桑,年年立秋。——还是渴望立秋,仍然敬畏立秋。

现在更加明白起来,立秋的起始与结束,是天体运行的结果,与人为无涉。在大自然法则面前,人定胜天是脆弱的,需要的是顺应而不是改变。

记得在古希腊德尔斐神庙的墙上,刻着"认识你自己"几个字。于苏格拉底看来,"认识你自己"就是"知道什么事对于自己合适,并且能够分辨,自己能做什么,不能做什么,而且由于做自己所懂得的事,就得到了自己所需要的东西,从而繁荣昌盛。不做自己所不懂的事,就不至于犯错误,从而避免祸患"。这恐怕也是东西方、古人与今人的一个共识:天道不可逆转,人心更须顺应。

万里归来,还是曾经的少年。明日立秋,心中思忖着的,却还是年青时心中烙下的铭记。

谈瀛洲

七十年代,火车入黔
——一个支内者家属的回忆

一

从童年到少年期间,我曾多次去过我爸妈在贵州山间支内的地方。那是一座在山间的医院,从属于061基地。我只知道它距离遵义大约半小时的车程。以前从上海去那里的时候,是坐火车到遵义以后的一个叫"李家湾"的小车站,然后医院会派一辆解放牌卡车来接,到医院大约要半小时,但我从不知道医院的确切位置。

在上学前我去过贵州几次?记不确切了。大约是两次,一次大概是爸妈带我去的,我已不记得任何细节。我爸是1969年就从上海市第一结核病防治院(即今上海市肺科医院)去的贵州,那时我还只有三岁。我妈在1971年,也从上海第六人民医院被调去贵州了。去的时候因为医院还是草创,生活条件很差,并没有带我去,我和两个姐姐一起留在上海,随祖父母生活。我爸说后来我妈看到上海寄去的照片,上面的我长得很瘦弱,眼睛下面都是黑眼圈,都快哭出来了,所以决定还是让我去贵州。那一次住了有多久,不记得了。

还有一次是我二姐带我去的,我却有一些深刻的印象。

当时我大约六岁,我二姐大我八岁,应该是十四岁,也就是一个初中生。我爸妈没有和我们同行,是托几个同事带了我们一块去的。

那时湘黔铁路还没有通,火车从上海经浙江、江西、湖南,然后要去广西柳州绕个弯,再进入贵州。全程要三天四夜,是坐铺过去的。因为上海站是这趟上海到重庆的火车的首发站,而当时只有在首发站才能买到对号入座的票子,所以还能有个座位,算是好的。从半当中上来的,不管是多远的路程,在有人下车腾出座位之前都只能是站着、蹲着,或坐在自己的行李上。

刚上车的时候未免还挺兴奋。即便是坐火车,当时也是少有而昂贵的经验。我的多数小伙伴们都没有坐过火车,也没有出过上海,更不用说去两千公里以外的遥远的贵州了。尤其是听人说火车在经过钱塘江大桥时,可以看到蔡永祥的铜像——那可是我们都在小人书上读到过的英雄人物啊!他在火车飞驰而来的时刻,发现有一块大木头横在铁轨上,他奋力把它掀出了轨道,自己却倒在了车轮下。

那个时候车速慢,火车从上海开到杭州也要六个小时。当火车终于在我们的引领期盼下驶过钱塘江大桥时,我却并没有看到蔡永祥的塑像——也许是我坐在了看不到塑像的那一侧,也许是塑像其实并不在铁道边。

过了杭州,兴奋感慢慢减弱,车上的人却越来越多——因为下去的人,总比上来的人少。上来的人,有的还是挑着担子的。有的是挑着行李,有的则是挑着当地的出产。我就看到过有人挑着大概有几十斤重的巨大西瓜上车。

等车厢的走廊里都挤满了人和行李以后,列车员也就停止了扫地、拖地、倒开水等一切服务,卖食品的小推车也不再过来——事实上也无法过来。

我很快就学会了坐着睡觉。能趴在面对面的两排三人座位当中的那张小桌子上睡觉简直是个奢侈,但这张小桌子很短,只有坐在靠窗位置的人能够享受,上面还常常放满了各人的水杯和其他杂物。

这真是种叫人精疲力竭的旅行。

半夜里在迷迷糊糊中醒来,吃惊地发现脚底下杵着两条裸露的脏污小腿。低下头一看,座位底下居然躺着一个人在呼呼大睡!

后来在车厢里走动时,看到像这样睡在座位底下的人还不少。而他们周围的地面上,则满是各种垃圾。当时的人颇喜欢在车上吃东西,即便是列车员刚扫过,很快瓜子壳、水果皮等又扔了一地。睡在地上的人,等于就是睡在垃圾里。

车更挤的时候,就连座位的靠背上,也会坐上一两个人。他们脏兮兮的脚,就垂在你的边上。

二

火车到李家湾站是在半夜,只停两分钟。而且因为是在基地附近,为了"保密"或"安全"起见,车站还不许亮灯。因此大家都很焦虑,怕错过了站,怕到了站来不及把行李搬下车。他们的焦虑情绪也传染给了我。

傍晚时,疲惫不堪的我躺在姐姐的膝盖上睡着了。等我醒来时,发现自己在大哭,而且是属于上海人叫"发魇"的那种,也就是小孩子毫无理由地在睡觉中大哭大闹。可怜的二姐,看着我束手无策。她那时也是个孩子啊,却要照顾我这个小小孩。

等我清醒过来以后,自己也觉得不好意思了,慢慢平静下来了。后来到站后,人和行李也都下了车,没发生什么事故。现在想想,两分钟并没有那么短,只是在那种特殊情形下,大家都特别紧张罢了。

三

第二次去贵州后,一直住到要上小学的时候。因为父母觉得上海的学校教育质量好一些,所以我又回到上海的祖父母家。

回程可比去程还要糟糕多了。因为李家湾站并非起点站,买不到坐票。

在那里上车如同打仗。一个人走,许多人去送。原则是,不管三七二十一,火车到站后,先把人和行李"塞"上车再说。

我用"塞"这个字完全贴切,因为火车从重庆开到李家湾,已经很挤了。要再加进更多的人和行李,只能靠"塞",而且停车时间又短,因此首要任务就是把人和行李弄上车,不管是从车厢门还是从窗口都可以。

几个身强力壮的男人先从车厢门挤上车,然后打开窗口,在两边座位上的乘客的抗议声中,把行李接进去,有的时候,还要把人也接进去。像我这样的小孩,从车门口靠自己的力量是很难挤上去的,就靠别人把我举起来从窗口递进去。

因为怕我们在车上没法睡觉,我爸妈想了个办法,那就是让我们和几个出差的同事同行。因为当时只有出差的人凭单位介绍信可以买卧铺票,这样我们就可以在他们白天不睡觉的时候,去他们那里睡一会。

于是有一次,我在卧铺车厢睡完觉,在往坐铺车厢走的路上,被查逃票的乘警拦住了。票子在大人那里,我身上没有票,于是就和一批盲流模样的人,被带到乘警办公室,一个个地处理。轮到我的时候,我说我在坐铺车厢有座,只是去卧铺车厢睡了一觉。也许是小孩子嗫嗫嚅嚅地说不清楚,我发现乘警并没有在听,只是说,"那就要补一张票啰。"小孩子身边没有钱,怎么补票啊?!正在这时,我爸妈的一个同事拿着水杯去锅炉间加热水,看到我了,跟乘警说明了情况,就把我带走了。

现在想起来有些后怕。要是我爸妈的那个同事没看到我,会怎样呢?被赶下车,送去收容所,在当时,都不是没可能的事。

四

读小学以后还是会去贵州,但仅限于在暑假,和姐姐们一起去探亲。不过1977年那年暑假去了以后不想回沪,在那里待了半年多,直到过完寒假才又回沪。在这半年里爸妈会教我一点,我自己会做完教材上的习题。那时"文革"刚结束,教育还未完全走上正轨,我回到上海的小学后也没人问我要成绩单,顺利地升了级。

1973年以后,湘黔铁路通车,上海到李家湾的路程缩短了,但也要三天三夜。因为大一些了,开始注意到沿线地貌,甚至是民居风格的变化，还带了本小本子记录了一些，画了一些稚拙的画，当然这本子现在早就没了。

火车离开上海，进入浙江境内以后，慢慢开始有山。进入江西，开始看到红土，有的地方是黄红色，有的地方是深铁锈色。进入湖南以后，会有广袤的平原，和大片大片的稻田。过了长沙以后，山就多了起来。邵阳与怀化之间，有许许多多高峻的大山。火车要钻好多山洞，有时过一个山洞要好几分钟。进入贵州以后，则连绵不断的都是山了。

以前走黔桂线进入贵州的时候，知道柳州是一个大的中转站，现在走湘黔线，株洲又是一个大的中转站。在这两个站，平行与交叉的铁轨特别多，火车在这里停留的时间也特别长。

到停得久的站，就可以下车走走，尤其是车站上设水龙头的，可以痛痛快快地洗把脸，擦下身，因为在火车上，总是发车后不久水就没了。在有的火车站，还能买到棒冰，比上海当时那种四分钱一根的白糖棒冰要宽、要大，有黄、红等不同颜色（现在想来都是各种色素）。能吃上一根这种棒冰，对我们小孩也是难得的享受。

火车在株洲站会加水和补充其他各种东西，有时还会换个火车头。行驶在东部省份的时候，火车用的多是没烟囱的烧柴油的火车头，也就是当时报刊上反复宣传的"国产内燃机车"。但到了内陆，就会换上燃煤的、有个冒烟的烟囱的那种蒸汽机车，今天也许只能在电影里看到，就是《哈利·波特》系列电影里那种去霍格沃茨的火车头。看上去虽然浪漫，但在这种火车头喷出的有时是黑色有时是白色的煤烟里，其实包含着大量煤灰。

我是怎样发现这一点的呢？有一年去贵州，坐的车厢离火车头比较近。一开始还挺高兴,因为火车在转弯时,就可以清晰地看到火车头和它的三对巨大的动轮在"吭哧吭哧"地运转,这让年幼的我着迷。

但随后就发现,这种时候火车头的烟也会飘到我的脸上,被吸入鼻孔。在火车过山洞时,憋在洞里的烟会灌入车厢,整个车厢里烟雾弥漫。到李家湾下车时,整个人都已被这煤烟熏得灰头土脸。接下来好几天,都能从鼻子里抠出来黑黑的煤灰。

今天的高铁的轨道是无缝连接,当时的铁轨则不是。为给热胀冷缩留下余地,每段铁轨之间都留一个空隙,火车车轮驶过,便不断发出"吭噔吭噔"的声音,车厢也不断在微微晃动。刚上车的时候,觉得这声音特别吵,时间久了,反而觉得它有一种催眠作用。下车之后几天,躺在床上或身处室内,都有床或房间在微微晃动,同时"吭噔"作响的幻觉。

最讨厌的是车厢里的广播。有时睡得正熟,就被早六点开始播音的喇叭吵醒,而且音量很大,然后聒噪一个白天。有一次我坐在这喇叭附近,发现有一个开关可以把它关掉,我就关了。结果马上有人生气地过来把它打开。这些人习惯了噪音的陪伴。

五

去贵州之前都是打电报通知爸妈到达日期、时间和车次,打到一个神秘的、地图上不存在的叫"凯山"的地方,爸妈知道了就会跟医院说,派一辆解放牌卡车,也就是平时派出去拉煤的那种。到了把行李搬上车斗以后,人也爬上去,站在敞开的车斗里被拉回医院。当时感觉还很兴奋,因为坐卡车的机会也是难得的。客车或吉普车似乎是稀奇东西,很少看见。

回来的时候如果没有出差的人带,上车了就要去问有座位的人,到哪个车站下车？小孩子还腼腆,有的时候还不大好意思开口去问。碰到下车比较早的,就去守在他旁边,等他下车了赶紧坐下去。

夏天去贵州的话,路上的主要痛苦是炎热。火车要经过的杭州、南昌、长沙,都是酷热之地。当时空调还是闻所未闻的东西,解暑全靠车厢走廊上方的一台台小电扇。

冬天去贵州的话,则因为怕冷,大家都关着窗,一晚上下来,车厢里的劣质烟味、人的汗臭味、厕所里散出的屎尿味混杂在一起,气味真是可怕。

不管是什么季节,火车的厕所总是特别的脏,常常是屎尿横流,要进去简直是无法下脚。因为车一挤以后,用水的人多,车上很快就没了水,就无法冲洗厕所了。但即便是这样污秽的厕所,有的时候还上不了,因为在车最挤的时候,里面也睡了人。

六

最受煎熬的一次,是在火车上坐了六天六夜。火车已经到了贵州境内,最后却又被拉回了上海。

因为湘黔线沿线多高山、峡谷、河流、山洞,刚通车那几年,常听说发生塌方和桥梁被泥石流冲垮等事故。没想到自己后来还碰到一次。

我不确切地记得是哪一年了,大概是七十年代末吧,我那时候已经进了初中,也是和我二姐一起去爸妈那里度暑假。玉屏是湘黔线进入贵州境内以后的第一个车站。我们坐的那趟车到了玉屏站后,就停下不走了。这时那哇啦哇啦的广播也不作任何正式的解释和通报,只是听大家纷纷传说,有说前面发生了塌方的,也有说洪水冲走了桥梁的,所以火车无法前行。没人确切地知道到底在哪里发生了什么事。

那还是前手机时代。不要说手机了,连电话也很少。玉屏当时也是个简陋之极的小站,只有几个脏兮兮的小孩在站台上跑来跑去,也不提供电话给乘客打。所以我们既无法通知前方的父母,也无法通知上海的家人。

就这样坐在车上苦熬了一天一夜之后,终于来了消息:列车原路驶回上海。

这时我们已经在火车上坐了三天半了。再坐两天半返回上海?这前景简直让人难以忍受。但也没办法,只能苦熬。

现在有时回想,如果那时候我们再大一点,应变能力又更强一点,也许可以有别的办法?比如说虽然火车要开走,但我们可以下了车留在玉屏站不走,等铁路修通以后坐后面的火车去李家湾。但又一想也不行:一是当时我姐和我身边没什么钱;二是即便有钱,也无法住宾馆或招待所,那时候这些地方都是要介绍信才能住的;三是也没有确切的消息,可以知道前方的铁路什么时候能修通。再说即便到了李家湾,也无法通知父母,我们不知道路径,也无法找到有半小时车程、无任何公交工具可达的父母的医院。

这篇文章写到这里,我深深地感觉到,从七十年代末到现在这2020年,中国的变化真是太大了!现在的年轻人要理解那时候的许多事情,要发挥些想象力才行吧?

后来听我爸妈说,他们在李家湾火车站等得心急如焚,等了一天,怎么还不来?第二天又去等,还是不来。一直等了三天。不知道他们后来是何时得到的消息,说是有大桥被洪水冲垮,所以列车过不来了。

我和二姐精疲力竭地回到上海,迎接我们的是7月的灼热骄阳。因为当时是期待着到贵州有人来接的,所以我们带的是不便搬运的纸板箱。那时上海火车站还有少量的三轮出租车,但一般人根本叫不上,结果我们只得扛着两个纸板箱挤公交车。两个憔悴肮脏、在火车上有一个礼拜没洗澡的小孩,在公交车上也是被人侧目的。

公交车到站了离家还要走一段路。两个箱子越扛越重,到后来再也扛不动了,是放在地上踢着回家的。

到家了,是跟我们生活在一起的堂哥来开门的。事后他说,"那天我一开门,大吃一惊:怎么来了两个瘪三!"(注:瘪三,沪语"穷鬼""流浪汉"的意思。)

后记

2018年夏,我重访父母支内时在贵州工作的3417医院的旧址。当年艰难的三天三夜的旅程,如今乘坐高铁,八小时多一点即到遵义。现在想来,幸好那年发心去了。不然,在新冠病毒疫情下,要能作这样的旅行,还要过些时日吧!

郑荣来

1959年夏天,我的高考

1959年夏天,我经历了人生的一个转折,高中毕业并参加高考。实在说来,我们那次高考,一切都准备得很不充分,完全是匆忙上阵。前一年的"大跃进"和大炼钢铁,占去了我们的大部分时间,功课几乎都停了,整天参加户外劳动。我们曾几次到山上砍树挖窑烧木炭,树都需松树,大小要如胳膊,扛到土窑里,七八十根一窑,由两位稍懂技术的同学封窑烧制,因为不专业,有时烧不透,有时烧成灰,几经失败后才成功。

我们到过八十多里外的地方挑石灰石。那天凌晨三时出发,一路走山道,八九个小时后到达,吃一点干粮当午饭,而后挑着一担石灰石,十个多小时后回到学校。这是我此前此后经历的最艰苦的一次劳动,时间长,强度大!

我们还到过三十里外的一个山村,在山溪里捡铁矿石;我们在学校门前砌炼铁炉,烧了一炉又一炉的废铁……

我们的功课荒废了,我们的心放飞了,无心于课堂,无心于书本,甚至心存疑问:"今年还会有高考吗?"

高三的第二学期开学时,县里下来指示,说高考照常举行,要大家积极备考。我们于是被集中到离本校八九里的僻静的山村一个停了产的陶瓷厂。久弃不用的课桌,上面都是灰土。我们在那里匆匆忙忙复课,要把落了的课都补上。

一时间,我们日夜加班,疲于奔命。老师补课跃进式,简而不详,我们听课似懂非懂,囫囵吞枣。温习课文的时间不够,老师布置的作业更是做得极少。

学期结束,但毕业班不放假,留校复习高考的功课。我们文科班,需要默记的内容更多。时间紧迫,只有匆匆浏览一过。这时正是大饥之时,县里号召勒紧裤带过日子。我们学生的定量,每人每天改为十小两(一斤十六两制)。饭吃不饱,营养严重不足。每月两元一角的菜金,我们一些穷家子弟交不起,只靠家里带咸菜。还不到吃饭时间,肚子就咕咕叫。

这年高考的考场,第一次从梅州市改在县城。考试的日子到了,我们乘船到大埔县城应考。吃住在县重点的虎山中学,我们的心情并不紧张。第一次到县城,倒有一点新鲜感。它比我们高陂镇大,多了几条街,而且又是县政府所在。在考试仅有的三天里,我们还有闲心于晚饭后逛大街。后来知道,它曾经历两度解放、两度成立县政府,也是全省唯一的苏区县,这次高考和逛街,就成了值得怀念的事情。

出乎我们意料的是,这次高考的卷子,竟是不太难。题量都不多,如数学只有五六道题。最不犯难的是作文,题为"记一段有意义的生活"。因为参加过大炼钢铁,我毫不犹豫就选择了这一题材,写了炼铁故事和班里曾被表扬的人物,写完了时间还有富余。不太懂散文笔法,但照实写来,思路还算清晰。虽然粗糙,但自认没有远离要求。走出考场,没有兴高采烈,也没有失落感觉。

来县城之前,我们都做了鉴定。方式是自报公评,每人自报优缺点,大家补充,多说好话,没有火药味。给我补充的一条很够劲,我至今还记得,叫"热爱社会主义"。

那天回家等候发榜。正是农忙季节,插秧、种番薯,都是酷暑天的活。已经公社化了,干活无分老少,我等年轻人,更是不能吃闲饭。下水田,搅粪肥,送稻秧,脏活苦活都干。"这会是我在家乡干的最后一次农活吗?"我偶尔自问过,但没敢多想。也许因为太忙了,也没多少人过问我的高考事。村里二十多户人家,去年已有一人考上广州暨南大学,是我们村的第一个大学生。虽是史无前例,但没有什么轰动,连小范围请客吃饭、送礼祝贺都没有。

八月中旬某日,学校捎来口信,要我去取通知。我步行两小时赶到学校,校长黄行老师微笑着,说:"你考上了,复旦!祝贺你!"话很简约,但看得出,是发自内心的真诚祝贺。接着把录取通知递给我,并说过几天去找他,他要给我15块钱路费补助。我当时的第一反应,并不是热泪盈眶的激动,一闪而过的念头却是:我还差多少钱,才能到得上海?

我先把"我考上了"的消息告诉我的一位堂哥,他在乡里当文书,每月28元工资,平时给过我一些零用钱。他知道我需要什么,不等我开口,就说:"费用你先筹,不够我包!"我又找在镇上工作的我姐夫,他几乎倾其所有,给了我15元。父亲把家里唯一能卖的旧挂钟,拿到镇上卖了三块钱,算是他对我的唯一现金支持。堂兄真的包够了。想起他那句话,我后来不止一次流过泪,感激他的真诚帮助。

我家也一样,没有庆贺。只在我离家的那天,堂姐送来一只鸡,姐姐做了汤圆(家乡叫"惜圆",糯米制,无馅,汤里加红糖),在镇上我姐姐家,父亲和继母都来,算是给我饯行。我带着五六十块钱,坐轮船经潮州,再乘长途汽车到广州。逗留两三天,便踏上开往上海的列车。

到开学之日方知,班里共有广东同学三人。我这才感到,我的志愿填得有点冒险,早知名额这么少,我还敢这样填吗?

肖鹰
我的大学

1980年的高考尘埃落定后,八月初,我告别母亲,离开云南绥江,去父亲工作的四川内江;停留几日后,我回威远乡下老家看望爷爷、奶奶。

当时,爷爷、奶奶都八十岁高龄了。两位老人对我的回来,无比喜悦。爷爷要用家中的桃木给我做一对行李挑箱。他带着我走了十数里山路,去请一位木匠。爷爷在前面走,我在后面跟着。

我记得那是一个雨后的下午,山路崎岖而且泥泞。我害怕爷爷因路滑摔跤,但他拄着拐杖非常强健地往前走,不容我搀扶他,山路狭窄我也无法搀扶他。在爷爷行走着的身后,我深切地感受到爷爷心中的喜悦,感受到他令人敬爱的刚健和豪迈。那个下午,那条崎岖绵延的山路上,就走着我和爷爷俩,空气中弥漫着雨后的滋润气息,明丽的阳光洒在起伏逶迤的夏收之后的红土地上,让我感受到这片养育我十余年的乡土的无限温馨。

我从来没有努力追求，也没有想到会成为一省的"高考状元"。但我更没有想到，被北大录取到哲学系。我在录取通知书到达绥江前就已回到内江，被北大录取的消息是母亲通过电话告知的。我被录取到哲学系，母亲和我都很失望。我的梦想是做作家，因此想上中文系。我甚至考虑放弃入学。但是，我实在没有勇气回头再做一个"高考生"。我是硬着头皮到北京入学的。爷爷听说我上的是哲学系后说："哲学是什么？哲学就是折起来学。"爷爷不仅有威严、坚毅的一面，更有幽默的一面。他对"哲学"的风趣解说，我至今都认为是非常深刻的幽默智慧。

爷爷送我的两个行李挑箱，很快就做好了。这是我意想不到的巨大的两个行李箱：光是空箱子，也难挑着走路；如果装满衣物，恐怕只有一个超级壮汉才能挑起来。我和爷爷、奶奶又经历了一场痛苦的告别。我带着这两只巨大的行李箱，到了内江。因为箱子太大，我只带了一只箱子赴北京上学。

交通辗转，更加暑期洪水阻碍，我在内江拿到录取通知书已很晚；乘火车两天一夜赶到北京时，已过了北大在火车站接待新生的日期。我在北京火车站下车，已近傍晚了，不断问询和寻找，先乘103路电车，在动物园转乘332路公共汽车，到达北京大学站。下车后，我看见"北京大学"的校牌，心想"可到了"。然而，门卫见我是未报到的新生，告诉我，这是西门，走进去很难找到学生宿舍，让我往回坐一站。我再上反方向的车往回坐到北京大学小南门。这时夜幕已经降临了。一下车，天就下起大雨。我的行李是托运的，由北大统一拉回学校，当晚无法知道行李在哪里。小南门的一位老门卫师傅非常友善，他借给我一床褥子，让我拿到宿舍放在床上凑合睡一晚上。这是我到北大上学的第一夜。

第二天清晨起来,第一眼看见的北大校园清朗新颖。学生宿舍区的房屋是1950年代的建筑,历数十载风尘,但并不显得陈旧。楼房间的树木在一场秋雨之后,一片葱郁之气。早餐后,我带着半是新鲜、半是好奇的心情去学二食堂背后的一座大库房寻找我的行李。从我居住的38楼到学二食堂,是非常近的,但我绕来绕去,总是找不到这座库房。可能是指路的人都告诉过我东南西北,我从西南来,当时分不清东南西北。后来我绕回到38楼门口,遇到了哲学系的芮盛楷老师,他是80级2班的班主任。可能见我神情像是一个摸不着头脑的新生,他主动询问我,知道我是80级1班的学生,就骑自行车带我去附近的学二食堂,找到我的巨大行李箱,并用自行车帮我推到38楼。在38楼412室,打开行李箱,我的大学生活就正式开始了。

哲学系大一学年的主课是辩证唯物主义和历史唯物主义,另外还要修高等数学、心理学、形式逻辑,以及英语、党史、体育三门公共课。我入学的时候,不满十八岁。我们班里年龄最大的同学已二十五岁,年龄最小的同学不到十六岁。我的年龄在应届生中算大的,但与往届生相比,我又属于"小字辈"。我所在的412室有七个学生,出身工农兵学都有。同室中包括我,四个应届生。我们四人的年龄,从不过十六岁到十七岁多。那三位年龄大的同学,一开始就非常主动、积极地进入学习状态。我们四位年龄小的同学,对学习,很有一番"曾经沧海难为水"的消极或潇洒态度。我们四人睡上铺。每到晚上,我们早早洗漱好,就爬到床上,或写家信(情书?),或翻照片,或听收音机。我多是发呆。我在发呆中会长吁短叹地重复自己"被拉进哲学门"的不幸。

在大一，我一直想转到中文系。但是，八十年代转系犹如转学，非有特殊而且充分的理由是不可能转系的。然而，进入大二，我不仅最终放弃了争取转系的念头，而且反而庆幸自己被北大哲学系录取。有两个直接的原因改变我的专业志向。第一个原因是，在大一第一学期末，同宿舍的刘荣凯同学在校图书馆借到了刚出版的《朱光潜美学文学论文选集》（湖南人民出版社1980年出版）。阅读这本书，给我带来了两个后果。一个后果是，因为我在阅读中情不自禁地划重点，把这本新书划满了线条，被图书馆重重罚款（款额数倍于书价）。这本书归类收藏在哲学书籍中。当时管理哲学类书籍的是一位年长慈祥的女老师，我只知她姓齐。齐老师在罚款后对我说："你看你，给你妈惹祸！"但我很自豪地回答说："我妈知道我为什么被罚款，她一定会非常高兴！"另一个后果是，我不仅从此知道了哲学门下有美学，而且被朱光潜先生明洁、透彻的文字引入了美学世界。第二个原因是，进入大二后，学习一年的西方哲学史课程，上学期由哲学翻译大家王太庆先生讲授。王太庆先生讲课没有讲稿，只有一些卡片。他是安徽人，口音非常重。古希腊哲学家的名字，被他郑重其事地念出来，我们很难对上教科书中的人物。他讲课不看学生，身体斜靠着讲台一侧，眼睛时常望着讲台上空的天花板。似乎他心中只有西方古哲，他们在天花板上与他对话。一学期下来，除了因为他的口音被同学引为笑谈的几个古希腊哲学家的名字，我实在记不得他讲了什么。然而，正是王太庆先生的讲演，把西方古典哲学的魅力神奇地传输给我，从此我不仅热爱哲学，而且认定自己未来的毕生事业属于哲学—美学。

回忆本科生活，我不得不记述大二下学期的英语老师。她似乎是当时的北大公共英语教研室主任，给我们讲课时，已经接近六十岁退休年龄，在我们的眼中是老太太了。她讲课时说，学英语没有别的捷径，最简单的办法就是借一本自己喜欢的英文小说，从头到尾读完，英文就过关了。我就借了托尔斯泰的《安娜·卡列尼娜》的英译本来阅读，读到安娜卧轨自杀，我的眼泪夺眶而出，我认为我读懂了。期末考试前夕，同室的刘向远同学借到罗曼·罗兰的《约翰·克利斯朵夫》（傅雷译），我们俩入迷地传看，厚厚的四卷本，大约花了十天时间。本科时代，从大一开始，我平常课外基本不花时间温习功课，只是在期末考试前最后十天左右超强度突击应付考试。因为临考前的十天读小说了，我走进英语考场，一头雾水。我和刘向远考前约了一个备考充分的同学（记不得是谁了），我们三人有意坐在教室最后一排，这位同学坐中间，我与刘向远各坐一边，考试中三人做尽各种小动作，试图"互通有无"。英语老师很快发现了我们的不轨动机，全场特别监视我们，使我们欲罢不能又百般无奈。考试结束后，她通知我们三人去她家中，要与我们谈谈。她家住在北大蔚秀园，也许是我们记错了楼门号，我们连续找了三天，才在一场夏雨之后的傍晚找到她。她语重心长地把我们三人教育了一通。我们诚惶诚恐地从她家中出来，心想这学期英语要挂了。然而，期末成绩下来，我们三人的英语都及格了。我的成绩是77分，这是我在北大本科学习期间的最低期末成绩。这位英语老师在我的本科记忆中注入了北大老师特具个性的慈爱和宽厚情愫，令我想起高二那一年母亲对我的态度。非常惭愧和遗憾的是，我已记不得这位英语老师的姓名了。写这篇文章时，我询问了班上几位同学，都说记不得了。需要补充一句的是，这位老师的"英语学习观"确实影响了我的英语学习观念，对于英文，我至今只能阅读，不能听说。

在整个本科时代,我们一个学期只有三四门课,而且很少作业,没有平时测验和期中考试(外语除外)。虽然各系情况不一样,但是当时上课时间少,学生们有大量的课外自修时间,是北大教学的普遍状态。这样的教学安排,对于勤奋好学的学生是自由,对于懒于学习的学生也是自由。然而,刻苦求学是当时北大的普遍学风。因为教室短缺,上自习找座位非常困难,被戏称为"打游击"。我非常适应北大这样的教学模式,生活其中,确实有天高鸟飞、海阔鱼游的恬适之感。我四年大学生活,多半时间是在教室和图书馆"打游击"中度过的。每当晚餐时分,我背着沉重的书包走到学一食堂门前时,那轮鲜红浑圆的落日挂在西边树林间的壮丽景象,常常令略感疲倦的我眼含珠泪,心中涌动深深的感恩之情。在寒冬的深夜,晚自习后走在校道上,每当月华朗照,道路两侧脱尽叶片的树冠料峭的影像,在冷峻之中让我体验到一种海底景象式的傲然出世之感,身心俱生出无限的鼓舞。

在北大本科四年学习中,无论是哲学系的老师,还是外系的老师,给我最深的印象,也是最深刻的认同是,老师们各具风格,但普遍具有一颗自由独立的心,也给予学生们莫大的自由独立的空间。而这正是我在中学时代深心渴望的。四年本科学习,深刻影响我未来成长之路的,不是北大老师讲授的课程知识或所谓治学方法,而是他们洋溢在神情举止中的治学精神和人格品质。

1980年代初期的北大,在我们这批学子的心目中延续着"老北大"的历史底蕴,她是古老而又青春的,不仅是学子们求知的圣殿,而且是青春少年身心徜徉的自由天堂。夏日傍晚,坐在图书馆东侧的草坪上,读书,聊天,或遥望绿荫梢头余晖映照着的那座标志性的水塔(当时似乎没有现在所谓的"博雅塔"一名),如那不时凌空的晚燕一样感受着静谧的飞翔。冬日里,在斜阳中独自踏着残雪穿越勺园东南大片树干高耸的林地,恍如一次幽秘的远行。还有,我直到大四的深秋之季的一个午后,才意外发现了北大后湖(未名湖之后的一角隐秘的湖泽和丛林),涉足其中所领略的是无限寂寞和荒古之感。这些景致后来都被改写和抹掉了。作为一名本科、硕士、博士、博士后都在北大求学的北大校友,我毕业后数十年来不断返回北大。但是,我印象最深的,深深怀念的,还是上世纪八十年代的北大,那个给我自由成长空间,引导我进入哲学—美学世界的母校。

郑宪
千吨机

我去探望那台千吨机。它不在老闵行了。这样一台硕大机器,发出巨大轰响,城里不再有它位置,吵人,影响静谧环境,所以,被梯度转移到乡下,去金山,一个周围有宽阔绿野的处所。

只是和一个旧物重逢,内心就被冲撞撼动——在一座高厂房里,在远处便听到它的隆隆滚雷声,与盐官观潮相似:涌潮发天际,雷鸣奔近来,心遂逐浪高。到千吨机边,观者被要求戴耳塞,保护耳鼓。我不戴,我要倾听它的真实声音,原始的放肆吼叫。它乌黑的庞大身躯,约四层楼高,六十多吨重,左右一对大齿轮,转起来有节奏地空咙哐啷,似在诉说自己的传奇:三十多年,烧灼成红彤彤的大轴承,在这机身上一只只锻压滚过,累积滚过四百多万只。三十多年,它庞大的雄姿屹立不倒,锻压能力不减,屡建殊功。

那天回工厂,有人说起这台千吨机。我惊呼:它还没进工厂历史博物馆?上世纪八十年代初我离厂时,已建造八年的千吨机"初具规模"：在锻工车间西部场地挺身而立，仅基坑就挖了近五米深。千吨机安装的日子，车间头顶的行车密集移动：连着几天几夜，造机的主角大师傅徐，耸着瘦弱的肩背，鼓着腮帮吹响嘴哨，像神气的指挥官，调度吊装巨大的底座、曲轴、滑块、横梁。其诞生，如一部大的文学作品，而书写作品的人，"作家"的名分没有的——大师傅徐无任何技术职称，但旷世作品愣是出来了：千吨锻压机啊，前无古人。有人说，此前国内造锻压机的能力和水平，400吨到顶。

而我，其时几乎对这台千吨机视而不见，对大师傅徐也排斥。为什么？因为他的一个徒弟是我密友，不能按时满师，满师后工资也比别人少两块，这位密友觉得是奇耻大辱。这事谁做的？师傅做的，嫌徒弟工作拖沓，不钻业务——在不说话不通报的情况下，师傅对自己徒弟"背后下狠手"。徒弟之后坚决离开师傅，不但离开人，还离开厂，从老闵行远走宝钢。那个年代，因为这两块钱，抹不开脸，无法让一个人在此有尊严地立足。他的憎恶，一度也成了我的憎恶。所以，车间主任丁想要我顶这个徒弟的岗位，我一丝不考虑地大声拒绝。

丁之后又为徐找了个"有知识的助手"叶。叶和我一起，会发车间环境落后肮脏的牢骚，还一起吃饭打球，在破旧的车间澡堂里，一起洗去身上乌黑油垢，互相用绞干的湿毛巾搓背。给徐当下手，他立马埋头，不再发牢骚说怪话，一蓬乱发地干活，好像有了使命感：造出千吨机，替换大空气锤，终结危险负重的原始锻打。他们成了绝配，互相满意。

我跟叶讲什么都投机，但说到大师傅徐，叶一句话把我顶回来："他有真本事。"什么活都自己做，修理机床，自造行车，改空气锤手柄，自造工作母机。扩孔机一开始仿苏式，青岛买回来一台，不合国情，他一摸脑袋,改了机器倾斜度,改被动轮,改得操作的人舒舒服服——想想啊,他只是小学三年级文化水平啊,天赋加刻苦钻研,让他很早生一头华发。

我满师后,跟了另一位锻工大师傅秦。秦是汽磅榔头上好手,他几乎对什么都看不惯,语言粗俗,骂骂咧咧。因技术高超,总是睥睨一切。我看他在汽锤台上自由王国般锻打拿捏:两根灼红的热铁棒,掌控上下起落的锤击,如节奏多变的音乐,有舒缓,有快速的进行曲,有热烈奔放的打击乐。热铁棒左右前后翻转,变细变长变扁变圆,仅半个多小时,一把玲珑好使乌黑闪亮的铁手钳诞生。秦说这是雕虫小技。再问我,为什么不跟徐而跟他?我说徐造大机器好多年了,车间为他腾出篮球场大的地,至今没竖起个影。我的回答招来秦一顿棒喝:车间北门的工作母机上,没见到正在加工的曲轴大毛坯吗?几吨重的滑块在外厂协作加工,你不知道?丁主任相中你,你不识抬举,"出师没几天,嘴上还没长毛,闲话不要乱讲八讲"。惊我一身汗。后来知道,秦和徐,不仅是一个村出来的"无锡帮",秦还只服他的"师弟徐","他在做大学毕业生不敢做也做不来的事"。那年代讲大学生,胜于今天褒博士后。

锻工车间是个惨烈战场。秦在我读大学前一年,倒在轰鸣灼热的750公斤大空气锤边,一瞬间的事。工友锻打时一个动作失误,碎裂的热锻件从锤台飞出,直插他要害处,一声没哼就倒下。追悼会那天,师弟徐哭师兄秦,那搥胸顿足的痛悔令周围人不忍:千吨机造得慢,来不及替换空气热锻锤,几十年一直贴心贴肺的师兄,竟先走了——便是他的罪。那年,正在调试的千吨机,修了坏,坏了修,补短板,填漏洞,热锻出来的轴承废品一堆堆。自然有刻薄的人说,徐花了厂里多少钱，造出来一坨超级废铜烂铁。

我离开时，千吨机依然在做最后批量生产前的冲刺，完美句号画不上。我进厂八年，第一次，大师傅徐紧握我的手，很用力地晃，"去读大学啊，好好好。你是翔鹰，我们是工厂一辈子的大老粗。"握我的手满是厚茧——他就要年过半百了。叶在一边微微讪笑。他不听我劝，在反复权衡后，决定不参加恢复高考后的考试（上海中学毕业的他文理基础都在我之上），说："我要陪他做完千吨机。""他"就是用狠劲握我手的人。那一刻，他是胜利者。他不止一次对其他人宣示：矮矬娴静的叶是他身上"连着筋的肉"，一言一行，心领神会；谁也抢不走，他们彼此不分离。

我在走之前，还参加了车间最后一个会，车间主任丁，代表厂领导，奖励了徐一张九英寸黑白电视机购买证，以此激励千吨机"去夺取最后的胜利"。一阵稀落掌声响起。

过去的日子，照见我曾经的浅薄；长长的历史，可以佐证和认定一件事的价值。我几十年后回工厂，才发现，那千吨机，历一代复一代岁月后，依然精神抖擞在服役，工厂的大号轴承由它包打天下：柴油机轴承，铁路轴承，风电轴承，特大型轴承。

"活化石"级别的千吨机，轰隆轰隆响亮了几十年。

机器在，但离去的已远去，留下一堆感怀和沧桑。

三十多年后的今天，我除实地探望了这台千吨机外，还去探望了个女人——造千吨机的人已不在了，他女人在。当年我要离开时，已盛传这段不被所有人看好的爱情故事，说大师傅徐，事业不顺却情场得意。他要娶的女人，小他十四岁——当年阿琴是个靓丽女人，车间整料班班长，三十八岁，要嫁这个年过半百的男人。他们都二婚。阿琴把家里煮的红烧肉洋葱炒鳝丝,带到厂,在千吨机旁的攻关小屋,匀出菜给老徐吃,他嗷嗷叫好。据说,阿琴前一个男人,是个不干活的花花公子,后来她找人的条件,就是"闷头干活的聪明人"。她听别人讲徐的坏话就来气——便是另一种的情人眼里出西施。

三十多年过去,阿琴已成一个瘦小佝偻的女人,但红红的脸上尚留韵味。阿琴说,老徐能把一台大机器整出来,她则听不懂一句造机器的话,但这绝不影响他们下半辈子的夫妻浓情。大师傅徐四年前离开她时,不届人瑞,也得米寿。再忆及十年前,即将从厂里退休的叶来电,说千吨机已迁徙落户到金山,厂领导恭请他们去做"最后探望",老徐一口回绝:不见,见了要想起自己一个村的好师兄秦——人老了,禁不住睹物思人。叶怏怏,遂不再联系。令人很痛的巧合,则是叶也在徐离世那年,一场突如其来凶猛的病,摧其早逝。一对师徒,两个功臣,不一样的年龄,携手同逝。至于我,也曾渴望找叶话旧,听他鼓吹千吨机在我离厂后的辉煌和骄傲,却是永远不能了。

那日,阿琴将一本四年前老徐追悼会上的签到簿翻出,一页页给我看,上有一行黑黑楷书:"留得丹心照汗青"。说徐很小时读过私塾,很喜欢这句,远行前,他吃力地一笔一笔写下这几字。她后来就把这句话,挂在他的遗像上方。

而据我所知,莫说青史不留名,就是厂史,也未有徐的姓。

但千吨机,很争气地,还在不息地轰隆轰隆转。

一种肃穆,一种沉重的感恩,从心底油然升起。

南帆
老不老是心里的事

田径场的塑胶跑道上,晚间散步的人群络绎不绝。舆论已经深入人心:走路有助于祛除百病,气血旺盛。篮球场的奔跑与冲撞必须有一副强壮的躯体,柔若无骨的瑜伽要求富有弹性的四肢。走路是普及版的锻炼,不存在任何技术难度。为什么田径场的跑步规定为逆时针?通常的解释是,心脏居于左边,身体的重心偏左;同时,人们的左腿更为有力,跑步左拐不易摔倒。然而,晚间散步是不是可以有另外的观点?我固执地认为,逆时针行走犹如把时钟往回拨——顽强地把耗去的生命一分钟一分钟地拨回来。

耗去的生命堆积成了年纪。一把年纪的人,时间藏匿在生命的哪些地方?成熟了,安详了,知天命的年纪换得了一副坦然的神情。当然,还有皱纹、白发和日益肥胖的身躯,岁月是一把杀猪刀。不过,这些标记有时也会出差错。我时常弄错欧洲男人的年纪。三十岁到六十岁,他们仿佛都是相差无几的模样,然后在某一天突然两颊下垂,皮肤松弛得如同太大的外套,变魔术一般地成为一个老头。我觉得欧洲人也看不出我们年纪。一个欧洲教授询问我身边的老乡几岁了?那个家伙吊儿郎当地说他二十岁。周围的人忍不住掩嘴而笑,一个四十来岁的大叔还能装成额头光洁的小伙子?可是,欧洲教授严肃地点了点头,信以为真。他们看来,亚洲人的相貌似乎没有什么区别。根据相貌的哪些特征解读一个人的年纪?眼神?皮肤?动作敏捷与否?说话口吻?我的猜想是,不同民族的敏感部位或许不那么一致。

一把年纪未必就是垂垂老矣:不拿拐杖,走楼梯的时候拒绝搀扶,面不改色地喝一杯烈酒,与年轻的女子开一个无伤大雅的小玩笑——如若身为女子,挺拔的身姿与轻盈的步态是甩下衰老的标记,必要时可以与年轻人斗一段广场舞,咬牙忍住肩周炎的剧痛和膝盖的颤抖。年纪多少依据的是出生档案的记载,客观而确凿;老不老是心里的事,不服气就算不上老。

一把年纪了还算不上老,不是亏了吗?另一些人愿意尽快领到了"老"的牌照。老是资格,是威望,有时是耍赖的基础,例如倚老卖老。背起手来,腆起肚子踱方步,放慢说话的腔调,任意加标点符号断句。喜怒不形于色,高深莫测地轻笑一声把脸转开,让他们揣摩去;要么用鼻孔哼一下,毫不客气地表示不屑——满脸皱纹难道还兑换不到教训人的口气吗?即使没有什么显赫的业绩,一把年纪真实地摆在那儿,对方再大的本事也赶不上。有时与子女斗气,那些曾经耳提面命的家伙远比外人放肆。如果辩论的声音越来越大,经典的一招是心脏病发作——没有多少子女敢于领取道德风险如此之大的口头胜利。

意大利哲学家阿甘本谈到一个有趣的观点:一个人既置入自己的时代,又适度地与时代脱钩——这种人更具有时代性。保持一些距离可能更为完整地认识时代的整体。我觉得,这种观点似乎更适合一些老者。年轻的时候必须深入时代的每一个缝隙,目不转睛,扑上去捕获种种一闪而过的机遇,他们甚至没有喘一口气的闲暇,也没有心情评判自己的生活。老境将至,渐渐地从忙碌的轨道滑出来,人们开始滋生一些反躬自问念头。反省上半辈子的成败得失,无形之中包含了反省自己置身的时代。然而,另一些人可能觉得多此一举。老境将至,还不能留一些时间给自己吗?他们微微一笑,决定抛下自以为是的精英主义观念。年轻人的世界交还年轻人管理,退休就是退后一步,专心休息。心头无事一床宽,睡觉的时候可以放声打呼噜。醒来之后,悠闲地喝几口茶,翻若干闲书,种一些不知名的花,招呼几个老友打麻将。

  无论多么低调的人,一把年纪总是自尊的资本。譬如,我们多半愿意援引长者的观点,很少复述后生的思想作为佐证。"一个年轻人曾经指出……"谁肯对年轻人如此毕恭毕敬?"痴长几岁"只是老派的客气话,心里想说的是"我过的桥比你走的路还多"。经验就是资本,老人家当然可以摆开架势训一训年轻人。然而,一个麻烦的问题是,遇到历史上的先哲怎么办?鲁迅五十六岁逝世,王国维才活了五十岁就自沉于颐和园昆明湖。后人的寿命往往长得多。不知不觉到了六十岁,还好意思引用他们的言论作为思想的指南或者学术依据吗?事实上,这种情况比比皆是。杜甫的寿命是五十八岁,王羲之也是五十八岁,曹雪芹四十八岁就溘然长逝。英国的浪漫主义诗人拜伦不过活了三十六岁,雪莱才三十岁。似乎没有多少人关注这些显赫的名字配置了多长的寿命。"人生自古谁无死,留取丹心照汗青",历史剔除了种种琐碎的情节而仅仅留下耀眼的伟业。进入先贤祠的大人物可以抛开年纪以及辈分这些世俗秩序。他们跳出了岁月铺设的阶梯而获得了俯视众生的资格,高高在上,年长者躬身请教也没有什么可羞愧。

当然,先贤祠的入场券极为稀罕,绝大多数人无缘问津。凡夫俗子,一把年纪的时候已经迟钝木讷。或许可以区分一个人的身体年龄与精神年龄。先贤祠里的大人物往往拥有超长的精神年龄,以至于可以跨越自己的时代与未来的历史持续对话;相反,凡夫俗子的精神年龄远不如身体年龄。许多人早早关闭了与世界对话的思想通道,六十岁的身体可能只有四十岁的精神积累。当然,他们不可能察觉与承认内心的贫乏,而是热衷于依赖年纪争取权威——这时的皱纹与白发产生了实际的意义。"有些人活着,他已经死了;有些人死了,他还活着。"这句诗的后半句称赞的是鲁迅,前半句并非没有对象。

有趣的是,一些著名的运动员年纪轻轻已经功成名就。种种冠军头衔的簇拥之下,他们豪迈地登上了人生的顶峰,青史留名。如同诸多先哲,晋升为偶像的时候,他们的年纪被忽略了——没有人觉得异常:他们的不凡成就来得如此之早。不同于先哲的是,领取了巨大的荣誉之后,他们的生活并未移入先贤祠,凝固为历史陈迹。相反,他们仍然活在大众之中,也要打点柴米油盐这些日常琐事,并且和大众一起慢慢变老。这时,他们终于显出了具体的年纪,显出了松弛的肌肤与日益笨重的身躯。不过,大众多半没有兴趣理会这种平庸的形象。提到那些众所周知的名字,大众只会想起他们赛场上生龙活虎的身姿。他们的老迈之年仿佛是另一个人。

刘摩诃

誉儿与责子

友人陶老有誉儿癖,另一友人老徐则好责其子。

陶老誉儿,并非常人那样,夸耀儿子入了哪所名校,考试得了几分,竞赛得了几名,乐器过了几级,外语会了几门。如此炫耀,究其实是在展示自己的钱柜。可陶老没钱,也不以寻常胜负为意。每每高兴且"炫耀"的,是儿子出今入古,提出刁钻的问题,难倒了老父亲。小朋友痴迷围棋,陶老便写诗,教诲儿子"长气要如人养气,偏师大可敌雄师。宁从失处争先着,莫为收官便乱吹"。他人以为这是教子,我却知他实是誉儿。从前杜甫夸幼子宗武"问知人客姓,诵得老夫诗"(《遣兴》),又谆谆诲以"诗是吾家事","精熟《文选》理"(《宗武生日》),诲之即夸之,以其能传衣钵也。陶老也是诗人,心事自可例而推之。又小陶孩提时,一如其他小孩,爱在纸上乱涂乱画,有时丹黄盈纸,有时只是一线缭绕,皆旋即弃去,毫不可惜。陶老因此作偈子,谓秋风摧折草木,全无怜惜,可见造化成毁世界,只如小儿一般。比造化于己子,那陶老岂非造化的爸爸？当时看到此诗,我不由得赞叹,陶老陶老,棋高一着啊。

老徐却是责子派。日常埋汰"犬子",是他工作的一部分。同样是下棋,他说:"上午陪小徐下了两局象棋,爷俩不欢而散……"他替奶奶告乏:"小徐打电话打得连奶奶都听得不耐烦了……"他嘲笑儿子不识字:"小徐拱进书房,看到摊开的地图集,念道:滚州、豫州、扬州……"嘲弄儿子的成绩:"看到班级群公布的成绩信息,竟然还有考得比小徐差的,某人乐坏了……"他也记录儿子的反击:"独坐客厅,听着外面的雨声,喝酒发呆。屋里传来小徐的声音:你别看爸爸整天把论文摆在电脑上,也没看他写几个字……""在书房正准备看几页书,他拱过来说:'爸,等有时间我教你练练书法哈！'小徐大师昨天才去上了第一节书法课……""昨天指导小徐语文,修改之前作业中的错误。今天,接他回来,说是改了也没改对。俺抱怨说这答案应该没问题,不一定非用那个'标准答案'。小徐叹气曰:你还是面对现实吧……"

老徐不写诗,但喝酒的嗜好跟陶潜是一样的。陶公正好写过一首《责子》诗,"抱怨"五个儿子又懒又笨,只知道玩。黄庭坚评说:"想见其人岂弟慈祥,戏谑可观也。"清人温汝能却批评黄涪翁"强作解人",以为这是陶前县令"无可如何"之辞(语见《陶诗汇评》卷三)。看来温汝能缺一个陶老这样的父亲,也没有老徐这样的朋友,与陶渊明大有隔膜。

我喜欢陶、徐二位"小世兄"。在这个乏味的世界上,他们生长得很生动,因为他们生长的方向是心性的宽广。某次去陶老家聊天,见到小陶正奋起"金箍棒",要与爸爸对打。不久陶老戏做"新年规划",其中一条云"戒打儿子"。不知道他人什么反应,我脑海中的画面不是贾政狠狠打宝玉,而是李靖苦苦斗哪吒。而且陶老有一首《书〈西游记〉后》诗,其中写道:"我于古通德,所最爱者菩提师。既授弟子七十二般变,又以筋斗云终之。其意盖云打不过即跑也,何必抵死妆脸皮。天地多妖魔,斗战不胜亦有时。肥遁十万八千里,毫发无损谁能追?见道贵解脱,困守无乃痴。彼未数数然,何如此老神动而天随。"想来小陶世兄早得其父真传,倘有"斗战不胜"的时候,必是早早肥遁,安会困待老拳?俄罗斯诗人莱蒙托夫曾经写诗祝福友人新出生的孩子:"愿他的心性是和平宁静,/又能坚持真理,像天使海鲁文";"愿他勇敢而大胆地正视/虚伪的荣华、人世虚伪的名声";"愿他能拔出人世的泥淖,/心灵依然纯洁,胸襟依然无损!"(余振译)这也是我对小陶、小徐两位小朋友的祝福和期待。

  我也认识别的一些小朋友,对他们,往往可怜多于喜欢。大概因为他们的父母炫耀他们却不懂得赞誉他们,居高临下批评他们而非朋友一般与他们相戏谑。一百零一年前,鲁迅先生发表了《我们怎样做父亲》,他说,先觉醒的人当"各自解放了自己的孩子。自己背着因袭的重担,肩住了黑暗的闸门,放他们到宽阔光明的地方去;此后幸福的度日,合理的做人"。一百零一年过去了,"幸福的度日,合理的做人"的中国人变多了吗?也许吧。至少在我认识的不多的小朋友中,像小陶、小徐那样的也还有那么一两位,比例似乎不低。只是,我有点怀疑鲁迅先生所言父母当"肩住了黑暗的闸门"这一说法。这样的人物,大概是不会要孩子的。而父母为了孩子肩扛重压深感痛苦,孩子会快乐吗?陶老与老徐,他们与人世固然有许多龃龉不合,却又都有一种游戏人间的心态,这才是孩子们快乐的原因吧。

对了,老徐的公子大名"一芥",这是我起的。取义于《维摩诘所说经》"以须弥之高广内芥子中无所增减",即一颗小小的草籽中藏得下三千大千世界。我虽微小,我心却广大无垠。对徐、陶两位小世兄的心量,我是很有信心的。

何频

荆浩蔡树　韩愈橡木

立春还未开春,灯节才罢,我们一行人过河而北,走京港澳高速北行,复进山上山,入大山深处,——踏残雪,于太行洪谷山里参拜五代大画家荆浩。荆浩是济源人,旧属河内。而太行山西起济源,蔓延过河内,在新乡、卫辉掉头向北,至林州出南太行入冀。这一段数百里路,巍巍南太行的走向,我习惯说它大致是个芭蕉扇或牛轭形状。

太行分表里,外太行浅丘拱卫属豫,里太行重峦叠嶂峰顶为晋,山峰为界。旧时道路,山之上,北魏南下洛阳,约略沿着现在的二广高速走,——经由太原、长治、晋城、济源而洛阳。反之,则是荆浩从济源翻山越岭而至林州洪谷山之路线。太行复杂,不止里外之分,且有浅山与高山不同。仁者乐山——今人游南太行,在河南地界穿行愚公故里、云台山、万仙山和黄华山、石板岩等系列景区,百转千回,走上趋下,常常头天夜宿"云深不知处",但翌日天明看山,山上山,直陡陡的还有山峰连环而高于天外。身临其境,又是一重坐井观天境界。那貌似桂林青山之山,一节一节向上,前人曰"栈"。一栈一层,层层植被不同。我们到达荆浩隐居处,面前路绝,抬头望高,头顶上是山西长治下辖的平顺地界。《画史》曰:"荆浩善为云中山顶,四面峻厚。"与此正合。

腊梅和迎春在山下开花。人走小道上山,山坡上松柏冬眠呈灰紫黄色,人工栽竹才略显青绿。植被多是枯叶满满、硬似披甲的麻栎类灌木,它们多而稠,麻密不分,很强势地掩住了黄荆、酸枣、老蒿和黄背草等等。情知我要发问,引路的王兴舟兄介绍说这是蔡树,姓蔡的蔡。第一次听说这个树名——蔡树不材,只配灶下烧火做饭,兴舟如是说。而蔡树即橡树。吴状元《植物名实图考》卷三十七,木类有"蔡木":"蔡木生山西五台山,志书载之。枝叶全类槲栎,疑即橡栗之属。"意犹未尽,吴状元又提及了同类之柞木:"柞新叶生,故叶落。坚忍之木,可为车轴。"夜里回到安阳,我在网上搜检一番,发现环太行山,京津冀晋豫连环,橡栎类里名叫蔡树者很普遍,是口头语。

孤陋寡闻的是我。

而我在吴状元老家大别山区长住过。1990年代后期,鄂豫皖交界之新县、光山、罗山和商城,每年早春组织群众在房前屋后山坡上嫁接板栗,母本就是这种冬叶不凋,春来新叶顶掉老叶之树,有灌木也有小乔木。不过,当地老表只叫它橡子而不叫蔡树,没人知道蔡树。大别山在江淮之间,山家过夏用粉荚打凉粉吃,和《芙蓉镇》里刘晓庆扮演的湘西女子卖米豆腐一样一样的,新县人用橡子面做凉粉,呼橡子豆腐。

我的老家紧靠焦作市区,属外太行。山地灌木以黄荆、酸枣、野皂角为主,不生橡栎之类。但,村头或坟地曾植栎为记,家乡人视为风水树！西村是乡政府所在地,村里有棵栎树很大,我上中学的时候,觉得大栎树下可以坐下学校的全部师生。《焦作植物志》记壳斗科橡栎多种,却无蔡树之称。而橡栎是个大家族,落叶树之外还有常青树种,分布全球。料不到,原本普普通通的橡栎之树,在岭南粤东大海边,缘韩愈而有了故事。

韩愈这位唐代的河内乡贤,远没有稍后的荆浩素气,儒林一直有争议的,但在潮州甚受尊崇。韩江,韩木,韩山,人到潮州皆称韩。临江之山风景如画,现在有潮州师范大学毗邻韩文公祠,楼台巍巍,气势不凡。那挂匾曰"百代文宗"的堂前,竖着一通"功不在禹下"的古老刻石,和苏东坡《潮州昌黎伯韩文公庙碑》等,极尽颂扬之词。此地曰"韩木",就是橡树。祠堂有个单元,独辟"橡园"植栎,系潮州八景之"韩祠橡木"。曾经,五月里看橡树开花情况,可知当年举子运气。韩木为韩文公手植,到了清朝乾隆年间而枯干。现在韩愈纪念馆,已经复原了"韩祠橡木"景观——

河南大学潮籍教授饶冠树伉俪闻讯后邮来橡木种子,试种成活,选其苗壮者一株植于祠前,虽成长缓慢但长势良好。该馆因规划于韩祠北面辟建"橡木园",于2012年赴韩愈故乡河南挑选橡木,精挑细选粗壮者三十余株,提前做好移植准备工作。又于2012年晚春,千里迢迢将树运回潮州入园,同年园区建成供游客参观。现"橡木园"建有观景平台,正中立国学大师饶宗颐先生手书的王大宝《韩木赞》巨幅竹简造型幕墙,橡木则种于后方山坡……整体景致优雅且文韵斐然。(曾楚楠编著《韩愈在潮州》)

橡栎开花,形状花期各有不同。花叶齐发如小叶栎,大别山明前采茶,栎树嫩叶片黄绿油亮,满头花穗纷纷扬扬,与新柳相映成趣,招摇似走街女子娉娉婷婷。板栗则五月里开花,先叶后花,柔荑花一簇一串鹅黄色。曰"迁西板栗"者,冀东遵化县清东陵一带遍地板栗。当地人应时采纷披之条状花穗且拾落花,拧成长长花辫子备夏天点火熏虫,一如它处之艾蒿火绳。《焦作植物志》记麻栎别名为橡树木,既然韩愈老先生是从中原带了树苗去粤东的,那么这种树——麻栎开花与板栗同步,此际叶绿花黄,缤纷满树颇可观。

橡栎可珍,为橡子可食。《庄子》说天地初开,兽多人少,人"昼食橡栗,夜栖树上"。橡子也曾充为军粮。《太平御览》引《云南记》:"广都县山栎木谓之诸葛木也。"诸葛亮曾用橡子以济军粮。明代《救荒本草》,周王的采集范围包括伏牛山和南太行,他列举橡栎类树木三种,分别是第268食叶之青冈树,和289、300食果之橡子树及石冈橡。且曰:"其木大而结橡斗者为橡栎,小而不结橡斗者为青冈。"

橡栎不仅宜于救荒,还因为木质坚硬,橡栎、槲栎、青冈、苦槠、柞木等等,皆为家具和建筑有用良材。秋冬可以观叶——枫叶、黄栌和槲树,乃三大红叶品种。

古河内明星闪耀,连绵有荆浩韩愈李商隐。荆浩祠墓,在济源五龙口镇之谷堆头村。韩愈祠墓被列为全国重点文物保护单位的,在孟州西虢镇的韩庄村。虽为豫籍,但韩愈一生与粤有缘,曾三次抵粤。少年韩愈,十岁曾随长兄到过韶州即今日韶关。三十五岁,因一篇《论天旱人饥状》,被贬官广东阳山为令。五十二岁触龙鳞惹泼天大祸——因为著名的《谏迎佛骨表》,被贬在潮州为刺史。这一贬,他为政潮州七个月时间,"功不在禹下",培育滋养了岭南文脉,成为中原文明和儒家文化深入粤东的一个符号。因贬官情结而惺惺相惜,东坡赞韩愈"文起八代之衰"。东坡先生又曰:"公之神在天下者,如水之在地中，无所往而不在也。而潮人独信之深，思之至焄蒿凄怆，若或见之。譬如凿井得泉，而曰水专在是，岂理也哉？"

潮州念韩文公有四大作为——驱鳄除害，关心农桑，赎放奴婢，延师兴学。因此，植物搭车，不仅橡栎杂树因韩愈而荣，令人惊掉下巴的是，当地还传说"插薯苗的故事"，说韩愈路遇老妪，手把手教她栽种甘薯。分明明清之际，甘薯、玉米、土豆才至中国。情形相似的还有内蒙古呼和浩特之昭君墓，现在扩大为昭君文化研究院了，其中赫然陈列着玉米穗玉米种子，牧民相信是王昭君老早就将救命玉米带到了塞外大青山下。

诸如此类，硬用农业考古的现代指标来指责之，那就没意思了，令人败兴而索然无味。你看人家杨万里，不仅咏西湖，"接天莲叶无穷碧，映日荷花别样红"，并且早早前来拜谒韩文公，即兴作《题韩亭韩木二绝》，其一云：

笑为先生一问天，身前身后两般看。
亭前树子关何事，也得天公赐姓韩。

庚子霜降赏红叶之前，2020年10月20日于甘草居

第五辑

韩天衡
髪老印事

先说句大话也是实话,谈中国绘画,绕不过二十世纪的海派艺术。而谈到海派艺术,又绕不过作为海上画派代表人物、个性独造的程十髪先生。但是很多人并不知道,程十髪先生不仅会刻印,而且刻得极有个性和艺心。他名程潼,1938年在上海美专读书时,老师李仲乾为他取字"十髪"。《说文解字》称:十髪为程,十程为分,十分为寸。"髪"就是头发丝粗细的一个咪咪小的计量单位,取这个字对髪老似乎有大才宜自谦的期许。

画家刻印在历史上并不新鲜,从明代流派印章开始崛起,画家就始终是篆刻领域的一支重要力量。晚明"画中九友"之一的嘉定李流芳,他的印就刻得很好。清代初期的垢道人——程邃,他是影响了有清一代的篆刻高手。还有金农、高凤翰,也都精于刻印。到了近现代,绘画大师们大多擅长篆刻,比如吴让之、赵之谦、吴昌硕、齐白石、黄宾虹……这些大师不仅印刻得好,其中有一些最初还是以印立身、以印成名的。至于现当代画家,像傅抱石、张大壮、陆俨少、唐云等,也都会篆刻。髪老同样对篆刻颇为熟稔,但由于高度近视,他较早地放下了刻刀,把精力主要集中于书画。对近现代的大书画家而言,金石篆刻对他们书画创作的滋养,是非常重要、不容忽视的。大师们往往集诗书画印诸艺于一身,倘若书法家只重书法,画家专攻画画,诗人只是写诗,篆刻家只事刻印,单打一,未免路太狭窄。我历来主张艺术领域品类之间,要打通"马蜂窝"左邻右舍的蜂穴,触类旁通,扩容互补,令其产生"一加三大于四"的复合性的化学效应。

髪老所刻的印作,现在能看到的印也就二三十方,数量不多,因为他主要是自刻、自娱、自用,或者偶尔刻给非常亲近的朋友。髪老的印风,我们很难给它归类。它既非周秦古玺,也非浙派皖派,他的印没有这种疆界。他是以绘画的技法、章法,以及他对书法的独特认识,融入他的篆刻当中。所以他的印风,非秦非汉非明清,讲空间感,讲音律感,讲灵性,讲随意生发,无拘无束,才气迸发,新奇耐看,经得起咀嚼。髪老的印,无论是篆法、章法还是刀法,都和他的画风一样,有自己的排古、排他而存乎己意的特点。当然他年轻的时候也刻苦钻研,学习吸收了古典篆刻的优秀传统。他是天分特别高的人,学到的东西能够立竿见影,咀嚼、消化、吸收、演绎生发一条龙,所以他的印自然天成地出人意料,别具一格,令我辈印人羡慕到气短(图一、二、三)。随着画名的显赫和求画者如云,髪老在五十岁以后将这类雕虫小技之事,也就托付给我了,今天想来犹觉荣幸。

髪老刻印化古为今、推陈出新,自成家法,诚是"恨二王无臣法"的一类,这跟他的艺术理念有很大的关系。他经常对我讲,"谁不学王羲之,我就投他一票"。王羲之是书法艺术的一座高峰,但右军有一个

图一 髮（原大 2.4 cm）

图二 程十髮审定书画之印（原大 3.0 cm）

图三 十髮鉴古（原大 2.3 cm）

图四 程十髮印（原大 4.3 cm）

图五 岂有此例（原大 4.3 cm）

图六 十髮减笔（原大 3.8 cm）

就够了，再生的都属复制。髪老曾叫我刻过一方印，文为"古今中外法"。搞艺术不分古今中外，不论中餐西餐，酸甜苦辣，好吃的都要吃。这是髪老不守旧、不信邪的理念，不仅表现在他的篆刻上，也表现在他的连环画和国画、书法上，诚属一干多枝，繁花勃发。

值得记述的是，二十世纪的大书画家都特别讲究印章。不管是吴昌硕、齐白石，还是后来的刘海粟、张大千、李可染、陆俨少、谢稚柳、唐云、程十髪，老一辈的画家，即便自己不刻印，用印都非常讲究，印章一定要用一流的，也讲究钤印的布位和上佳的印泥。上世纪七十年代中期，我有幸受到南北一些大师的错爱，嘱我为他们刻印。怎样在篆刻中既表达自己的风格，又与他们作品的风格相统一，始终是我思考、琢磨的课题。这宛如给一件名牌服装配纽扣，虽然面积不及服装的千分之一，却同样的重要，务必随机应变，浑为一体。如为李可染先生刻印，我表现的是凝重；为刘海粟先生刻印，我表现的是滞重；为陆俨少先生刻印，我表现为灵动之重，这之间是有微妙差别的。为谢稚柳老师刻印，我追求的是清逸；为刘旦宅先生刻印，我讲求的是娟秀；给唐云先生刻印，就要表现他巧七拙三的才情。相应的，给髪老刻印，就要讲究自在奇崛的章法、篆法和用刀（图四）。总之，必须做到画、印神洽情融。倘若将陈巨来的印钤在吴昌硕的画上，或是吴昌硕的印用在张大千的画上，虽然都是大家之作，但凑在一起未必锦上添花。其实，在上世纪七十年代初，髪老独特画风形成前也使用过一些名印人的印章，之后则束之高阁了。这也许正是如我所言，是注意到了"服装"与"纽扣"匹配得体的道理。印章和书画要讲顾盼生情，添彩增色，所谓违则相冲，合则双美。同时，我这样的求索，也确保自己的印风不被陈式所囿，不为惯性拖累，而大胆地去做清新而多元的尝试。

髪老成名非常早,喜欢髪老的画的人多,往往也有好的印石送他,髪老就令我篆刻。这样我给髪老前后刻印甚多,其中有一些,他在世的时候就已不在画案上了,一些在他过世以后出现在拍卖行里。这次程十髪艺术馆的展览里,我刻的印仅四十来方,不免为之怅然。

上世纪九十年代,画院有位画家跟我说,人家有一方你刻给髪老的"云间"印要出售。髪老是松江人,松江古称云间、华亭。云间蛮有诗意的,所以髪老也常用"云间"这方小印。那位画家打了个印蜕给我看,确实是我刻的。我转身就去问:"髪老,你这个印章怎么丢了?"他意外地说:"唉,多啦多啦……"我给髪老刻印,从1972年相识一直到他晚年,前后三十年,不会少于八十方,这里面有很多上好的印材,刻来叩石生韵、心手双畅,美妙的石头是会唱歌的。

髪老懂印,对印的内容也重视、讲究。他经常以印明志,以印载道,通过印章来表达自己的艺术理想和追求。比如他叫我刻过两方"大象"押角大章。这在他七八十年代的画上经常钤盖,现在也遗失了。我跟髪老接触近四十年,尽管他有那么高的名望,但他是一个非常谦逊的人,我从没听到他自许过自己的字画。刻"大象"印章,是"大象无形"成语略去了"无形"两字。的确,若径用"大象无形"四字,就多了自夸的成分。他追求的不是别人那种直白的豪气满怀,而是低吟浅酌、恰到好处的表达。在画上钤盖"大象"两字,追求和体现了去形求神、包罗万象、技进乎道的境界。

髪老还叫我刻过一方"岂有此例"(图五)。这四个字,刚好反映了他在书画创作上追求古人没有先例的风格,和超脱古人成法、突破古人藩篱的理念。所以这个"岂有此例"是很有深意的。

他叫我刻过一方"画匠十髪"。髪老曾到云南跟瑶族等少数民族长期生活,从民间艺术里吸取了很多新鲜的营养,他感觉到文人必须要走出书斋接触地气。以往文人最忌讳的一个是俗气,一个是匠气。髪老偏偏叫我刻"画匠十髪"。他的画好在有"仙气"无"匠气"的"岂有此例"。他善于做加法和乘法,画求繁,繁到化一为百,化千为万;他也擅长做减法做除法,删尽枝蔓,万法归一。

1985年我跟随他去普陀山采风期间,他只用几根线条就神奇地画了一张达摩。一个大的"C"下面加一横,然后,用细笔很简单地拉几笔,一个栩栩如生的人物即跃于纸上,堪称以一当百,出神入化(见下图)。后来在展览会上,那些画人物的画家都对之叹为观止。髪老这般的本事,可说是梁楷以后一人了。他曾嘱我刻过一方印章,印文为"十髪减笔"(图六)。如上述的《达摩图》,用很概括的几根线条去浓缩呈现万千气象的物事,就是生动的诠释。还有像"一笔定三生""三釜书屋"等印章,都承载了他的一种超迈寻常的思想寄托。

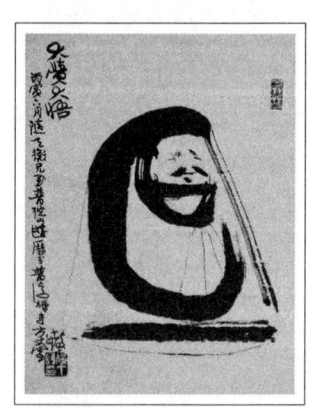

达摩图

十髦先生非常幽默，但他绝非插科打诨，他的幽默是信手拈来，且有深度的。十髦先生为人厚道、大度，同时他又是一个非常敏锐、谨慎的人。有人刻图章送给他，我有次去他府上时，他就拿印章给我看。他说："天衡，你知道它这里有啥花头吗？"我不解。他说："这方印章送给我之前，料想他已经在空白宣纸上钤盖几十份了。我只要用过这方章，他做假画，就有了旁证，说这方印章是程十髦在画上用过的，画不会假。"他在这方面有着高度的警惕性。髦老用谁的印，一定是对这个人信得过的。印者信也，是辨伪鉴真的重要一环，马虎不得。从上世纪八十年代开始，假冒程十髦先生的画就海内外满天飞了，他谨慎使用别人给他刻的印是可以理解的。

髦老还是一个爱石的人。石跟印的差别就在于前者要讲究印材，后者是讲究印艺。他喜欢印石，对石头也很有感情。1988年我们带领上海中国画院的中青年画家到苏州西山，给上海总工会疗养所创作一些公益性的书画。因为程先生和我有共同的爱好，喜欢收集字画古董，我们经常一起逛古董店。那次，我俩就抽闲逛了苏州文物商店，在二楼，看到锁橱里面放着两块田黄石。说来也巧，店员问我："你是上海的韩先生吧，我是这里的销售主任，叫韩信。"我随即跟他介绍了程十髦先生，并请他取出那两块田黄石上手一观。一块是方的，至少有四两；还有一块小的，一两多，没标价，两块田黄都是"开门"的，正宗的。我问韩主任什么价位，他就进去翻本子，然后讲，韩先生如果喜欢，按照进价加百分之二十给你，大的4 500元，小的1 800元。我知道这纯属友情价，当即表示这两方都要了，不巧的是偏偏没带现钱。6 300元在当时算是巨款了，谁知韩主任爽快地说，韩先生你先拿去，下次再来付钱。踏破铁鞋无觅处，得来全不费工夫，真是缘分噢！两石在手，我转身把大的递给了髪老，"你拿大的，我拿小的"。然后我们就满怀喜悦地赶到了西山的疗养院。我们两个人的房间相邻。老先生晚上吃过晚饭，门半掩着，我就推门而入。房间里的台灯灯光是黄色的，光线比较暗，只见老先生摘掉眼镜，正把那方田黄贴着鼻尖，放在眼前，上下左右地细细盘玩着，足见老先生好生喜欢。

我从上世纪七十年代初即呼程十髪先生为"髪老"。上海话里"髪老"和"弗老"谐音，寓意永远不老。后来，人们都尊呼他"髪老"了。他的艺术才华，他的幽默风趣，他为人的洁身自爱，在我心里的确是永远不老。在即将迎来髪老百年诞辰之际，程十髪艺术馆别出心裁地举办《山花烂漫——程十髪用印展》，其中也展示了海上前辈王个簃、钱瘦铁、来楚生、陈巨来、方去疾、叶露园等篆刻大家为髪老刻的佳作。老辈风流，睹印生情，正是有了这批印格迥异、各领风骚的前辈的引领，上海的篆刻至今依旧是全国的一个重镇。故作此文，缅怀髪老，也向髪老和印坛的师辈，致以深深的敬意。

2020年6月21日于豆庐

韩天衡
六字赠言抵万金

老来缅怀师尊,往事如朝花夕拾,有些记忆虽已遥远,但自有一种历久弥新的芬芳,还兼有一层挟裹着古苍包浆的亮丽。

我与李可染先生最早的"接触"始自一篇笔记。1964年,东海舰队的一位战友,是一位画家,曾到中央美院进修,听过李可染先生讲课并做有笔记。我就向他借来阅读。笔记的内容是谈绘画,其中记有李可染先生的两句话——其实是两个比喻——给我留下深刻印象。第一个比喻是,搞艺术的人对待艺术,一定要像"狮子搏象",让我懂得,对每个从事艺术的人而言,艺术都是穷其一生努力的大事业,投身艺术就是进入"与虎谋皮"的搏斗场。第二个比喻是,搞艺术不能"撇油花",一锅大汤,油花浮在表面,真材实料往往都沉淀在下面,所以不能只是以撇点表面的油花而满足。前者是说一个人要有以弱搏强,向死求生的顽强刚烈的拼搏精神,才能有所成绩,赢得战果;后者告诫我们不管学什么,不能浅尝辄止,浮于表象,要知道最美的景色都在白云生处,在蓝海深处,务必沉潜,再沉潜。战友记下的李可染先生的这篇课堂笔记给予我太多启发,对我一生都有非常大的影响。当时我还恭敬地抄录了一份,如今,抄件不知去向,而要义却一直镌刻在我的心里。

我跟李可染先生初识是在1978年。当时我的老师谢稚柳以及陆俨少先生、可染老都应邀在外交部的台基厂招待所作画,那是北京中心城区一个非常高雅、静谧的场所。这是我与可染老的第一次见面,长我三十三岁的可染老给我的印象是体格魁梧、壮伟、敦实,一如其画。而他的谈吐平和且温馨,全无"大师"的威严和世故。作为后生的我,与他的交谈也就少了仰视和顾忌。寒暄以后,李可染先生就提出让我为他刻印,印石没有当场给我,而是后来托人捎来上海的,都是青田石,石质也蛮好的,刻起来得心应手。我给可染老前后刻过四五批的印章,大概有二十多方。在每一枚要刻的印章的边侧,他都用宣纸裁成小方块,然后端正地以毛笔小楷写上要刻的印文,粘在印石上,以防石头搞错、文字刻错,很郑重其事。见微知著,知道了他是一位非常严谨、处事缜密、一丝不苟的艺术家。若干年后,我在抽屉里还搜找出一些豆腐干大小的方块小纸墨迹,我把它们粘在一张大宣纸上,写上题记,送给了儿子,这也是一件很有趣的记录。

我给可染老刻的第一批印,其中有他自撰的名句"可贵者胆""所要者魂"等。随即就收到了他写来的信,是寄到上海中国画院的。可染老亲笔的信封,信是用蝇头小字写的。信中称:"寄印章钤样三方,极佳。圆厚生动,结构不凡,将为拙画增加胜色,实不胜欣喜,感谢之至";"我因见此佳作,另生无餍要求,拟请再赐刻三印"。对可染老的肯定,我深感有知遇之恩。他前后写过三封蝇头小字的信给我,你想,这要耗费他多少宝贵的时间和精力?我曾看过他女儿写的一篇文章,提到他父亲是不给别人写信的。看了那篇文章后,我更加感到李可染先生写给我的这三封信是何等的珍贵。

　　因为可染老对我印的赏识,每次到北京和他见面都感到非常亲切,处于一种没有距离、隔膜和代沟的忘年交状态。他对我这个后生不端长辈的架子,而我对他在敬重之余,更是谈吐随性、毫无拘束。记得有一次去北京看望可染老,他拿出三方印石对我讲:"天衡啊,有三方印要请你刻","别带回去,就在这里刻好了"。我那时候年轻,三十多岁,我的刻刀——"三寸铁"是随身走天涯的。想来非常有趣的是,那时候坐飞机坐火车都没有安检,刻刀放在口袋里也没人查。其实,规矩是人定的,是因社会环境而设置的。我曾经听老辈讲,在上世纪三四十年代,坐飞机者还获送一柄瑞士小刀。现在我们都知道乘飞机要禁烟,而在上世纪六七十年代,每个飞机乘客都可以分发到一包中华牌香烟。所谓此一时彼一时,时代在变,规章也在变。我那把刻刀不离身,不为防身,是为了就地"服务"。不论跑到哪里,经常有师友对我说:"啊呀天衡,刻方印!"有些时候缺椅少凳,就站着刻,对方立等可取。我年轻的时候刻印,构思、创作不写稿子,印石涂墨拿起刀就刻,就如在纸上写字一般,无非是把篆字反刻而已。可染老可能听别人说起过,所以跟我讲别带回去刻了,于是我有幸在可染老的画案上,刻了两方白文"可染"和一方朱文"李",我注意到可染先生晚年的画上多钤用这两方"可染"。三方印刻完也就大约十分钟。可染老和师母都饶有兴致地看着我奏刀。刻毕,师母惊讶地说:"天衡,你刻印这样快的呀!"此时不知深浅的我,对着师母说:"师母,别看我刻得那么快,我刻印的时候,刀端始终有阻力在,既要爽,又要涩,有阻力的线条才能有张力、有厚度。"那时候少不更事,话多,加之蒙可染老一贯的宽容和厚爱,所以说话少了分寸。我又转而对着可染老讲:"打个比方,把一根缆绳搁在球场上,它只是一根没生命无活力的线条。但当两支队伍拔河,相背的两股力量都在拉这根缆绳的时候,这根线条就倏地充满了一种对垒搏击的神奇力量。刻印就需要这样的线条。"年轻气躁、学不会笨的我又接着胡侃:"再比如我们爬山,远观山间有一条长长的瀑布,如果水流直贯而下,中间一无阻碍,看上去就好似一条天际间飘浮的白练。如果瀑布中间有几块嶙峋凸出的岩石,倾泻而下的水流撞击到岩石就会高高跃起,继而奔涌急下,就更能给人一种震撼的力感。阻力往往赋予线条以鲜活、激越的生命。"说完这些我立马后悔,这不是在关公面前要大刀吗?就在我自责浅薄幼稚的当口,可染先生却说:"天衡啊,你说得好,我们俩可是'英雄所见略同'啊!"这句话让我忐忑的心绪一下子平缓了下来,同时有些惊讶于他脱口而出的"英雄所见略同"。就我所知,可染老一生唯与艺术对弈争胜,而为人处世始终低调谦逊。在他的言语词典里,似乎是找不到这稍显自许的表白的呀。

在师辈的国画家里,一辈子创作量最少的当数李可染先生。据统计,他一生所作就一千多幅,或有繁有简,那点画都是九九金的成色。可见他对待艺术的虔诚,在创作上绝不应酬,绝不草率。记得陆俨少先生和许多画家在台基厂为外交部搞创作时,陆先生画了一张《两寺松桧图》手卷留赠给我。"两寺"是指潭柘寺和戒台寺,潭柘寺有近两千年的历史,谚称:"先有潭柘寺,后有北京城。"它也是乾隆帝的一座皇家寺院,乾隆每年都会去礼佛。我把画拿给李可染先生过目,称赞陆俨少先生这幅《两寺松桧图》是精品,可染老也说,"画得好极了!"我就恳请他为我书写引首。过了几天,我再去拜见可染老,他取出写好的两张,要我自己挑一张喜欢的。我把挑好的一张拿去给陆俨少先生看了,陆先生说,"这字写得好,厚重遒劲,力能扛鼎。"他听说我是从两张里挑的一张,就去向可染老要来了另一张引首,又画了一幅《两寺松桧图》自存。去年,我在一个大拍卖行出的图录里,看到了第三张李可染先生写的"两寺松桧图"五字真迹,说明我请李可染先生写的引首,他至少写了三张。可染老这样的大家,对自己的作品却还这样挑剔严苛,实在是罕见的。

  有些年,每次有认识的人去北京,我都拜托人家把刻好的三四方印章带给可染老;如果自己去北京,就送上门去,可染老都非常开心,拿着石头反复盘看,还总会讲一些鼓励我的话。因为李可染先生平素少接待人,可说是当代版的"闭门即是深山",所以我去他寓所,从没见过访客,爷儿俩可以很淡定地闲聊,但总又感到相处时间短促,时间过得飞快。记得1980年去看望可染先生,闲聊时他问我:"天衡啊,你对齐(白石)老师的作品怎么看?"我说:"对齐老师的画,我佩服得五体投地,字也写得极好。他画上的诗,特别是画上的跋语,多有一种无古无今、出自肺腑的别致和清新,我也很喜欢。"并举了些例子加以说明。"但是对齐老师的印章,我有几点批评。"听了我这句话,可染老师颇有些惊讶。是的,解放后,齐白石在艺坛的地位可以说像个圣人。"文革"后,七八、七九那几年强调解放思想,当时我写过一篇近万字的文章:《不可无一,不可有二——论五百年篆刻流派艺术的出新》,剖析品评了流派印章从明清到民国的几十位颇有建树的篆刻家。其中对齐白石先生的印章,在肯定他风格创新、自成一家的同时,也提出了三点批评。可染老听了以后,睁大眼睛看了我蛮久,我心里有些紧张。宋人陆放翁尝言,"微瑕需细评",但我却有些孟浪,忘了另一句"有得忌轻出"。我暗暗想,也许这次要为自己的狂狷浅浮"埋单"了。然而,出乎意料,可染老却依然宽厚地自语:"哎,齐老师还是了不起。齐老师画画写字非常严谨,不知道的人以为齐老的画是随意涂几笔,实际上并不是。"又说,"现在大家都在讲写意、大写意,应该在写意前面加两个字——'精心',要叫'精心写意'。齐老师天分高,他有一种别人所缺乏的特殊的绘画感。"接着他向我揭示了一个我此前闻所未闻的秘密,齐老师画画写字的精心到了不可思议的程度。可染老说:"齐老师写字,旁边都放着一杆木尺。比如写一张幅条,如一行大概六七个字,他写两三个字就要停下来,拿木尺量量距离,思考完后,往下继续写两个字,再量一量……"我听了感到很新奇。这正印证了可染先生讲的,写意前面要加两个字——"精心"。可染先生讲的写意,不是一般人所谓的蘸点味道就够了,而是要真正把形而上的意念、意趣、意境凸显出来,让人感受、体验到。

也就是在这次傍晚辞别时,可染老送我到门口,停下脚步,很郑重而缓慢地说:"天衡啊,送你一句话,'天才不可仗恃'。"辞别"师牛堂",一路上我大脑里想着的尽是这沉甸甸的六个字。我思忖:自己是一个在艺术上力求独立思考、敢想敢闯敢质疑的人,但有时也自省,知道自己是个有点小聪明而无大智慧的庸人。宽厚的可染老说"天才",显然是贬义作褒义的委婉表述,犹如递我一剂苦而涩的猛药、良药,而外裹了一层糖衣,让你不觉得苦涩,咽得下去而已。"不可仗恃",才是赠言的要义,老人家殷切地告诫我,在盛年要戒骄戒躁,戒除虚荣和浅浮,不"撇油花",应如"狮子搏象"般地踏实勇猛,倾全力健康地在今后攻艺的长路上行进。我感受到可染老的舐犊之情和良苦用心。这六字赠言,四十年来,一直在拷问我,鞭策我,指引我,改变着我,成了我一生奉行的攻艺乃至做人的箴言。可染老书画创作时善用强越的"金刚手段",和在告诫我时衷恳的"菩萨心肠",显示出了长者的风范。对于幼稚的我而言,无论是攻艺还是做人,他都是我终身受益和敬仰的良师、诤师。

可染老画画写字,他的线条一定是积点成线的,就像颜鲁公的"屋漏痕",顿挫有力,浑厚涩重,入木三分。他用这千锤百炼的线条写字作画,所以,他的山水画有前无古人的凝重体积感,诚是铜浇铁铸的江山。我记得有一次陆俨少先生考我:"我与李老的画,你怎么看?"我跟陆先生打了个比方:"陆先生,你是重量级的世界摔跤冠军,李可染先生则是重量级的世界举重冠军,两位的画都厚重,都有力量,都有威势,但是你的力量多体现在流动之际,而李先生的力量多体现在凝固之中,各得其妙。"陆先生听了居然首肯。

记得有一次我去拜谒李可染先生,他从柜子里拿出八张山水画,都是四尺三裁的。因为画室小,就铺在地上,每张画都一样的雄遒,却有别样的情趣。我一张一张地谈了自己的读画心得,也得到了可染老的认可。读完以后,我就主动从地上把那八张画整理好,交给可染老,他又放回到橱柜里去。我回到上海,应野平先生问我,这次在北京碰到谁了,我告诉他去拜见了可染老,他拿了八张山水画让我欣赏,笔笔精妙,惊心动魄。应先生说:"啊呀,天衡呀,他从不会主动拿画给别人看的,他是要让你挑一张的!"我这才恍然大悟,是我没能体会到可染老的一番美意呀!其实,我跟可染老交往十多年,在艺术、精神层面他给我的赐赏很多很多。能得到可染老一幅画,于我固然是一份纪念,但他在精神上赋予我的财富,特别是他对我谆谆告诫的六字赠言,何止是赠一幅画的价值。说遗憾吗?不,这件事对我而言是遗而无憾的。

在和可染老的交往中,还有件事给我留下了特别深刻的印象。1987年盛夏去北京,电话打不通。我于是顶着炎炎烈日,汗流浃背地到他三里河的寓所。敲门过后,阿姨出来一挥手,说可染老不在家。我就请阿姨帮我递一张名片,说是送印章来的。过了片刻,可染老亲自来开门,他拉着我的手一路到他的画室。那天他家里没开空调,他老人家就一直双手握着我的右手说:"天衡啊,惦记你啊,这几年看到你很有成绩,我都为你高兴!"又大声地喊着师母:"佩珠啊,天衡来了!赶快开西瓜!"其间依旧紧紧握着我的手,手掌里满是汗,汗的交融、手的交融,诚是心的交融!从可染老不经意的动作中,我深深感受到他作为一位淳朴的师辈对我的真挚深情。我问起可染老家里的电话怎么打不通,他抱歉地说:"天衡啊,对不起,忘了告诉你了,每天的电话干扰太多,都接得烦了,所以我就请电话局把电话更换了一个号码。"说着就把新号码抄到了我小小的通讯录上。

1986年可染先生在中国美术馆开个展,他用一个大而考究的中式信封,特地托人送到上海中国画院的传达室。林曦明画师正巧看到,取来递给我:"天衡啊,可染老在北京开画展,特别写了一个请柬邀请你,信封上用毛笔字写了你的大名,这信封珍贵啊,你要收好了!"可染老就是这么一个真诚质朴的人。三年后,可染老不幸仙逝。后来,邹佩珠师母来我画院,对我说:"可染生前一直很器重你,他走了以后,现在要成立李可染艺术基金会,天衡啊,想请你来当基金会的理事。"师母的盛情相邀,让我觉得是意外地被赏赐了一枚勋章。

2020年中秋改稿于矅城豆庐

谷曙光

当求之骊黄牝牡之外
——杨宝森学程砚秋

先师吴小如先生谈杨宝森的唱,有一名句:"从嗓音条件看,宝森宽厚有余,高亢不足;沉着有余,轻灵不足;苍凉有余,劲峭不足。"按照道理讲,宝森这种嗓音,是不适宜唱《文昭关》的。因为伍子胥乃力举千斤的名将,而早年擅演此剧的程长庚、汪桂芬都是黄钟大吕般的雄浑之声。

然而,杨宝森又是适合唱《文昭关》的,因为伍子胥是古代最典型的悲剧人物,秋文(即叶秀山)说:"杨宝森有一条悲剧意味很重的嗓音,它用宽、低的音来给人以一种压抑、沉雄的感觉,而这种嗓音是正适合悲剧需要的。"艺术辩证法就是如此奇妙,"明知山有虎,偏向虎山行",杨宝森的《文昭关》不但成功了,而且出人意料地成为杨派最具盛名的代表作。

《文昭关》的"戏核",在"一轮明月照窗前"这段二黄成套唱腔,其中佳句迭出,而最出彩的,又是快原板中的两个哭头——"爹娘啊"和"向谁言",都用脑后"鬼音",真假声结合,如鹤唳云间、猿鸣霜秋,实在是警句,太醒脾了!然而,这种独特唱法的来源,一直以来却并未弄清。

杨派传人李鸣盛说:"(杨宝森)创造性地发展了汪派的'鬼音'唱法,而巧妙地运用假声,运用鼻腔共鸣……"《文昭关》的"鬼音"哭头果真是来自汪派吗?又有人认为,这两个杨派哭头前无古人,是宝森一空依傍创造出来的。说法不一,竟成未解之谜,事实的真相究竟如何?

实际上,不但在谭鑫培、余叔岩那里,找不到类似唱法;以《文昭关》享名的汪桂芬也不是这样唱的。笔者如此说,有确凿证据,是把存世的《文昭关》老唱片全都研究后才下的结论。王凤卿是标准的汪派,其《文昭关》唱片,因为容量的缘故,只灌录了二黄慢板和第一段快原板,第一个哭头"爹娘啊",在中音区,唱得平而快,细细品鉴,会察觉在"爹"过渡到"娘"的旋律中,王唱出了一点哽咽的感觉,如此而已。第二段快原板"向谁言"的哭头,王如何处理,就没有唱片证据了。好在长期向王凤卿请教的刘曾复,留有《文昭关》全剧的唱念说戏录音,恰可据以印证。曾老的二黄慢板和第一段快原板,唱法与王凤卿高度一致,可见其《昭关》乃地道汪派。第二段快原板,曾老唱到哭头"向谁言"时,虽然饱含感慨,却没有特别出彩的地方,也无假声"鬼音"。由此可知,汪派的两个哭头,皆系普通处理,无独特新意,更没有明显使用脑后"鬼音"。

至此,可谓迷雾重重矣。杨宝森的这两个哭头,处理如此卓殊,博得一致赞许;但在传统老生戏中,是没有先例的,难道是"平地抠饼"、自出机杼?笔者一直在苦苦思索其创新的源头和契机。古人说,读书百遍,其义自见;笔者是把宝森《昭关》存世的六个音响版本"聆听百遍",然后忽来灵感,豁然开朗!应该说,杨派唱法的来源有两个,经宝森的综合加工、处理,遂点铁成金、夺胎换骨。

杨氏哭头的第一个渊源,绝对意想不到,是来自旦行程砚秋派的哭头和散板的唱腔。这一点值得仔细分析。程砚秋是京剧旦行中最擅歌唱的艺术大师,他的哭头和散板,擅长发挥其独有的"鬼音",把音节精妙地组织起来,极细腻精致,也最荡气回肠,有余音绕梁之妙。如《三堂会审》中苏三的散板和哭头"吓得我胆怕心又寒……崇爹爹呀""我那三郎啊";《金锁记》中窦娥的"望求妈妈你、你、你……行善良,啊……禁大娘"等,这些哭头都属"佳人立唱惨愁眉",以哀婉曼妙的旋律节奏,表达各种忧伤的情绪,亦可谓发挥程派独有"鬼音"的典型例证。特别值得一提的,是程派名剧《锁麟囊》,薛湘灵在遭遇水灾后家破人散,唱出"啊……老娘亲,大器儿,官人哪……"几个连续哭头,真是"数声哀绝不堪听",如万丈游丝,高可扶摇直上,低则泉咽危石,落差极大,哀怨极深,那动人心弦的艺术效果,令人想起唐李颀听琴的名句"幽音变调忽飘洒,长风吹林雨堕瓦。迸泉飒飒飞木末,野鹿呦呦走堂下"(《听董大弹胡笳声》),堪称精妙绝伦。

如果细究起来,品赏滋味,杨派《文昭关》的哭头与上述程派的哭头实有似曾相识、异曲同工之妙!宝森其实是借鉴了程派"鬼音",其《昭关》哭头的处理过程是:真声——假声——真声(爹[yī]娘啊;向谁[yī]言),中间的这个[yī],就是凄厉盘旋的假声,可谓程派"鬼音"的翻版,如异峰突起,扶摇回旋,凄音苦节,撕魂裂肺。因为是在老生的苍凉歌唱中意外插入了假声"鬼音",就形成一种从平原丘陵攀升到万仞高峰,再跌落至幽谷深涧的奇妙感受,高低起伏,落差极大,艺术效果之突出，无以复加！如果也用唐诗形容，笔者思及岑参的"幽引鬼神听，净令耳目便。楚客肠欲断，湘妃泪斑斑"(《秋夕听罗山人弹三峡流泉》)，或差可比拟。有人兴许会质疑，《昭关》的快原板是二黄，而《三堂会审》《锁麟囊》等的哭头是西皮，岂非风马牛不相及？但笔者要说，全部《伍子胥》后面的《鱼藏剑》，还有一段西皮散板"子胥阀阅门楣第"，最后"爹娘啊"的哭头，处理与《文昭关》是基本一样的，可见宝森的巧妙运用。盖这个哭头，通常是用在西皮散板里的，但宝森出人意料地把它放到二黄原板中了，开了一个先河，让它"隐藏"得更深，而找到其源头的难度也更大了。

值得注意的是，宝森的堂兄、名琴师杨宝忠说："戏(指《文昭关》)的唱腔是以汪派腔为基础，而在唱法上又是以余派为主，同时他又吸收了言(菊朋)派、程(砚秋)派等的一些腔调，进行重新创造的。"这个说法，已直接点出了程派。另外，说杨宝森对程砚秋的唱法有研究，也是千真万确的。1941年的10—11月，程砚秋到上海黄金大戏院演出，而合作的老生就是宝森，两人挂并牌，唱了四十余天，极受欢迎。此时的砚秋，处于艺术创造力最旺盛的阶段，上一年刚刚推出最著名的个人本戏《锁麟囊》，引起空前轰动。这期又拿出新戏《女儿心》，看得上海观众心花怒放。此次光《锁麟囊》，先后就演了超过十场！笔者认为，这个情况，不会不对杨宝森产生影响。宝森亲身经历了砚秋新戏的诞生过程，好学深思的他，看到程派新戏如此受欢迎，而程派新腔又如此美妙动听，岂能无动于衷？加之他此时也在酝酿挑班，欲自张一军，于是精心研究了程派唱腔，并从钦佩、琢磨发展到日后巧妙地运用到自己的唱腔之中了。这种艺术上的移花接木、暗度陈仓，妙不可言，也最难识破。

当然，光有程砚秋派的"鬼音"唱法，还嫌不够；杨氏哭头的另一个重要来源，是王泊生的启发。对于此人，今天的读者已不甚了了。按，王泊生学话剧出身，但酷爱京剧，曾组戏班在北京演出，后来做过山东省立剧院院长。王极有才华，创新意识颇强，周信芳赞誉其为戏剧界的"北方怪杰"与"革新家"。笔者在遍聆《文昭关》存世老唱片时发觉，王泊生1933年灌制的《子胥逃国》（即《文昭关》）颇具新意。这张百代公司唱片的二黄慢板部分只六句，为何？盖因老唱片容量的关系，王有意如此处理，专门留出一面，为把后面的快原板录完。这就需要精打细算，掐准时间。王的唱法，以汪派为主，但细节有不少新意。开头的"一轮明月"的"一"，还唱了个"十三一"的腔（即"满江红"）。快原板第一个哭头"爹娘啊"，虽然没用假声，却也千回百转，甚是凄婉，比汪派处理细腻许多。第二个哭头——"向谁言"，就更有变化了，从"谁"过渡到"言"时，参用假声，不过很短，马上又回到真声。真假声的结合，极具创意，新人耳目。其实，王泊生的新唱法，很

杨宝森《文昭关》剧照

可能也来自程砚秋的启发。程、王在上世纪三十年代初,曾经一度同事(南京戏曲音乐研究院),过从较密,他们还一起拍过戏装照片呢。

　　杨宝森肯定听到了王的这张唱片,艺术嗅觉灵敏的他,自然也感觉到了唱法的新颖,高明的艺术家遂采取拿来主义,在其基础上大胆吸收旦角程腔哭头的"鬼音"特色,进行了艺术再加工,丰富旋律,唱足假声,且不露痕迹,终于成就杨派唱腔中的最著名警句。按说,王泊生根本不是地道的京朝派,他的这张唱片不但唱破了音,还有倒字、气浊、音侉等毛病。苛酷点说,王甚至难逃"野狐禅"之揶揄;而"谭余一脉"的杨宝森,怎么会看得上他呢?然而,有时艺术创造就是很奇妙,需要灵感,需要打破门户之见,需要找到突破口。宝森看准了真假声结合唱老生哭头,绝对有新意,为创好腔,就不能保守,要有海纳百川的气度和参酌创新的魄力。

　　笔者如侦探探案一般,考证了杨宝森派最具创意的哭头是如何炼成的。谭鑫培曾对陈彦衡谈:"戏中作工,以哭笑为最难,以其难于逼真也。然使果如真者,亦复何趣?"(《说谭》)这就说明,戏里的哭笑,并不等同于生活中的哭笑。剧中的哭头,虽来源于生活,却是艺术化了的哭,纵然凄音苦节,也要沁人心脾,予人以艺术的美感。程砚秋懂得这个道理,故其哭头旋律极美妙,意境极凄楚;老生行的杨宝森同样参透此理,故而敢于大胆化用旦行程派的"鬼音"哭头。经宝森的巧妙处理,创造性化用,《文昭关》的两个哭头一鸣惊人,成为整套二黄唱腔中的最大亮点,令人一听难忘,甚至让整段唱产生了"五更疏欲断,一树碧无情"(李商隐《蝉》)的凄婉意境。

　　杨宝森借鉴程派"鬼音",放一异彩;而程砚秋的本领就更大了,他自言"梆子、越剧、大鼓、梅花调、西洋歌曲我全吸收过"(《戏曲表演的四功五法》），还使人听不出来，太高明了。西洋电影《凤求凰》里的好听音阶，就被他化用到程派名剧《锁麟囊》中。至于借鉴老生唱腔，对程更如探囊中物耳！汪派《文昭关》的"满腹含冤向谁言"，被整句搬用在程派本戏《碧玉簪》里，令人浑然不觉。再举《锁麟囊》为例，"春秋亭避雨"的西皮流水，最是脍炙人口，其中的名句"忙把梅香低声叫"，末尾有一个碎玉玲珑的拖腔，程每唱及此，必得满堂喝彩，百发百中，那神采，真是"想象朱唇动，仿佛梁尘飞"，妙不可言。试问，这句腔的来源是什么？当然不是程一空依傍的自创新腔，它其实来自老生戏《击鼓骂曹》祢衡的"我把这褴衫来脱掉"的尾腔！这移宫换羽之妙，同样令人击节叹赏！一经笔者点破，读者是否恍然若悟，愈发佩服程砚秋创腔的高明了？

  杨宝森学青衣腔，而程砚秋学老生腔，皆妙赏知音、化用无痕，二人可谓是京剧史上最擅歌唱的艺术大师。那妙不可言的"鬼音"，时时在耳畔响起！

杨扬

翁偶虹与汪曾祺

有人问我,好的戏剧编剧应该具备哪些素养?我觉得很难回答。但我想到了两个人,一个是创造了二十世纪中国戏曲编剧纪录的翁偶虹先生,他一生创作、改编了一百多出戏,论数量,无人能比。还有一位就是在中国文坛享有盛誉的汪曾祺先生,他可能是当代剧作家中文学声誉最高的,汪先生生前心心念念想着的,是怎样把京剧创作的文学水准提高到与当代文学水准相同的境地。他俩生前有交集,一个在中国京剧院,一个在北京京剧团,同为专业编剧,1960年代参与改编现代京剧。翁偶虹执笔《红灯记》,而汪曾祺负责《沙家浜》。翁先生长汪曾祺十二岁,他为汪曾祺改唱词,将京剧《沙家浜》中新四军指导员郭建光的一句唱词"芦花白稻谷黄绿柳成行",改为"芦花放稻谷香岸柳成行",让汪曾祺深深折服。汪认为翁先生是一流编剧,凭他为程派代表作《锁麟囊》编剧,就可以不朽了。这两位应该是剧作界的翘楚,当属好编剧之列。但在传统的戏曲领域,一般观众对剧作者是忽略的。看完戏,无人问编剧是谁。似乎角儿的表演压倒了一切,人们的注意力全在剧情和表演者身上。暑期整理旧书,无意间翻出《翁偶虹戏曲论文集》《翁偶虹编剧生涯》《汪曾祺说戏》等。这些书都是很久以前在旧书店折价买的,但翻阅片刻,就被牢牢吸引住了。

首先想到的是作为剧作家的汪曾祺。在普通读者眼里,小说家的汪曾祺远比剧作家的汪曾祺有影响。今年是汪曾祺诞辰一百周年,报刊上发表了不少纪念文章,但内容所及,几乎都是谈他的小说、散文和"西南联大"等重要时期的人生经历,几乎没有文章关心其戏曲创作。但戏曲创作与汪曾祺的人生事业关系甚大。1961年底,汪曾祺从张家口回到北京,调入北京京剧团担任专业编剧,1987年9月18日办理离退休手续,享受"四级编辑"待遇。这二十多年,他都是以专业编剧的身份出场。尤其是从四十一岁到六十岁这一人生的黄金时段,他的注意力都在创作、改编戏曲作品上。小说创作的声誉,是六十岁以后的事。所以,纪念汪曾祺而不谈他与戏曲的关系,不能不说是一个较大的疏忽。但这种疏忽也不是完全没有缘由的,毕竟小说和散文的社会影响在今天远远胜于传统戏曲,尤其是京剧。读者中喜欢汪曾祺小说、散文的,大有人在,而喜爱其戏曲作品的,则是极小极小的一部分。至于汪曾祺创作的戏曲作品,能够成功演出并获得观众喜爱的,那更是少之又少。甚至连汪曾祺自己都不自信。晚年他创作的京剧《裘盛戎》由北京京剧院演出,汪曾祺就没去看,因为作品改得连他自己都不能接受。汪曾祺是由文学进入戏曲创作。与小说家的地位相比,剧作家似乎总有点不怎么样。所以,师友们都为他感到惋惜,认为是糟蹋人才。沈从文告诉巴金,汪曾祺去写戏曲,有点不务正业。粉碎"四人帮"后,汪曾祺的大学同学、北大副校长朱德熙先生,向胡乔木提出,希望将他的工作调动一下，以发挥汪曾祺的文学才能。胡乔木还真批示同意汪曾祺调入中国社科院文学研究所。面对师友们的好意，汪曾祺感到松松散散的剧团生活更适合自己。他自称是文学、戏曲两栖人物，汪曾祺喜欢文学，但他也喜欢戏曲，而且，没人强迫他。在《两栖杂述》中，汪曾祺说："我喜欢看戏，看京剧，也爱看地方戏，特别爱看川剧。"在大学时代，他就是昆曲的热心者，除了选修浦江清先生的《曲学》课程，随老师讲解和拍曲外，课外积极参加曲社活动，是晚翠园曲会的活跃分子。唱、演、化妆、布景，一条龙的流程工作，都亲自体验过。1949年新中国成立后，即便是1958年下放至张家口劳动，他也不忘戏曲，照样粉墨登场，自娱自乐。

相比于汪曾祺的文坛盛名，翁偶虹在公众视野中的影响似乎要小一些，甚至有研究者说翁偶虹的戏剧影响今天已很难看到。但在京剧领域，提到程派代表作《锁麟囊》，那是无人不知、无人不晓。而这出戏的编剧正是翁偶虹先生。翁先生自称是听戏、学戏、编戏、排戏、论戏和画戏的"六戏斋主"。他从小就学戏、演戏、画脸谱，中学时，老舍是他的国文教师，老师在课上唱评剧，给他印象深刻。不过在一些新文学家眼里，翁偶虹先生属于"旧艺人"，尤其是那个《火烧红莲寺》的改编，被不少业内人士批评。但"旧艺人"旧归旧，翁先生在戏曲方面的才能还是有目共睹。他熟悉戏曲，在京剧编剧领域，什么样的难题都难不倒他。1963年底，翁先生奉命改编京剧《红灯记》。他对中共地下党的生活和人物并不熟悉，但对于"述说家史"这类剧情和戏曲表演方式，却是烂熟于胸。正如翁先生在《千秋功过记"红灯"》一文中所说的，在改编京剧《红灯记》第五场李奶奶"痛说革命家史"时，他对照传统京剧《断臂说书》《举鼎观画》和《赵氏孤儿》中相类似的述说家史的唱词和表演场景设计,提炼出"痛说家史"的"痛"字,在"痛"字上增加戏曲内容。将李奶奶的【二黄慢板】【二黄三眼】舒缓从容的唱腔,与李铁梅【反二黄原板】【二黄快板】夸张的唱腔加以对照,按照京剧的时空场景的表现特点加以对比呈现,张弛有度的表演节奏,取得了很好的演出效果。对于传统京剧的程式和基本套路,翁先生自幼耳濡目染、身体力行,可谓是熟悉得不能再熟悉了,所以,一旦动笔,常常能够掌控有度。但戏曲除了表演程式之外,毕竟是艺术作品,其思想深度和主题立意的要求,最终决定作品的艺术高度。传统京剧选择的人物题材,不外乎才子佳人、帝王将相,这种定势到了1949年后被现代戏剧改革的大势所改变。现代京剧要求表现共产党人和革命者,主人翁是工农兵和英雄人物,这种思想和主题变化,对于翁偶虹先生这样的"旧艺人"来说,是需要重新适应和学习的。他在《翁偶虹编剧生涯》前言中说,自己的后半生"面前摆着的是一个个新的课题,等待我像小学生般地从头学起,从头习作"。但个人努力未必都赶得上时代变化的要求。京剧《红灯记》总导演阿甲在晚年答记者问时说,翁偶虹改编的《红灯记》初稿他做了重新修改,估计达80%以上。这80%以上的修改,可能主要还是立意和主旨方面的内容。翁先生在回忆录里也说到阿甲改戏的情况。阿甲是延安时期的老革命,革命的经历和体验,使他对一些思想问题的认识和对剧作主题的提炼,比较符合时代的需求。

汪曾祺对于戏曲编剧的职业角色,存在矛盾心理。对比于像翁先生这样能编能演、从小到大一直厮混于戏曲江湖的人来说,汪曾祺感到自己是外行,是半路出家。但另一方面,他又非常自负,他认为传统京剧作品文学性不高,京剧编剧很多文学水准无法与小说家媲美。他晚年常常说:"我搞京剧,有一个想法,很想提高一下京剧的文学水平,提高其可读性,想把京剧变成一种现代艺术,可以和现代文学作品放在一起,使人们承认它和王蒙的、高晓声的、林斤澜的、邓友梅的小说是一个水平的东西,只不过形式不同。"汪曾祺的这种傲视京剧编剧的眼光,不知道同时代的京剧编剧同行们有何看法,有何感想。不过,翁偶虹晚年对于京剧编剧的文学性倒是有自己的认识。他认为京剧编剧有自己的规矩。在评价京剧名角叶盛兰的演出时,翁先生总结道:京剧欣赏者是"戏"与"技"一礼全收的。"有些著名的戏曲表演艺术家,他们演出的节目,剧本并不见得完整,甚至是支离破碎,饾饤而成,从剧本的角度上看,是不值得观众那样拥护和欢迎的,然而凭他们那些富有美感的扮相和具有魅力的表演技巧,却使观众目迷五色,耳迷五声,争先恐后,趋之若鹜。"在戏曲的"文学性"和"舞台性"之间,翁先生更看重"舞台性"。他晚年写有《谈"舞台性"》一文,强调剧本"舞台性",认为剧本的"文学性"再怎么鲜明,终究还是要用舞台演出效果来检验。这是翁先生与汪曾祺论京剧"文学性"的一个差异。

翁先生1908年生,比1920年生的汪曾祺要大十二岁。翁先生在世时,汪先生尊称翁先生为"翁老"。近年出版的《汪曾祺书信集》中,收有1987年2月23日汪曾祺致翁偶虹的一封信,翁偶虹晚年为戏曲编剧梁清濂的《鼓盆歌》赋诗一首,其中一句"一味清新耐咀嚼",汪认为音韵不协,试着为其改为"一味清新韵最骄"。信中汪曾祺说:"佛头着粪,我这真是斗胆了。希望不致使您怫然。"这是忠实于"文学性"的汪曾祺的秉性的又一次呈现,只是这次他改编的对象不是传统京剧作品,而是他葵倾的翁偶虹老先生的古典诗作。

张斯琦

萧萧落木 不尽长江
——敬悼谭元寿先生

2020年10月9日下午，微博与微信上骤然传来了谭元寿先生逝世的讣闻。虽然我们心里知道，这个告别的时刻早晚会到来，但当它真的到来时，那种冲击与痛感，是难以用文字表达的。张学津、梅葆玖、马长礼、谭元寿等等，这些我们曾经天真地认为永远不会老去的光辉形象，竟在此十年间先后匆匆与我们作别，就像大家都在说的一句话，"一个时代真的就这样结束了"。

对于没有见过"四大须生"的80后、90后乃至更往后的观众来说，谭元寿先生，大概是这几代人所能见到的最全面、最优秀的京剧老生演员了。《战太平》的花云，《定军山》的黄忠，《打金砖》的刘秀，《连环套》的黄天霸，《琼林宴》的范仲禹，《群英会》的鲁肃，《卖马》的秦琼，《桑园寄子》的邓伯道，《失空斩》的诸葛亮，《四郎探母》的杨延辉，《乌盆记》的刘世昌，这些几乎与京剧同龄的剧目，被谭鑫培、余叔岩、谭富英、孟小冬、杨宝森、李少春等前辈大师演绎到极致。有多少文字评论和口头回忆留存下来，描述他们演得何等精彩，神乎技矣。然而大师们留下来的影像却微乎其微，以致他们的舞台艺术几乎变成一种传说。但只要看过谭元寿先生这些戏的演出现场，哪怕是录像，也会让人坚信，当年文字里所描述的光彩与神奇，一定是真实存在于舞台上的。即便元寿先生不能和他之前谭余体系的大师们比肩，他的舞台艺术与历史功绩，依然无可替代。

说起谭元寿先生，就必然要说到他的家世——京剧的谭氏家族，至今七代从事京剧，而且都继承谭派老生艺术。他的曾祖谭鑫培，是四海一人的伶界大王，是对整个京剧的发展产生深刻影响的一代宗师。他的父亲谭富英，是谭门的中兴人物、新谭派的开创者。到谭元寿先生已是第五代，他生在1928年，正是谭富英刚刚崭露头角的时代，不久谭小培便收回大外廊营祖居，谭富英的演艺之路也更加顺畅，可以说元寿先生的诞生为整个家族带来了福气，当然更是谭小培、谭富英父子辛勤努力的成果。

1935年7月26日，未满七岁的谭元寿，以乳名谭百岁第一次登上舞台，与父亲谭富英共同演出《汾河湾》，地点在北京开明戏院。这一年的12月，谭富英与程砚秋到上海演出，带着谭百岁同去，在黄金大戏院又演出《汾河湾》，还拍了剧照。这些都注定谭百岁之后要继承家业，享受着家族荣誉的光环，也承担着超乎常人的压力。

谭元寿先生的舞台生活之长，经历之丰、之广，完全不是一个寻常京剧演员所能相比的。他出身谭门，童年又接受富连成科班的教育，1939年即入科学艺，1940年5月25日正式立关书，列入富连成科班小六科，更名元寿，学艺七年。其间1943年7月，他同白元鸣、李元芳、钳韵宏、夏韵龙等同学南下演出两月，与中华戏曲专科学校、上海戏剧学校正字辈学生汇演于上海。这种基础训练与实践经验，是从小刻到骨子里的。出科后，谭元寿先生初在父亲的同庆社演出武戏，而后四处闯荡。他搭过荀慧生、叶盛兰、裘盛戎的班，与新艳秋、景荣庆、王金璐等人长期在天津演出。1950年梅兰芳、梅葆玖父子回到北京，梅兰芳请他为梅葆玖配戏，合演《打渔杀家》《红鬃烈马》《御碑亭》这类生旦对戏。1951年到1953年，谭先生长期在上海天蟾舞台演出，常常是连演几个月，他主演的三本《岳飞传》与《野猪林》等戏均能连贴二十多天客满，还与小王桂卿、小三王桂卿弟兄合演猴戏。如此跨越南北的视野与阅历，对于一个演员的成长太重要了。

五十年代中期，回到北京的谭元寿先生加入北京京剧团，亲历了马、谭、张、裘、赵五大头牌并立的繁荣时代。作为青年主演的他，以武戏演出为主，并参与了《秦香莲》《官渡之战》《赵氏孤儿》等多出大戏的排演。仅与马连良合作《赵氏孤儿》"说破"一场，其中的收获与进益，恐怕比单在舞台上唱几年戏还要多，着实是一般演员求之不得的。1961年后，随着谭富英的退隐，谭元寿先生开始大量演出老生戏，裘盛戎提携他演出《将相和》。1963年北京京剧团赴香港演出，他主演的《失空斩》《打渔杀家》均得到好评。近年面世的录音资料中，有著名琴师王瑞芝在这一时期为他伴奏的《八大锤》《战太平》《琼林宴》等戏，唱腔、劲头在谭余之间，古朴与细腻兼而有之，很见格调，那时他的演唱功夫已经很深了。

二十余年的艺术积淀，在谭元寿先生主演《沙家浜》的郭建光时，得到了一个新的组合与升华，甚至可以说是一个飞跃。一段"朝霞映在阳澄湖上"，谭富英、王瑞芝等多位大家为他把关，一字一腔地修改。

"听对岸响数枪声震芦荡",运用谭余派《战太平》名句"头戴着紫金盔齐眉盖顶"的唱法,后面融汇了一些杨派武生的唱念与身段。这些传统技法,全都化在谭元寿的身上,脱胎换骨般地塑造出一个新的形象。《沙家浜》的创作、演出过程,让谭先生真正成为舞台中心,使他更加自如地运用各种舞台表现手法。这种优势,在"文革"后他恢复传统戏时集中体现出来,他复排的诸如《桑园寄子》《将相和》《群英会》等传统剧目,避免了熟极而流的油气,很能打动观众,既保留了传统戏的格调,又有时代气息。

二十世纪八十年代,谭元寿先生年过五旬,仍活跃在舞台上。那时京剧市场颓势已现,但以谭先生为代表的一批主要演员,坚守在舞台上,抵挡着体制与潮流的不利因素,奉献出许多高质量的传统戏演出,为争取观众竭尽全力。如今保留下来的一些实况录像,如谭元寿先生主演的《战太平》《定军山》《连环套》《琼林宴》《打金砖》,足以奉作具有典范性的舞台精品,每一出戏都是从头至尾一气呵成,拓显出谭富英、孙毓堃、李少春、高盛麟等他曾受教过的大师级艺术家之神采。前人说"人有人品,戏有戏格",元寿先生的表演,是能让人感受到每出戏不同"戏格"之所在的。

在我们的印象中,谭元寿先生到七十多岁时依旧在舞台上生龙活虎。演《阳平关》这样的大戏,刀下场的"串腕儿"还是那么利索,"挡棒攒"哪怕稍慢一点,也要一丝不苟地走下来。《连环套》的"拜山",节奏仍然紧凑,念白丝丝入扣。后来随着年事渐高,才由演一出戏,变为演一折戏,再减为化妆清唱、便装清唱。那几年演《龙凤呈祥》,"洞房"一场的顶级阵容,一定是梅葆玖先生与谭元寿先生合演。只看这一场戏,观众也觉得很满足。哪怕谭先生只是在台上站一站,说几句话，大家都会觉得心定。2017年9月8日纪念谭鑫培诞辰一百七十年的演唱会上，谭元寿先生在儿子谭孝曾、孙子谭正岩及众弟子的簇拥下，再次演唱谭派名作《定军山》"这一封书信来得巧"，老先生依然庄重凝神，认真地连唱带做，那是一个令人极为动容的场面。

前些年，微信朋友圈流传着一段谭元寿先生八十九岁时在家中吊嗓演唱《秦琼卖马》的视频，合作多年的王鹤文先生为他操琴。有些字、有些腔，谭先生已经有点模糊了，但他仍是用尽全力在唱，筋骨毕在，人书俱老。看这段视频的感觉，就如同看到汉代《熹平石经》的残碑，斑驳不掩其古意，残损不减其光华。对京剧艺术的执着与虔诚，是谭元寿先生毕生的信念，我们相信，这种信念会激励谭门的后人与传人，在继古开新的道路上奋力前行。

徐建融

国香无绝

——陈佩秋先生的画兰艺术

梅雨闷湿中,期盼着秋风送爽,桂子沁馥,秋兰涵露。位于青浦白鹤镇、吴淞江畔的鹤龙美术馆近期组织了一场小规模的雅集活动,邀请新知旧雨七八人一同欣赏馆藏精品之一——陈佩秋先生的《兰馨蝶影图》。主办方要我担任讲解员,因与大家"好画共欣赏,美意相与析",并逐一解答朋友们的提问而成此文。

问:"秋分"(陈佩秋先生的"粉丝")是书画爱好者和收藏圈中人数不少的一个群体,"秋分"中的人大多数爱好陈老师的兰花,请问是何原因?

答:我想,这里面有多方面原因。

第一,中国文化对自然造物的审美,更倾向于植物世界的和而不同,从而有别于西方更倾向于动物世界的弱肉强食。而在植物中,尤其是花卉多被比作美人,偶有比作君子的则弥足珍贵,如梅兰竹菊在中国绘画中便被称作"四君子"而受到格外的推重。至于美人而兼君子,似乎只有两种,即荷和兰。专讲兰花,不仅是"四君子"之一,更是"香草美人"的独一无二,甚至比荷花的美人还要美人;一如荷花虽不在"四君子"之列,却被周敦颐认作是君子的独一无二。

第二,便是陈老师的兰花画得实在好!不仅艺术水平高超,而且,其风格既有深厚的传统,又有鲜明的时尚。传统的画兰水平高的不少,时尚的画兰水平高的似乎还没有;既传统又时尚而且水平高超,依我之所见,陈老师应该是唯一。

第三,陈老师的其他题材画得也很好,"秋分"们同样也是十分喜爱的。但她的画风属于工整的一路,山水也好,牡丹也好,一画之成,十水五石,三矾九染,非常吃工夫。相对而言,其兰花,尤其是撇出的兰花,画起来就比较快,像这幅《兰馨蝶影图》,不算蝴蝶,一个小时左右即可完成。所以,喜欢陈老师画的人,不好意思求她画山水、牡丹,大多求她画兰花,也有这方面的原因。而并不是说她的兰花画得特别好、特别受欢迎,其他题材的好和受欢迎程度就不如兰花。

问:陈老师画兰的风格、技法有何独创的特色?
答:李仲宾说画竹有两大风格,其一为"画竹"即写生的竹,一般用双勾填色;其二为"墨竹"即写意的竹,一般用水墨撇出。画兰亦然,陈老师的画兰便属于"画兰",也即写生之兰,讲究以形写神、物我交融;郑板桥的画兰属于"墨兰",也即写意之兰,讲究遗形取神、借物写我。画兰多为双勾,如宋人、仇英等;墨兰多为撇出,但偶然也有双勾的,如金农、罗聘等。

陈老师的画兰,五六十年代时学宋人,多用双勾法写生。为了画好兰花,她不仅去植物园写生,还亲自动手在家莳养兰花。她仔细研究兰花的物理、物性,对不同的品种、叶态、花形,包括花瓣、鼻唇、梅瓣、荷瓣、奇花、蝶变、飞肩、落肩……的结构,都有认真的观察,达到无微不至,并在此基础上加以提炼剪裁,以完成艺术形象的创造。至今还可见到她当时所作的几幅徽州墨兰,不仅形神兼备,而且笔精墨妙、色彩清新,真似有沁香满纸。

七十年代时,不限于兰花,陈老师开始致力于学习徐渭、八大的写意画法,多用点厾、撇出法。当时有一位画家见她在撇兰竹,便对她说,兰竹以郑板桥画得最好,你为什么不学他呢?陈老师笑笑而已,后来对我说:"郑板桥和扬州八怪的画,格调不高的。"与此同时,她还用大力气学习张旭、怀素的狂草,以提升撇出时的笔墨功力。但她用点厾法、撇出法所表现的,并不是不求形似的写意,而仍然是写生,使写生的兰花在艺术性的表现上比双勾更自然潇洒、飘逸灵动。

这一撇出的写生兰花,至八十年代以后达到大成,有时还在撇出的基础上略作线条的勾勒提醒,使撇和勾的两种画法,由本来的河井不犯达到水乳交融,其画兰的艺术就更臻于高超的境界了。七十年代末以后,陈老师常去北京画宾馆布置画,她的画兰进一步引起同行画家们的广泛的惊艳。

问:白蕉有"兰王"之称,能否结合白蕉先生的兰花对陈老师的兰花作一对比的赏析?

答:白蕉先生是著名的书法家,书法之余在墨兰上下了很大的功夫,属于郑板桥一路的文人写意的风格,二者都是以书入画,以书法为画法。但他与郑板桥又有不同,郑板桥是以六分半书(近于碑学)入画,他是以"二王"(帖学)入画,所以他的审美取向不是怪异而是雅正。其次,郑板桥是不求形似而尚笔墨,他是以形写神而尚笔墨。当时还有一位女画家鲁藻,也是这一路画法,被称为"兰后"。

但我的看法,文人写意的墨兰还是以唐云先生为最佳。白蕉、唐云对文人墨兰的贡献,在以写意而向写生靠拢,正像陈老师的画兰,其成功在以写生而向写意靠拢。所以,艺术上的成功,不同的风格、技法,拉开距离而各尽极致可,互相融合而互为取鉴亦可。

问:画面上题诗"细叶舒冷翠,贞葩结青阳"是什么意思?

答:题诗是元代道士马臻《移兰》五言古诗中的两句。马臻是全真教的一位道士,当时蒙古族的统治者非常看重全真教,丘处机还被邀随忽必烈西征,金庸武侠小说《射雕英雄传》中便讲到过这一段史实。马臻也曾被征召到朝廷中,后来觉得不适应便告辞还山了。这首《移兰》诗讲的是,兰花本来长在深山中,却被移植到桃李园,虽荣华富贵、春风得意,但从此却"开花无清香"了。所以,我又把它移到了岩壑之中,种在松竹旁边,回归到它应该的生态环境,于是"细叶舒冷翠,贞葩结青阳",才恢复了它的本质之美。再回头去看那些"争芬芳"的荼蘼、桃李花,却都已经凋残"零落"了。所写的,显然是马臻自己的经历和志向。

但陈老师此画却只取诗中的两句而不涉其余。这与谢稚柳先生爱林和靖梅花诗的清新自然,而不喜其"梅妻鹤子"的乖僻,是同样的道理。我们既需要洁身自好的操守,但也要有关心世事的热情。

问:陈老师的名字、斋号大多与兰花有关,是这样的吗?

答:确实是这样的。如"佩秋",出于《离骚》的"纫秋兰以为佩"。"健碧",出于杨万里的咏兰诗:"健碧缤缤叶,斑红浅浅芳。"意谓自己甘做陪衬红花的绿叶。还有一个斋号"高花阁",出于李商隐的"高花"诗。但李诗写的并非兰花,陈老师却把它与兰花的物态联系了起来。兰花有一茎一朵的,也有一茎数朵的,像徽州墨兰,一茎在九朵左右。陈老师以自己养兰的观察所得,知道最下面的最早开,最上面的最晚开。一般第三至第六朵开放之际,吸引的观赏者最多;到最上面的花开放时,几乎就没有人再来观赏了。其用意当然还是谦逊谦让。

问:这幅画的兰花和蝴蝶并不是同时画的(兰未署年款,应在八九十年代,蝶补于2005年),这种情况在绘画史上多不多?

答:一个画家,在自己之前的作品上再作添补、润色的情况,自古至今当然是有的,目的在使之更完美。像倪云林的《渔庄秋霁图》轴,系倪氏于"乙未岁"(1355)写于王云浦渔庄,十八年后再次见到此画,便在画面中部的湖心处补题了一首五律并说明缘起。但这类情况并不是太多。目前所知,就我所见,陈老师的作品中,这类情况相对而言是比较多的。这里有几方面的原因。

首先,陈老师这一代画家,对于书画爱好者的求索大多是有求必应以成人之美的,即所谓"应酬画"。而且,这类作品在题材上以兰竹、花卉为多。

其次,九十年代初艺术品市场重新崛起,经过七八年的历练,在世纪之交前后逐渐形成这样一个市场意识:一件花卉题材的作品,其价格的高低决定于画面上有没有"活货"(指禽鸟、草虫)以及"活货"的多少。于是,早先大量流散于社会上的名家兰竹、花卉画,便被藏家请求名家本人,在名家已经去世的情况下则请求与该名家关系相熟或风

陈佩秋画兰

格相近的另一名家,在其上添补"活货",庶几使作品大幅升值。

当然,这也要看此画的作者在"彼一时"变成"此一时"的情况下是否还愿意有求必应;即便愿意,还要看此画的风格是否适合添补;即使适合,还看作者是否有这方面的擅长。而陈老师,恰恰是这三方面条件的兼备者,所以,其早年的兰竹、花卉作品上,后期的补笔之多,不仅在同时代的名家中,即在整个画史上,也是罕见的。她不仅为自己的作品补笔,还常为谢老的作品补笔。而且,经过补笔之后的作品,比之未补笔之前,在艺术上往往焕然一新,升华到一个更高的境界。

问:在诗堂上,陈老师又题了"兰有幽香,蝶有霓裳"两句,对欣赏此画又有何帮助?

答:帮助太大了!《猗兰操》是古琴谱中的一支名曲,其中讲到孔子以"兰为王者香";《霓裳舞》则是大唐盛世的宫廷乐舞,这里以蝴蝶的翅膀喻舞动的霓裳。兰馨蝶影相掩映,清操和雍容,既清真雅正,又光辉充实。这就使高山流水涵有了黄钟大吕的堂皇,又使黄钟大吕内蕴了高山流水的幽清。

画面上,两丛兰花一左一右,顾盼呼应。长条披拂,交错穿插,偃扬俯仰,转侧翻覆,恍若"吴带当风",历乱又有序。杂端庄于流丽、寓刚健于婀娜的长袖善舞,既是兰叶,又是提按顿挫、枯湿浓淡、粗细曲折、轻重疾徐的笔墨,组合为疏密聚散的构成。花茎三枝,每枝上十来朵不等地已放欲绽在泫露凝光中,巧笑浅颦,含羞带娇,高花尤怜。点与线、墨与色的和谐交响,"茎身朵脸叶衣裳,妙曼轻盈浅玉光;我有琴心听不得,谷风习习自生香",本已称得上是一曲无声而有形的《猗兰操》,只是近于素面的淡妆而已。而添加了两只蝴蝶,一飞一栖,彩影惊艳,便仿佛在原先素妆的舞队中穿梭无定地点缀了两只霓裳翩翩的精灵。这,在传统的画兰艺术中,无论是写生还是写意,都是不曾见过的。其实质,正是传统画兰艺术的创造性转化,天机无穷出清新。

补记

文章刚完稿,惊闻陈老师于今晨突然去世的噩耗,不胜震悼!"春兰兮秋菊,长无绝兮终古"(屈原《九歌·礼魂》),"无绝"是陈老师爱用的一方闲章。人生有涯,艺术无绝,国香永流传!霏霏梅雨江南暗,谨以此文祭斯文。

2020年6月26日

孟晖
猫粉陆游的重阳糕

"爱猫族"在近年兴起之后,惊喜地发掘出陆游成为"历史代言人",而对于重叠了"爱猫"与"宅家"两重属性的人来说,"溪柴火软蛮毡暖,我与狸奴不出门"才是这位大诗人的千古名句。

陆游也确实喜欢猫,喜欢到什么程度呢,在诗里把重阳糕叫成"彩猫糕"。他有一首《壬子九日登山小酌》如此咏道:

老怀多感惊佳节,病骨宜寒喜薄霜。
玉脍齑中橙尚绿,彩猫糕上菊初黄。
几年虚负登高兴,何许重寻落帽狂?
浅酌易醒归薄暮,又成支枕独焚香。

农历九月九日那一天,按照习俗,诗人与家人朋友一起,带着酒肴,登高爬山,并在山顶设宴小酌。让我们意外而又流口水的是,他们的这一场重阳宴上，主菜竟是新切的生鱼丝，用捣碎新橙而形成的橙泥代替醋，洒在鱼丝上调味。遵循节日风俗，席面上也摆了重阳糕，准备餐后分食。不过，1192年的这一次重阳节，陆游看到的是"彩猫糕"，相当的独特。

传统上，重阳花糕的糕面上讲究点缀立体化的小装饰。这一形式起于宋代，孟元老《东京梦华录》"重阳"一条记载："前一二日，各以粉面蒸糕遗送，上插剪彩小旗。掺饤果实，如石榴子、栗子黄、银杏、松子肉之类。又以粉作狮子、蛮王之状，置于糕上，谓之'狮蛮'。"宋时，重阳糕可以用米粉做，也可以用面粉做，一般是提前一两天做好，而且每家都要做好几个，分送亲朋好友。调粉浆或者面浆的时候，会撒入多种新秋刚上市的杂果的果仁，因此，那时的花糕实际是百果糕。

糕面上，一般会插上零碎丝绸剪成的小彩旗。但是，真正上档次的花糕，还要用米或面粉捏出一只狮子，然后再捏一个胡人面目、身穿胡装的异国国王——蛮王，并且表现成这位蛮王正在驯狮，或者他牵狮而行的状态，让这一人一兽立于重阳糕的糕面。

《东京梦华录》和《梦粱录》都记载，北宋时，重阳节这一天，东京汴梁的开宝寺、仁王寺举办"狮子会"，寺里僧人都坐在狮子造型的台座上说法，"游人最盛"。在佛教中，狮子是文殊菩萨的坐骑，而在唐代以来的宗教艺术里，文殊乘坐的狮子由一位胡人牵引，形成了固定图式。由此推测，北宋时，重阳节与文殊菩萨发生了关联，具体是什么原因，如今已经难以搞清。

不过，《梦粱录》说："杭都却无此会也。""狮子会"并没有流传到临安。但是，在重阳糕上安排文殊坐骑的风俗却延续了下来，并进一步细化成"狮蛮栗糕"："蜜煎局，以五色米粉塑成狮蛮，以小彩旗簇之。

下以熟栗子肉杵为细粉,入麝香、糖、蜜和之,捏为糕饼小段……名之曰'狮蛮栗糕'。"(《梦粱录》)这种节日糕点有点像今天的栗子粉蛋糕,只是没有奶油,而是在糕面上伫立着米粉捏成的狮子与蛮王,这组袖珍雕塑的周围还要插满彩旗。

据《梦粱录》,当时甜食行的师傅们把米粉染成各种颜色,用以捏塑狮蛮组合,因此,成品是彩色的,鲜艳悦目。也许,出现在陆游面前的重阳糕上,小狮子的样子看着不太像狮子,倒被塑造得更接近一只小花猫,这却让作为猫粉儿的陆游更喜欢,他便乐呵呵地直接呼之为"彩猫糕"了。

也有另外一种可能,负责买花糕的人体察到陆游心绪消沉,想逗他开心,知道陆游爱猫,就特意让甜食师傅用五色米粉捏了一只花猫,代替狮子和蛮王,蹲在花糕上。登高之前,又别出心裁,剪下一朵朵盛开的黄菊花,换掉了彩旗,插在花猫侧畔,既应了时节,又符合文人趣味。

如果真是这样的,那么这一招儿很灵,陆游看到重阳糕上有一只彩色小猫神气活现,由簇簇黄菊环绕着,他的心情果然暂时好了起来,随之灵感活跃,吟成了《壬子九日登山小酌》这首诗。猫粉儿只要看到猫,随时随地都会高兴起来,还真是一条能经受考验的规律啊。

李皖
音乐是怎么变成免费午餐的

"音乐是怎么变成免费午餐的?"当斯蒂芬·维特(Stephen Witt)以他调查记者的过人精力和出色采访,近乎悬疑小说家的组织素材和讲故事的能力,像破获一个惊天大案一样破获了这个人人都知晓、人人都经历、但是人人都对它的底细一无所知的全球谜案时,身为一个唱片迷,我得承认,从头到尾我都屏住了呼吸,甚至有时候,因为窥见了内部机密的激动,我的全身都颤抖起来。

这确实是个惊天大案。一点也不夸张,音乐变成免费流媒,唱片工业在全球垮台,这是二十一世纪最大的音乐事件。其对人类影响之巨,或只有这件事的发端——录音及其唱片的诞生——可以相提并论。而《音乐是怎么变成免费午餐的》([美]斯蒂芬·维特著 蔡哲轩译 河南大学出版社2020年1月第一版)这本书,讲述的是这件事的结果、结局。

如果不是维特这样讲起,那么我们当不会想到,这个音乐事件居然是可以从头到尾、指名道姓、有名有姓地讲得清楚的。正像作者在前言中指出的,我,乃至其他的乐迷,也和他一样这样地想当然:"以前我认为音乐盗版是个'众包现象',也就是说,我相信我下载的那些MP3是由分散在全球各地的人上传的,这样一个盗取音乐的人的网络是松散的,没有组织的。"但是这个假设是错的!维特告诉我们:"的确有一部分文件无法追踪源头,是由无组织的网民自己上传的,但绝大部分的盗版MP3来自少数几个有组织的发布团体。经过鉴证数据分析,那些MP3通常能被追查到它们最初的来源。如果再辅以传统调查报告的技术,我发现能把追踪缩小到更精确的范围内,不仅仅能追查到文件的源头,其实还能追踪到特定时间和特定的人。"

令人震惊的事实!虽然维特有点儿托大了,把美国音乐制品的盗版和美国唱片工业的崩塌等同为全世界音乐制品的盗版和全世界唱片工业的崩塌,但他的侦破是令人信服的,并且可资援引到全世界其他国家和地区的同一个体系当中。维特的追踪,真的就像是一部悬疑小说和侦探大片,在经过了德国—美国—挪威—日本,纽约唱片中心—伦敦警察厅—美国联邦调查局—美国硅谷等上天入地的调查后,他得到了谜底,破获了这个大案。

虽然案情是如此清清楚楚,即使那个最大的盗版头目,其网络案底已清而疑犯真身并没有服罪,那所有的疑点、线索、证据链、犯罪细节却也都清清楚楚、毫无疑义,可以说是人赃俱获,但我并没能完全满意于维特所揭出的谜底。当我掩上最后的书页,内心久久不能平静,更多的疑云、更大的谜团不断地奔涌前来,让我产生了窥望更多未来、重估更多历史定义的渴望。大案背后实有更大的大案,涉及人类古今,维特所展示的,刚好是一扇门:它是终结,又是开启,将颠覆我们过往已有之所得，又通向我们未来或有之所失，开启人类一场更大的迷局。

有一场人类大戏，横亘古今，一直在演化。若给它一个命名，可称为"传播"。传播中又有一个关键，或称之为"复制"。这是左右人类诸多命运的两条命理。此时此刻，传播和复制都有跃进。所以我们面对的会是这样的一个世界，所以这个世界与以往的世界相比，是如此的四海翻腾、五洲震荡、六神无主。

不展开说了，说梗概。

传播短缺时期：跨距离的、将族群乃至整个人类通过信息共享连接在一起的传播和复制，都极为难行。媒体、媒介和媒质极为珍稀，是金石、竹刻、羊皮卷、烽火台、口信；而若集会，会期间隔是漫长的，与会路程是遥远的，与会的人数是有限的。

传播告别短缺时期：跨距离的、将族群乃至整个人类通过信息共享连接在一起的传播和复制，变得易行。媒体、媒介和媒质变得普通，纸出现了，书写出现了，印刷出现了，报纸出现了；而若集会，会期间隔可以年度月度，与会路程不再成问题，与会的人数大大扩容。

传播丰富时期：跨距离的、将族群乃至整个人类通过信息共享连接在一起的传播和复制，变得通行。媒体、媒介和媒质变得普及，不仅书面文字可以传播复制，声音也可以传播复制，图像也可以传播复制，进而动态音画也可以传播复制；而若集会，会期可以随时，与会可以随地，与会的人数——如果仅仅从接受层面而言——可以是全人类。

传播过剩时期：整个人类，每个人，随时随地都被信息共享连接在一起，都处在传播和复制之中。万物皆媒，传播复制可即时交互。集会？全人类每个人，事实上都在一个互联互通的传播平台上，集会每一刻都在进行。

传播和复制的变化,在改变人类的面貌,改变人类的组织、政治、社会、文化等诸多方面。就拿音乐来讲吧,在古代,它是祭祀、祈神、神圣家族、游吟歌手;在近代,它是神剧、音乐会、戏曲、宫廷音乐家、艺人伶人;在现代,它是唱片、演唱会、录影带、DVD、歌手、明星……这三个时期,音乐跨越了不可复制、可表演复制、可复制三个阶段。

而当德国的科学家以人耳的缺陷、错觉在寻求一种改变,力求大幅缩小录音的储存尺寸,从而发明了MP3——表面上,他们只是改变了录音文件的大小,但因为它实在是太小了,他们改变了一个本质属性,使通过电信点对点即时传输成为可能,从而跨越了一道根本界限:音乐存储没意义了,"实体"没意义了,音乐变成了流媒体,音乐的复制变得人人可行,音乐录制品的尺寸之小变得人人可以将它方便地传给另一人。这是前所未有的。早先,你无法向人"转述"一段音乐,传播这段音乐只能去现场,去亲身亲历。然后,你可以拥有它、"转述"它了,但必须通过实体,仍受时空所限。现在,你可以随时随地与人分享,把你听到的,转发给他人听。很快,不仅是音乐,动态音画、现场实景,也可以转发给他人——"视频""油管"兴起了,在越来越多场合代替了音乐的听、文字的读、图像的看,甚至在侵入和瓦解传统电视电影的精彩。

一个百年基业的唱片工业大厦,何以在一夕垮塌?一个一向稳固的知识产权体系、西方文化伦理,何以被众人不顾?原因在这里,只有在这个历史演进里,事情可以得到解释。

所以人人参与了盗版,人人参与了对唱片工业的绞杀,总金额高达数兆美元之巨,而并没有违法犯罪的不适,没有经历在伦理上的可能是对背德行为的自我质问。复制变得轻易之极,传播有了全新的含义,它是以人们新奇地涌入一个全新的时代而自然而然完成的。音乐"转发—分享"的魔门打开了,并逐渐成为音乐过去没有但现在有了而且变得越来越重要有时甚至是不可或缺的一种性质。在这段历史完成的具体过程中,我们可以看到历史进程饶有意味的一种迂回:下载盗版音乐的人,他的动力,来自身为某个精英部落一员的感觉,他下载和收藏的大部分音乐,甚至他都不曾去听;而将音乐盗版上传的人,他是在参与一场世界性的秘密竞赛,巨大的冒险,仅换取极小的利益,最大的荣耀乃是在互联网的地下世界中成为王者的光荣。这是深具启示意义的:有一些至为深刻而广大的改变,涉及一个旧世界的颠覆、迭代、更新,往往不在那个世界的体系、链条、线路、逻辑下发生和完成,而是在意想不到的方面,在中心和主线之外溃变,进而感染整个机体。全球唱片工业,这座资本主义大厦的垮塌,并非来自反体制的、反资本主义的力量,而只是出自那些时尚耍酷的、现代生活里的先锋。

然后,就是今天这样了。经由无意中实现了颠覆的先锋分子,它完成了时代的嬗变,养育出了新的日常生活及其生活方式。音乐再不是十九世纪,是只有少数贵族得以闻听的音乐会,一边听,一边感念那音乐和人在时空中永久消逝。音乐也不是二十世纪,唱片迷四处搜求以获得一张绝版唱片,以参与一场终生难遇的演唱会,珍藏这场演唱会的完美影像,将之视为告慰一生的珍贵记忆。音乐现在不用去找,收藏变得毫无意义,有一点意义的行为或许是转发,或许是在自己喜爱的人物和作品下刷屏,以此成为社交网络上传情达意、彰显自我、呼朋引类、声气相投的一个手段。

我曾经幻想值得度过的人生,是活在当下,日常生活和灵魂生活合一。我们在现实里的肉身、现实体验和人生实践,与我们生命里的灵魂、精神探险和远大思想，合为一体。现在，这种人生可以被践行、被实现了，此生之现实经历与思想经历，具有此时此地性质的深刻体验和感悟升华，完全可以合一。这也是我当初深入流行音乐、电影、各类当代艺术并把它视为与历史文本等量的经典文本的一个初衷。但是转眼间，移动互联网承载的一切，让社交覆盖了生活，个人总是置身人群，人生时刻都在此时此刻之中。你付出了所有时间，都还不够承载此时此刻的信息传播和复制。你的灵魂，可以飘荡在此时此刻的全球各处，只要你愿意。而人生的重大现场，此时此刻，随时都有。人类或许会出于正义的内在冲击，产生一种新伦理：此身必须全力以赴，置身此时此刻正在发生的严重或崇高的人生现场之中。

免费音乐的劫数，说到底，不是对知识产权的侵害，而是音乐的主要价值，注定将向着社交媒质的方向沦落。听音乐的行为，一部分甚至大部分，将变成为社交行为。必须反对这种生活。这样的活在当下、此时此刻，陷入了另一种虚妄，成为另一种恶俗。人的生命的质量，归根到底不是仅这一生，而是你借由这一生的这一个契机，活过了人类的自古及今，活过了所有人的所有一生。如此，人生才是广阔的，此生才是有分量的。你不是这个河流的一朵浪花，你是这个河流本身在现时的显现。音乐是神秘的启示吗？音乐是珍贵的吗？某些音乐是必须亲历的经典吗？你必须在静默中感受那种神性吗？是的，音乐的最重要的价值就在这里，而不是即时分享，不是在分享那一刻轻佻的社交喜悦。只有适时地摒弃此时此刻，身临其境连接上各个时代的宝库，将整个生命化入古往今来人类的整个河流，进入时间无始无终的永续，音乐的最重要的品质、启示和意义，人生本该具有的格局，才会显现。

第六辑

胡晓明
我的太极拳小史

太极拳是中国的国粹。人无分男女老幼,地无分南北西东,学无分老庄孔孟,时无分春夏秋冬,只要有华人的地方,就有太极拳。太极拳精深博大,藐予小子,习拳几何?敢撰私史?然练的人不写,写的人不练;有内史,也有外史;有个人史,有家族史。小人物、边缘人、旁观者,也可以从各个侧面去丰富、注解、诠释宏大叙事的历史。对于一个像太极拳这样无比深厚的对象,当然不是只有垄断的一种史。

先要说起我的太极拳"前史"。那就得从外祖父讲起。外祖父是贵州毕节经商的,长年在外东跑西颠。他老人家跟我讲小侠艾虎、南侠展昭、接镖还镖的故事,听得一帮子少年血脉偾张。又说他年轻时曾在地方上打过擂台,将刘四爷一脚踢翻下去。我便缠着他教几招,因为我那个时候身体单薄,经常受到附近小孩子的欺侮。于是我从他那里知道了"白鹤亮翅""推窗见月""青龙出水"。然而失望的是这些完全不能实战。据母亲说,主要是怕我们弟兄出去惹祸,伤了别家的小孩子,外祖父就只教太极不教散打。然而再后来我才知道,什么打擂台之类,全是他老人家的一番"意淫",喝酒时下酒的幻象。太极拳不是拿来打架的,这个我早就明白了,所以近年来拳坛上的那些有关打斗的花花絮絮,仿佛是穿越时光,回到了多年前外祖父微醺时分的酒话。当然,我的母亲十四岁受剑仙侠客书的影响,带着三两闺蜜离家出走,往四川峨眉山访师求道,差点回不来。也因缘际会,藉一副侠义心情转而投身革命,这也是史前史,基因里的种子。

大学本科时喜欢武术,就不讲了。话说五年前,"师姐"(我太太)从首届太极拳班结业回来,兴冲冲拉我一定去第二届,说好得很。于是凌波微步、六脉神剑、打狗棒法、独孤九剑……全都"隔窗云雾生衣上,卷幔山泉入镜中",这样成了"黄浦拳校"(学校工会的培训班)第二期学员。

有一回,我和"师姐"在长风公园练拳,特别是"师姐",打得有点偏偏倒倒的样子(这文章不可告诉她看)。旁边,一个中壮年男子,一直坐在长椅上,这时实在看不下去了,上前问"你们是跟谁学的?学了几年了?"然后兀自示范表演了一番陈家沟的老架七十二式,峭拔古腴,高人在民间呵。从此我们都绝不敢轻易说出师傅的名字,怕辱没了师名。

师傅,陈家沟传人。最近看了我的视频,说了一句:"当初钱穆他们就是这样打的。"——表扬乎?批评乎?师傅清刚老劲,大气磅礴,拳风兴会飚举,直入画境,无须我表彰,吾校数百余名老师员工,人无分男女老幼,都是他麾下的"俘虏"。噫!华东师大百千强,无人不知李富刚。

然而我五年的太极拳史,之所以可以成"史",是罕有人像我这样不厌不弃地坚持这个东西,刮风下雨,打雷闪电,几乎从不间断。这是可以自表的。出差旅游在外,无论是北海道的雪地,多伦多的空街,甚至长途飞行的航班机尾处，轮船晃动的甲板上，都留下了我的身影。疫情隔离期间，不是说要增加免疫力么？也趁着月黑风高，在小区里无人隐僻处，不戴口罩坚持每天打二十分钟。那段风险时期，如幽人往来，孤鸿缥缈，别有一番意味在心头。太极拳，最重要的是三句话，第一句话是坚持，第二句话是坚持，第三句话还是坚持。只有如此，才对得起如此千年国粹。

我的太极拳史，分成好几个阶段。不同的阶段有不同的体验。第一个阶段，是探究神秘。禅宗说一开始是看山是山，而我一开始就是看山不是山，打拳不是拳。从马王堆出土的西汉早期导引图，庄子说的"吹呴呼吸，吐故纳新，熊经鸟伸"，就已有太极拳的身影在其中晃动。"导"就是"导气会和"，引就是"引体会柔"，是呼吸运动和躯体运动相结合的一种功夫。我一开始就认定太极拳不是体操，也不是武术，关键就是要能行气，这个太神秘了。能不能做到？如果找不到气感，那就不过是做一套操。在培训班的时候，我内心里不时讥笑我们大家都不过是在一起做体操。然而，李老师就从来不讲"以气运身""炼气化神"的那一套玄学。

这个阶段很快就过去了。因为，中国文化，最神秘的就是"气"。有人说此气就是神经，有人说是生物电，有人说是人体内的一种特殊分泌物，有人说是人体内的一种特殊功能系统等等，都是乱猜，根本就不是一回事，是用现代人的科学思维来替换古人的思维系统。而且，中国道家文化最讲自然而然，不要刻意去求一个东西。庄子说的心斋坐忘，其实正是去执化滞。老子说的，"抟之不得，名曰微"，"复归于无物，是谓无状之状"。一开始就想如何"神气鼓荡"，肯定是不可能的。这个阶段我得到的是平常心是道，最奇崛者最寻常，把一招一式打好。

第二个阶段,追求好看。半套太极拳,二十多分钟,翩若惊鸿,婉若游龙;动如脱兔,静如处子。若是当文章写,像一篇骈文,如庾子山《为梁上黄侯世子与妇书》:"想镜中看影,当不含啼;栏外将花,居然俱笑";若是当律诗读,或绮情丽绪,纷葳相引,或气静机圆,襟怀高旷;若是当书法撰,又像一副好对子:花花自相对,叶叶自相当,雷霆走精锐,冰雪净聪明;若是当舞蹈看,自我感觉有凌云气、吴带当风,古意盎然,摆脱人世间种种凡猥,而自入千古文人侠客梦。

这一个阶段比较久。也有一些意外收获。那年在京都出差,住的那个小酒店没有院子。干脆,顺着房子的消防梯,攀爬至楼顶处,在水箱之间的狭窄空地打了一轮。打毕,鸟瞰周边,发现不远处有一神庙,庙有院落,小而幽静。第二天遂往神庙,打的感觉特别好,思接千载,遥想唐代东渡的僧人,传播华夏文明。后来每出差京都,一定要在神庙或古寺幽僻处练拳。还有一次在大阪的酒店旁边,竟有松尾芭蕉刻石题诗的小公园,旁边有一大庙,钟声悠悠之间,穿插跌宕自喜之一招一式。当然,最难忘的是北海道那年,有《北海道星野度假村晨起练拳三首》纪其事,第一首云:

千山鸟绝静无声,
门掩远村夜雪深。
莫怪冰寒不入骨,
九天风露鹤精神。

然后发朋友圈、发朋友圈……让日常生命富于美的享受,这是太极拳所赐之礼品。但是有时候是要付出代价的,尤其是异国他乡,人生地不熟，时差倒不过来，后半夜起来打拳，不免有些安全之虞。那年在多伦多开会，酒店旁边寻一空地，街灯远近昏黄，静寂之中，偶有一二路人在寒风中踽踽而过。我担心安全，幸而找到一处可以按紧急警铃的柱子。一边打，一边留心周边情况。然而打完之后，发现原来是多伦多旧时唐人街遗址，无任何建筑物，只有一长列横排的说明纪事碑，有图有真相。怪不得这拳打来神气鼓荡？（今天想来，城市建设中，有无法恢复的故居旧街，不要新造假古董，也不要毫发不留痕迹，不妨如此标注一番，存一份温情敬意。）另一次也是在加拿大，温哥华本拿比的一处自然保护区。大森林极美妙，然打完拳之后，天刚亮，才看清一块牌子上写的字："请不要喂食郊狼。"——忽然冷汗，这拳能打狼不？

第三个阶段，从累与烦中反省。我前面说过，太极拳难就难在天天练，风雨无阻。然而时间一长，未免单调而重复，身心俱疲。又不可能天天出差有好风景，再美的音乐与文章，天天重复，必生倦怠。现代人是求新求变的动物，似乎很难永远守住一个东西，浮躁而趋新，是现代病的根子。不过太极拳似乎启示我们换另一副思路看世界。生命是要锤炼的，身体不是拿来享受，而是拿来修行的。身体是一个九转灵丹的火炉。这正是古人区别于现代人的要义。于是我这样又坚持了一两年，渐渐地，开始体会到其中一个"慢"字，极有意味。"慢"既是心性的修行，也是身体关节的耐力，即肉身即性情，炼气化神。"慢"又是城市人生每天都有的桃花源，是这个快节奏重压力生活的对照项，就看你打开不打开。"慢"还是忍，是舍，是生命的反省回看与提醒，提醒运动变化之际，是否立身中正，足跟是否浮起飘渺无着落。

为了从单调与重复中反省，又体会得一个"缠"字。有一回，台湾大学的李丰楙，道教学者，在一起吃饭聊天，他问我打什么招式，我说陈式。他说陈式最重要的是一个"缠"字。后来看到陈派学者如顾留馨、沈家祯的文章《陈式太极拳特点之三：顺逆缠丝的螺旋运动》，更增加了对这一个字的认识。然而其实不止陈式，全部太极拳的特点也正是这一个字，文章里说到的前辈，"杨少侯先生在晚年独创的小架子，只见发劲，不见运劲。此乃运劲圈儿小到看不出，仅将发劲显露出来的具体表现，是紧凑不见圈的纯熟功夫"，杨少侯就是杨式太极拳第三代高人。"缠"有很多技术细节的讲究，这里且不表。我的体会，从古典学上说，"缠"义甚丰，其一曰形体与身位的"缠"，如欲左反右，欲起先沉，欲外先内等。其二曰意念与心神的"缠"，如虚中含实，阴阳互缠，刚柔兼济等。其三曰拳外功夫的"缠"，即苦乐一体，执与不执的缠，这里有很深的学问。什么叫苦乐一体？学者开始尝到太极拳是苦，才见真章，那些表演，我不太看得起，知道重要的是天天练，天天练即天天品尝人生之苦，然而每练完，通体舒泰，精神焕发。如饮醇醪，如吸那啥，上瘾之后，一日不练，似乎六脉不通，关节锁闭，神情不喜。因而，苦即是乐，痛即是爽，病即是药。

讲了半天，离题万里，李老师会不会看了又说：民国那些读书人就是这样看太极拳的。朱熹说："读六经时，只如未有六经，只就自家身上讨学问，其理便易晓。"所以读者诸君要原谅我拳外说拳。我的每一阶段，都是层层递进，后一阶段，包含了前一阶段。这最后的反省还在继续，它融汇了美的享受与人天交感的神秘。记得那年在浙江丽水的一处深山里，那天一大早，青山浓翠如滴，山腰白云如纱，在农家一空地晨练，抱桩、起势、金刚捣碓、六封四闭、单鞭……噫！山谷里的白云，竟不期然而然，随着身形手势而起舞，而飘动，而升沉，此情此景，深意领略，自有解人。

陈思呈
天南地北去喝茶

一

前年十月份的一个下午,我第一次来到呼伦贝尔的特莫呼珠牧场,斯仁其木格的家里。她招呼我的时候说"喝茶吧!",我觉得很穿越。因为我老家就是一个喝茶度日的地方,人们邀请到家里来,不说"来坐坐",也不说"来吃饭",只说"来食茶",既比前者恳切,又比后者轻松。这是吾乡人们见面必备的一句话,没想到从祖国几乎最南来到祖国的几乎最北端,听到的竟然是同一句招呼。

斯仁其木格邀请我喝的是蒙古奶茶。她家是蒙古族里面的布里亚特分支,跟其他蒙古族又有些不同,她们配奶茶吃的列巴总要沾着巧克力酱和草莓酱,还有另一种茶点的形制也特别有异域风情——但茶是豪放的蒙古大锅茶没错。虽然跟吾乡一样都是喝茶,吾乡是功夫茶,三个小杯,每杯只够两小口,如果其木格看到了一定无所适从。

后来，我又在不同的季节去了好几次其木格的家里。每天其木格起床的第一件事，就是熬奶茶。她早上六点左右就起床了。我是被她熬奶茶的声音唤醒的。我就睡在烧牛粪的炉子不远处，因为那个位置最暖和。其木格把牛奶往锅里倒的时候发出悠扬的水流声，她用勺子把那一锅奶和茶水混匀也有同样悠扬的声音。早晨的草原那么静，这个声音又近在耳边，我就在这个声音里醒来。

蒙古奶茶搭配的动词是"熬"，而吾乡潮州功夫茶搭配的动词却是"冲"。他们说熬茶，吾乡说冲茶，我有一种奇怪的错觉，觉得熬是往下按，冲是向上扬，一个是让茶更接近固体，一个是让茶更接近气体。

这才知道，在草原，喝茶的重要性一点也不比吾乡弱。听说以前牧民放牧时，一整个白天里只喝茶，只有晚上的时候才吃饭。奶茶虽然有脂肪含量很高的奶，但毕竟也只是液体。放牧需要很大力气。我没有跟着放过牧，但看过其木格家院子里闯进来过几头别人家的牛，她连外套都来不及穿，只穿一件单衣就冲到零下20℃的室外去，拿着一根树枝恶狠狠地挥向牛群配以高声怒斥。几头陌生牛被她的声势和动作镇住，弱弱对峙了一下，还是选择退出。我想，他们放牧的路上可能时不时要这么来一番吧，羊还好，牛有牛脾气，马据说是最容易"学坏"的，难养，一个不小心就"学坏"了，都很费体力。

所以放牧的时候一个大白天只喝茶怎么够呢？但她们说"吃太饱了走不动"。

他们到新的牧场驻扎时，常会第一时间熬一锅奶茶，敬天敬神。吾乡当然也是一年四季白天黑夜都在喝茶，但这么对比起来，喝茶和喝茶，真是大不相同。游牧人民对茶有敬意，而吾乡对茶却只是亲狎。

游牧人民的喝茶是民生,吾乡人民的喝茶是休闲。

吾乡人民也常在地里田间摆上茶具,随时随地喝了起来,但他们喝的这茶,与谋生果腹无关,反而是借着这茶,特意与谋生果腹拉开一点距离。在吾乡,生存与生活之间的距离,就是一泡茶的距离。

也许吾乡这种茶,才是茶最初被发明出来的样子吧。看过一个资料,在十八世纪的英国,很多人认为饮茶会使男人变得女性化。当时,有一个不顾马车夫和人力车夫的嘲笑而把雨伞引进伦敦的慈善家——对,这么智慧仁爱有眼光的人,却非常看不起茶叶。他撰长文写道:"那些用高卢人的血染红多瑙河的战士们,难道他们是那些整天小口啜茶的男女所生下来的吗?"另一个杂志作者也写下这样的文章:"它(茶)是一种邪恶的东西,让我们的民族养成了用女里女气的方式小口啜饮温水的习惯,这种习惯会使男士变成懦夫,使强者变为弱者。"

从以上资料来看,他们所批评的,显然是吾乡的茶而非蒙古族的茶。蒙古族的茶跨越物种,有了酒的气质,从来都是大碗大碗地出现的。只有吾乡功夫茶,才坚持阐释从几个世纪前就被批判的"女里女气"的喝法。

二

同在北方,西边的维吾尔族跟东边的蒙古族,也喝着不同的茶。冬天的时候我们来到帕米尔高原,从喀什开车去奥依塔克冰川。

路上见到很多维吾尔族民居,衬着白雪和枯树,门上装饰着优美的花纹,真的很想走进去看一看。但是当地的朋友燕子告诉我,离公路太近的居民们常受到干扰,可能不会太好客。等燕子把车开到她认为可以去"打扰"一下的时候,确实是一套特别大、特别宁静和舒服的院子。看了一下手机地图,显示这里是克孜勒苏柯尔克孜自治州的奥依塔克镇,奥依塔克是古突厥语"群山中一片洼地"。

厚厚的积雪模糊了屋前屋后院子的功能划分,看起来只知道这栋房子周围的空地特别大,落光了叶子的树也难以辨别身份。院门没有关,我们踩上院子里完整的、没有任何脚印的积雪,有抱歉的心情。

除了外面的院门,这里还有一个院门,可以称为内院门。燕子站在这里喊门,用汉语喊了又用维吾尔语喊,都没有人。但显然不可能没有人,因为院子里传来了收音机的声音,内院门也像外院门一样没有锁,轻轻一推又开了。

这个内院与外面院子不同的是,雪被扫过了,高高堆在角落。院子四四方方,左边一个门,前方一个门,木门上刷着彩色油漆,刻着花纹,锁头虽然简陋,也是铜的,很有拙趣,这个方方正正的院子和彩色的几个门,让人觉得是住着快乐、活泼但审美趣味有些稚拙的一家人。

收音机的声音又大了些,燕子往收音机方向用汉语和维吾尔语分别问有人吗,没人回答。她又拍拍房门上的铜锁,这个门又被推开了。

于是我站在一个奇怪的客厅口,地上铺着旧旧的地毯,复杂的花纹早就看不出原来的颜色。没有什么家具,光线很暗。正在适应光线,客厅旁边的门打开了,收音机的真正音量完全呈现,一个笑嘻嘻的维吾尔族老汉走出来,用维吾尔语絮絮叨叨地说着什么,浑不在乎的样子,不是热情,而是熟络,好像我们是他家邻居,经常过来,那语气不像疑问句,像一个一个陈述句。

家里看起来没有其他人,我们于是倒紧张起来了,燕子打听了路,然后赶紧用维吾尔语告辞。可惜完全听不懂他絮絮叨叨说的是什么,他站在那个彩色门里的样子，看起来像一部伊朗电影。伊朗电影里的人们，也总是这样絮絮叨叨地说很多。

我瞥见卧室的地毯上放着茶壶茶碗，想来他当时正一边喝茶一边听着收音机呢，外面的几重院门都没锁，见到我们却一点也不诧异，可见他很放松，我们在外面喊那么大声都没听见，可见收音机里的内容让他又投入又享受。

这是我见到的第一个喝茶的维吾尔族老汉，但第二天，我就见到了满满一屋子的数十个喝茶的维吾尔族老汉。

第二天我们在喀什老城里转悠，转到吾斯唐博伊路，见到著名的"百年老茶馆"，当天因为错误判断而穿着非常单薄的我们像见到火堆一样喜悦地扑进去。

天哪，没有想到维吾尔族老茶馆是这样的茶馆。一屋子密密麻麻一律都穿着黑衣服的阿凡提，一个挨一个围坐在一张张巨大的"炕"上，放眼望去全场只有我和同伴英英两个女性。

我们强装见过大世面，随便选了离门最近的那个"炕"（也不知这个词对不对，维吾尔族朋友告诉我，维吾尔语管这叫supa，但是汉语不知怎么说）。总之每个"炕"大概都是长方形，每个边起码能坐五六个人，那么围坐在一起起码是二十多个人。大家都脱掉了鞋子盘着腿坐着，他们穿着皮袜子，我们穿着普通袜子，每个人眼前都是一壶茶，一个杯子，一个铁盘，铁盘上有一个馕，还有一个碟子装了美丽的黄色冰糖。茶是砖茶。

我们就这么面面相觑地坐着。他们一边打量着我们，一边把盘子里的馕掰成小块，在茶水里面浸一浸，再津津有味地送进嘴巴里。

眼前一下子出现这么多阿凡提，观感上真是极奢侈。维吾尔族人都长得好看,每个人的脸部轮廓是那么深刻,仿佛他们的出生都更加用心。他们的打扮也很有气质,喜欢穿呢子大衣,从没见过穿羽绒服或者运动服这种快餐式服装的。他们喜欢戴帽子,冬天是黑色的平顶呢帽,庄重、优雅又低调耐看。他们还多数留着胡子,胡子使他们的脸庞显得更加深邃。静态的他们,就充满故事感,一个人就像一张剧照。

如果他们动起来,故事感就更强了。他们的身体语言总是显得很恳切。问好和告辞,都把右手放在左胸上,微微地弯一下腰,气氛仿佛就在舞台上。老人也同样优雅,即使看起来是贫穷的。在我们坐下不久,有个维吾尔族老汉进来了,他老得眉毛都白了,身上的呢袄也有点破了。他也拿着铁盘和馕,穿着皮袜子,费力地坐下。先是跪坐的姿势,缓缓地掰着他那个馕,掰完之后,他又从跪坐改为盘腿坐的姿势,慢慢地吃起来,不吃的时候就十指交叉抱在一起,对四周置若罔闻。眼睛藏在他长长的白眉毛下面,嘴巴藏在浓浓的白胡子后面。看上去,就像从魔法里走出来的一样。

在我们愉快又贪婪地欣赏这些形象美妙的阿凡提的时候,他们也愉快友善地朝我们致意,有的还邀请我们吃他们掰开的馕,和我们交换着都从茶馆买的本来就一模一样的馕块,表示彼此欣赏。

突然坐在我对面的一个阿凡提说了一句什么,拿出一把热瓦普弹了起来,边弹边唱。紧接着,距离他两三个位子的一个阿凡提,又掏出一个达甫鼓拍了起来。正在我们迟疑着不敢相信的时候,一个又瘦又帅的阿凡提站起来开始跳舞,又是旋转又是拍手,又抒情地张开胳膊,又喜不自禁地扭着脖子。达甫鼓和热瓦普热烈的节奏笼罩了全场。

眼前这情景我只觉得热血澎湃,心驰神迷,我旁边的英英、英英儿子、我儿子也都目瞪口呆,愣愣怔怔。

他们唱了很久也跳了很久,饱满的情绪,很不一般的水平。

在喀什街头,除了坐满阿凡提的茶馆,还有一些"药茶馆"。我只喝过一小杯,可能是放了小豆蔻丁香之类的,味道非常古怪。这里虽然不产茶叶,却有自己的茶文化。

三

成都的茶馆我只去过一次,从飞机场下来我提着行李直接到杜甫草堂,一进门就是一个露天茶馆,我坐下来要了一杯绿茶,为的是歇歇脚。

对吾乡来说,绿茶的冲法总是不够技术含量,杯子大了,冲泡时间就短了,每个人的交流密度自然就不够。

突然意识到吾乡功夫茶的设置可谓煞费苦心。三个杯子那么小,人多的话,不但要轮流喝,喝一次还要洗一次杯。我们来广州后,就使用改进式的茶盘,则即使人多,也每人认杯,不用每次都洗杯。但用老家人的话说,这种改进的泡茶法叫"半干泡"(干泡,参考"干洗"的思路)。因为按老家最传统的泡法,茶盘上永远是湿漉漉的才对,那样泡茶虽然麻烦,但泡出来的茶有灵魂。

一件事稍有难度,会天然地成为一个凝聚力。坐在一起的人,某种程度上都在关注喝茶这件事,再陌生的人也不会大眼瞪小眼,再无话可说,起码也能聊聊眼前这个茶。

吾友钟哲平曾说,一个地方如果有喝茶习惯,这个地方的语文就不会差。回味她这句评论,越想越有道理。因为喝茶的时候,需要表达出很多微妙的感受。那些表达我们习焉不察,就算乡间不识字的农

民也这么交流,只有现在,特意把它们转为文字,才会发现竟是如此雅致。比如:

这条茶有喉底
这个香气太霸道
这条茶太剥削
这条茶有山气
回甘很好
冲了茶胆了,太苦
这条水太硬
这条水软驯些

罗列出来几乎像诗句,而这也是他们日常的语言。所以我友钟哲平认为有喝茶习惯的族群感受上也会细腻一些,因为,最初你要说出自己的感受,然后对方也能领略你的感受,然后这些表达变成你们之间能共同理解的固定桥梁,你们的舌头都能体会到这个共同的感觉,你们起码能拥有一个默契,不可与外人道也。

关于喝茶者之间的默契,我遇到过最极致的一个例子是一个朋友与装修队包工头的谈判。我本以为会是一场刀光剑影腥风血雨的交流,因为房子装修过程有诸多不愉快,现在是结账,朋友想把原先定好的价钱往下再压一部分。

谁知他们坐下来,只是不断地冲茶,让对方喝茶以及自己喝茶。除了偶尔几句日常闲聊之外,其他时间基本都在沉默,能在喝茶时沉默的人,是最熟悉的老朋友或者家人,怎可能想象这是一场谈判。

不知对饮了多久,茶叶淡了又换新的,半个晚上就要过去了,还没有一个字提到跟装修有关的事。到底他们是没有勇气直接谈论,还是还没想好?

突然间,全无铺垫地,朋友报出了一个数,他一边说,一边如常冲茶,仿佛这个数字是特务接头密码。包工头也如常地喝茶,沉吟好一会儿,回了一个数字,并加三个字:行不行。

朋友又沉吟了好一会儿,再次回了另一个数字。包工头这会儿只说了一个字:行。

那场腥风血雨的商界谈判,就在这么三句对话里完成了。

孔明珠
日本浴衣的故事

到了日夜有温差的季节，早晚后颈凉飕飕的，作为一个有颈椎病的人，忽然想起深藏在柜子里的一件藏青色、印着铃兰花的日本浴衣。

这是夏天穿的简易和服，全身棉布，局部有衬里，斜襟宽宽厚厚的缝得结实，尤其后领处特别厚实，衬了浆布，前襟交叉用腰带固定。浴衣的袖子很有特点，上端外开袖口以伸手，袖口下端丸型，底部封口。袖子连肩部的地方上面是缝住的，下半部内侧开着叫"振八口"。走动或双手舞动起来，宽大的袖子像蝴蝶翻飞，蛮好看。

找到这件藏青色浴衣，套在身上去穿衣镜前试，布料厚薄正好，后颈处能挡住风，却不粘贴皮肤，感觉很舒服。但是浴衣实在太长了，盖过脚背面好多，这是因为穿正宗日式浴衣是要扎腰带的，不仅要扎，还得在腰处叠几叠。浴衣这么长，走路拖地一不小心会绊跤，怪不得藏了快三十年还是新的，根本没有办法穿嘛。

这件藏青铃兰花浴衣，是快三十年前，一位叫步（日语发音"阿由美")的日本女孩在初中手工课上亲手缝制后送给我的。从日本回国那么久,我与她早已断了联系。去年5月去东京时,我找到了原先打工的日本居酒屋,坐定后先问阿由美的下落,老板娘眼神木木的,竟然完全想不起来阿由美是谁。

认识阿由美时她才十五岁,还是个初中生,按她的年龄是不能在外面打工的,老板娘看在她父亲木村先生整天来消费的面子上,答应她来当"阿鲁巴多"(临时工),每次打工三四个小时,小姑娘既拿到零花钱又能饱餐一顿喜欢的料理。我那时刚到东京,日语不行心情也不好,是阿由美那副天真无邪的样子治愈了我。她大长腿,童花头,额头光洁,讲话时眉毛一跳一耸,笑起来眼睛弯弯,嘴角两只酒窝像盛满了蜜。

大家都宠她。只要这天阿由美出勤,老板就待我们这些打工的特别仁慈:晚餐可以点菜吃。阿由美乐滋滋地挑最好的菜点,她爱吃的是生鱼片、炸鸡块、蔬菜色拉……这让我们暗暗窃喜,都顺口说,跟她一样,跟她一样。

我喜欢阿由美,抢着帮她做事。她每周来店里两三次,我看也看不够似的盯住这张鲜艳的脸庞,一插空,就将平日积下不便问外人的愚蠢问题倾倒给她。阿由美有时笑弯了腰,拖长了声音说"孔桑呀……"然后耐心地一个单词换一个单词地讲解给我听。我听懂以后把手指放在嘴唇中央做"嘘"状,她点点头,也学我的手势,我们一大一小两个人就这样要好起来。

我很奇怪阿由美的爸爸木村先生隔天就来喝酒,而且五点钟开门就到,占个榻榻米角落位置可以喝到店打烊。老板娘桂子告诉我,木村是出租车司机。啊!他长得混血儿模样,自然卷发,干净文雅。老板娘说，木村是正经大学美术系毕业的，来东京混得不好，离了婚后日益沉溺于酒精不能自拔，除了开出租车还能干什么，开出租做24小时休24小时，他孤家寡人来居酒屋打发时间呗。

阿由美幼年起跟着妈妈住乡下，直到妈妈再嫁前她才搬到东京读初中，跟着爸爸过。阿由美来店里打工时，我注意到木村神色不一样，有点喜滋滋，开出租早出晚归他能见到女儿的时间并不多。阿由美的性格好，看不出单亲家庭出身。当我的日语会话程度被她调教到可以听懂故事后，我们俩常躲去地下室，她在同伴们共同的"鹤竹居日记"上涂涂画画，记录自己的日常，我问东问西和她聊天。

与阿由美聊到中国料理，她说自己从来没吃过中国菜，我趁机绘声绘色讲自己家里吃的是什么，这可把阿由美说急了，一个劲儿说要到我家来吃饭。

周末，阿由美如约而来，我做了干煎带鱼、糖醋小排等上海菜，大约五六只菜，小姑娘埋着头，吃了很多，吃完就回家了。过了没几天她来上班，把我拉到僻静处，道谢了又道谢，说是没有想到中国料理这么好吃，吓到她了，那天来做客一定很失礼。又说，她把吃饭的事描绘给最好的朋友听，那位姑娘同样震惊，千拜托万拜托，一定让她今天把话带到我这里，下次请阿由美吃饭，千万要带她一起去，千万千万。

又过了几天，阿由美上班时带来一个扁扁的包袱，塞给我。老板娘在一边要求看看是什么东西，阿由美红着脸打开，原来是学校里上劳动课，老师教女生手工缝浴衣，这个作业足足缝了两个学期。阿由美低头说，我缝得不大好，就是想送给孔桑留作纪念。老板娘连忙抢过去摊到榻榻米上，惊呼道，哇呀妈，好厉害哎，女孩子第一次亲手做的浴衣是要送给重要的人的，孔桑，阿由美把你当妈妈了！这一下换我脸红了,我才三十五,当姐姐差不多。

阿由美急着解释,孔桑,这件不是正式的和服,它叫浴衣,是夏天穿的,全棉的。你看它很长,拖到地上,是因为腰部是要叠几叠扎起来的,可惜没有腰带一起送给你。我连忙摇手说没关系没关系。

这件铃兰花浴衣底色是藏青,上面印着红白蓝的花色,沉稳素雅,我很喜欢。回家后仔细看,手工还真不是简单的。日本布匹尺幅很窄,也正适应浴衣的需要,后背对拼,一道缝合并,一道缝是压线,阿由美缝得很仔细平展。浴衣的腋下是很宽的折,也是合拢与压线,但是正面看,针脚很仔细地隐藏起来,那必定是费了小姑娘好大的劲。看得出阿由美是第一次做针线,布面淡色的地方,偶有深色线脚冒出头,估计她是缝过去一段后才发现,后悔、跌脚却又不愿意拆掉重来,也许顽皮地轻轻说一声,嘛,算了啦。

浴衣的袖子、领子部分更难。肩部与前胸的小半夹,夹里是白色棉纱布,衬布上部缝入领子,侧部缝入肩袖,下部几点固定。缝缝道道掰开看,里外层针脚长短不一,疏密相间,藏青色线隐伏其中。花布还要考虑花式排列……日本人做事顶真,手工课老师一步步要求严格,哪怕表面根本看不出来。

抚摸这件藏青色铃兰花的浴衣,想象她在教室里不声不响缝制时,有没有想着离开她好多年的母亲,手工课做完回家,母亲不在身边,撒娇、埋怨也找不到对象,父亲即使在家也是醉醺醺,这一想,我不禁有点泪眼蒙眬。

日本夏季七月中旬到八月下旬有夏日祭,年轻人去参加花火会,男生女生都穿浴衣,清凉随意又性感,长长的坡道上风景特别美。老板娘的女儿新介绍一位女同学来打零工,她的目的是快速攒到买一件浴衣的钱。她已经参加了地区社团舞蹈队,天天排练,要在夏日祭上跟在抬神轿的半裸男人后面,男人一路吼,女人一路跳盂兰盆舞。

在日本,我的浴衣没机会穿,阿由美面临中考更忙,她想考东京池袋最好的女子高中,一放学就赶回家做作业。所幸她如愿考上了,但再次来我家吃饭的愿望却一直没实现。在我离开日本前一天,阿由美竟然骑车来我家,塞给我一个电吹风,她稚嫩的脸上神情焦急,说这是买东西时附赠的礼品,千万不要见怪。阿由美带给我一封信,信封上地址字迹端正,她嘱我一定要回信,不要忘记日语,而她,准备读大学后要修一门汉语。

转眼二十七年过去,记得其间我给阿由美写过一两封信,她也回过一封。后来从老板娘那里得知阿由美考上了理想的大学,也真的修了一门汉语,可是不知为什么她一直没来中国找我。回国后,我开始写作,第一本书《东洋金银梦》日文版出版以后,我很想让阿由美读到,可我又有点忌讳那本书的内容,因为上世纪九十年代初中国与日本经济差距那么大,价值观差异也很大,书中人物对日本的看法,在日做的一些事情,我很难解释,很怕阿由美不能理解我们,反而产生心理隔阂。我到底没让阿由美读到此书。藏青铃兰花浴衣带回国后实用性几乎没有,我穿上拍过照,还给十岁的女儿穿上拍,想着怎么改造一下却又舍不得,这样一搁,几十年就过去了。

回到开头,就是日夜有温差,早晚后颈感觉凉飕飕的那天,我拿出深藏二十多年的阿由美的礼物,抚摸了一会,有一股哀伤涌上心头——我最近常常念叨"生命其实不如自己想象的那么长",突然就下定决心,将这件浴衣摊开,粗粗一量尺寸,操起把大剪刀将浴衣拦腰剪断。

改完的浴衣上半身长度变短，前襟不再叠交，相对合拢，用原布缝了三对布带子打结，变成宽松的中长褂子。被拦腰剪下的那些布料，我将之改为夏天在家里经常穿的宽腿睡裤，裤长过膝，便利凉爽。这样一套合起来穿衣镜前一照，正如我所愿，是一套夏末初秋功能齐全的家居服。最妙的是日本浴衣后颈处唤之为"衿中心"的那好几层衬里叠成的厚领子，正好保护我脆弱的颈椎，为我遮挡风寒。

有这一套经常可以上身的家居服，我可以借机对女儿、外孙女说说故事，在那并不遥远的国土上，在我年轻的时候，曾经，结识了这样一位美丽的姑娘，她善良、可爱，她的名字叫木村步（Kimura Ayumi）。我想，下次去日本我还要寻找阿由美，说不定她就冒出来了呢。

沈嘉禄
邻家阿婆的猪脚黄豆汤

猪脚黄豆汤也叫脚爪黄豆汤,是值得回味的上海老味道。入冬后,主中馈的煮妇就会做几次,炖得酥而不烂,汤色乳白。黄豆宜选东北大青黄豆,有糯性,回味有点甜。当年黑龙江知青回沪探亲几乎人人都会带上一袋。猪脚,上海人亦称猪脚爪。民间相信"前脚后蹄",前脚赛过猪的刹车系统,奔跑及突然停住时前脚用力更多,脚筋锻炼得相当强健。而买蹄髈宜选后蹄,骨头小,皮厚,肉多,无论炖汤还是红烧,口感更佳。

寒冬腊月,特别是那种冷风吱吱钻到骨头里隐隐作痛的"作雪天",热气腾腾的一砂锅猪脚黄豆汤在桌子中央这么一坐,一家老少吃得暖意融融,小孩子吃饱了来到阳台上冲着黑沉沉的夜空大吼一声:"老天爷,快点落雪呀!"是啊,魔都有许多年没下雪了,如果有,也是轻描淡写地在屋顶上、车顶上撒一点,就像给一碗罗宋汤撒胡椒粉。

就是在这样寒气砭骨的冬天,我喝到了人生第一碗猪脚黄豆汤。

这里必须先交代一下背景。在我学龄前,也就是上世纪六十年代前期,我妈妈在里弄生产组工作。生产组是妇女同志的大本营,"半边天"读出扫盲班,就有了更高的理想,希望进入体制成为工厂正式职工,吃食堂饭,有工装,有车贴,有浴票,享受全劳保,每个月还能领到肥皂、卫生纸。有一次,妈妈牵着我的小手穿过草原般辽阔的人民广场,来到一家简陋的工厂,大屋顶下,上百盏日光灯齐刷刷亮起,上百人分成若干个小组围在十几张长桌边给羊毛衫绣花。这其实是她平时在家里做的"生活",而此时她们非要像向日葵那样聚在一起,在形式上模拟车间里的劳作。妈妈忙着飞针走线,我在她身边像条小狗似的转来转去,没玩具呀,只能将鞋带系死,再费劲地解开,无聊得很,实在不行就瞅个空子逃到大门口,看对面操场上的中学生排队操练,怒吼"团结就是力量"。

第二天,妈妈就把我托给楼下前厢房的邻居照看。这家邻居的情景现在是无论如何看不到了,两个老太,一位叫"大脚阿婆",另一位叫"小脚阿婆",对的,其中一位缠过脚。在万恶的旧社会,她们嫁给了同一个丈夫,解放后男人因病去世,大小老婆就住在一起,相濡以沫,情同姐妹。她们有一个儿子,一个女儿,都成家了,分开住。

大脚阿婆收下我后就严厉关照不要跑到天井外面去,"当心被拐子拐走"。这在当时是极具震慑力的。转而又无比温柔地说:"今天我烧脚爪黄豆汤给你吃。"

等到中午,大脚阿婆将一碗饭端到八仙桌上,上面浇了一勺汤,十几粒黄豆,并没有我期待了一个上午的猪脚爪。"脚爪呢?"我轻声地问。大脚阿婆大声回答:"还没烧酥。"

我就用十几粒黄豆将一碗白饭塞进没有油水的小肚子里。好在有一本彩色卡通画册深深吸引了我，白雪公主和七个小矮人的故事为我打开了陌生而美丽的新世界，公主如此美丽善良，小矮人又如此勤奋，他们挖了一整天的矿石，天黑后回家才能喝到公主为他们煮的汤。肯定不会是猪脚黄豆汤吧，我想。所以很知足，看一页，塞一口。这本彩色卡通画册应该是她们的儿子或女儿留下来的，一起留下来的还有《封神榜》《杨家将》等几本破破烂烂的连环画，以及几十本布料样本（这大概与她们儿子的工作有关），也相当有看头。

第二天，经过一个上午的等待，饭点到了，同样是一碗饭，同样是十几粒黄豆，"脚爪呢？"我声音更轻地问。大脚阿婆更响亮地回答："还没烧酥。"第三天，重复第一天的模式，一碗饭，一勺汤，十几粒黄豆，猪脚爪还没有烧酥。大脚阿婆与小脚阿婆在我吃好后才在屋子另一边的桌子上吃，她们有没有吃猪脚爪，我不敢前去看个究竟，因为里屋光线极暗，墙上又挂着一个红木镜框，鸭蛋形的内衬里嵌了一张擦笔画，一个精瘦的男人戴一顶瓜皮小帽，桌上的一羹一饭都被他看在眼里。饭后，大脚阿婆用刨花水梳头，小脚阿婆则开始折锡箔，口中念念有辞，弄堂里的人愿意买她的锡箔，她一边折一边念经，据说"很灵的"。

在楼下前厢房被托管了三天，白雪公主与七个小矮人的故事让我看得浮想联翩。里弄生产组大妈们精心策划的转正式工行动宣告失败，她们灰溜溜地回到各自家里，继续可恨的计件工资制。妈妈松了一口气："也好，可以看牢小赤佬，明年再送他去幼儿园也不晚。"

一直等我上了小学，身体又长高了点，有一天被班主任表扬了，有点骨头轻，回家就壮着胆子向妈妈提出："我要吃脚爪黄豆汤。"妈妈有点奇怪,因为我在吃的上面从未提过任何要求。"在大脚阿婆那里吃过脚爪黄豆汤,是不是吃出瘾头来啦?"

我这才把实情向妈妈汇报,她恍然:"每天给她两角饭钱的,死老太婆!"

几天后,我才真正吃到了人生第一碗猪脚黄豆汤。但味道怎么样,没记住,印象深刻的还是白雪公主,一双美丽的大眼睛!

后来我家条件好了,也经常吃猪脚黄豆汤。我五哥是黑龙江知青,他千里迢迢背回来的大青黄豆确实是做这道家常风味的好材料。不过我又发现,那个时候像我家附近的绿野、大同、老松顺、鸿兴馆等几家饭店都没有猪脚爪,只有像自忠路上小毛饭店这样的小馆子里才有,猪脚爪与黄豆同煮一锅,还在三鲜汤、炒三鲜里扮演"匪兵甲"的角色。在熟食店里也有,以卤烧或糟货出镜。后来有个老师傅告诉我,猪脚爪毛太多,啥人有心相去弄清爽?再讲这路货色烧不到位不好吃,烧到位了又容易皮开肉绽,卖不出铜钿,干脆免进。他又说:"猪脚爪不上台面的,小阿弟你懂吗?一人一只猪脚爪啃起来,吃相太难看啦!"

想象一下指甲涂得红红绿绿的美女捧着一只猪脚爪横啃竖啃,确实不够雅观。在家可以边看电视边啃,不影响市容,所以在熟食店里卤猪脚的生意还是不错的,尤其是世界杯、奥运会期间,猪脚鸡爪鸭头颈卖得特别火,女人也是消费主力。有一次与太太去七宝老街白相,看到有一家小店专卖红烧猪脚,开锅时香气四溢,摆在白木台面上的猪脚,队形整齐,色泽红亮,皮肉似乎都在快乐地颤抖,端的是一只只绝妙好蹄。马上买了一只请阿姨劈开,坐在店堂里每人啃了半只。老夫老妻,就不在乎吃相了。

平时在家，我们也是经常烧脚爪黄豆汤的，我的经验是不能用高压锅，必须用老式的宜兴砂锅，实在不行的话就用陶瓷烧锅，小火慢炖，密切观察，不能让脚爪粘底烧焦，一旦有了焦毛气，败局难以挽回。如果有兴趣又有闲暇的话，我也会做一回猪脚冻。猪脚治净煮至七八分熟，捞出后用净水冲洗冷却，剥皮剔骨，再加五香料红烧至酥烂，然后连汤带水倒在玻璃罐里，冷却后进冰箱冻一夜，第二天蜕出，切块装盆，蘸不蘸醋都行，下酒妙品。如果加些花生米在里面，口感更加细腻丰富。炖猪脚黄豆汤时我喜欢加点花生米，不必去红衣，有异香，也能补血。以上几款都是冬天的节目，到了夏天就做糟脚爪，口感在糟鸡爪、糟门腔、糟肚子之上，春秋两季可红烧或椒盐。

进入改革开放后，猪脚爪才有了粉墨登场的机会，九江路上的美味斋驰誉沪上，他家的菜饭深受群众欢迎，浇头中的红烧脚爪是一绝，点赞甚多，我也经常吃。在黄河路、乍浦路美食街曾经流行过一道菜颇具戏剧性：猪八戒踢足球——三四只红烧猪脚爪配一只狮子头。最让人怀念的还是香酥椒盐猪脚，老卤里浸泡一夜，次日煮熟后再下油锅炸至皮脆肉酥，上桌时撒椒盐或鲜辣粉，趁热吃，别有一种粗放的、直率的、极具市井风情的味觉满足感。在市场经济启动后，在初步摆脱物资匮乏的尴尬之后，人们觉得不妨在餐桌上撒撒野。那种"人手一只啃起来"的吃相，对应了"改革开放富起来"的颂歌，也可以当作"思想解放，与时俱进"的案例来看。

也因此，我在广州吃到猪脚姜和白云猪手，在东北吃到酸菜炖猪脚，在北京吃到卤猪脚与卤肠双拼。但那种"放开来"的感觉，都不及在上海小饭店里大家一起啃猪脚时那般豪迈与酣畅。

疫情期间宅家太久，执爨就成了解闷游戏。有一天我煮了猪脚黄豆汤，考虑到医生对我再三警告，只敢用一只猪脚，多抓一把黄豆，汤色与味道就寡淡了许多。这只号称从"金华两头乌"身上取下来的猪脚，在回锅两次后皮开肉绽，失去了记忆中的劲道和香气，成了可厌的药渣，最终无人问津。

最想念当年大脚阿婆的猪脚。

王占黑
搬家

收拾完新家,回到旧家,我妈指着小房间里两张地图问,我们在这住多久了。我说,十三年。顿一下,才发现一九九七至今是二十三年。我总是习惯性地把千禧年以来折算成十年,时间被意识压缩了。地图是从新华书店买来的,用订书机订死在墙上,各种贴纸、便签、图画,乱七八糟,还没完全褪色。上面有些地方已经解体了,有些几近沉没,有些打了这么多年,还是没能走出战火。十三和二十三年,在二字打头的年份里,好像显得有点差别,又好像差别不大。

香港回归前几个月,我们搬家了。那时我还小,大人们先去了,留我和一些小型家具在一部三轮车里,然后来了一个手脚最快的叔叔,推着我和家具们去往新家。关于搬家,我只记得这些了。从车厢式的一室一厅到带阳台的两室一厅,大人的快乐我不懂,我只为一件事高兴,就是从前那栋楼里玩得最好的姐姐,从此要和我对门对面了,这种如愿以偿的巧合太幸福了。尽管当时的我并没意识到,大家都喜欢同比自己大的人玩。姐姐很快到了发育的年纪,同我疏远了。

新家在一楼,水泥地皮,木窗木门,我们就这么结结实实地把旧家具照搬了进去。一楼光线差,户型又很怪,自那以后,几乎每个白天都要开灯:烧饭要开灯,吃饭要开灯,写作业要开灯。但阴暗并非重点,重点是由此而来的潮湿。很多年里,我家的墙皮不断渗水、掉皮,我家的衣被大清早晒出去,吃过中饭就落荫了,我家橱柜里的物什,总是隔一季就出霉点,白白的,密密的。那天有一只漂亮的五斗橱,搬进来时磕坏了一只脚,从此只能用硬板纸来垫。慌乱中,谁知道是在哪个叔叔手里坏的呢,仗义帮忙的人又怎能责怪呢。那只脚仿佛是一切吵架的开端,后来我家有过无数次大人的吵架,一切都发生在阴暗中。

小学四年级,非典来了,我借住在爷爷家。要挤很久的公交,再步行很长一段路才能到学校,每天戴口罩真的很痛苦。终于在夏天快来的时候,口罩可以摘了,我家的装修也快好了,大人允许我回家看看。住到第六年,终于有钱搞装修了。那时爸妈在公园里开一片照相馆,赚点小钱,但很快,数码时代就干翻了所有机械设备,我们关店了。好在这笔钱刚够还房子的欠款,以及在我妈的强烈要求下,剩下的钱用来装修。此前老王一直唱反调,他说,水泥地皮有啥不好,冬暖夏凉(其实冬天无比冷)。我在一边跟着瞎附和。但当装修结束,我们躺在木地板上,还是幸福得说不出话来。老王伸出大拇指,还是妈妈厉害。我跟着笑。那以后的每个夏天,老王都会耐心给两个房间的地板打蜡,打得晶莹剔透,滑溜溜的。直到后来,他没有力气打蜡了,说起家里,最不变的自豪还是地板。

那天是我人生中快乐的天花板。此后我每次感到极度快乐,心里都会浮起那个下午的情绪。其实也没什么特别的。无非是学期结束,我回爷爷家之前,先走回自家看一眼。天气开始热了,但走在路上还有点风。我在必经的杂货店里买了一种冷饮,那是一种叫泡泡的冷饮,里面是细软的冰淇淋,外面用一个类似气球皮的东西包着,咬一个洞,就可以从气球皮里吸食。长大后我多次同人说起这种冷饮,得到的回应都是没见过、没吃过。而我在形容的时候,总感觉那个外壳更像一个避孕套:这种冷饮真是太奇怪了。总之我回到家,刚好吃完,肚子凉凉的,一楼的房子在夏天里也是凉凉的。我们躺在地板上,老王说,打蜡,学不学。我说学。至于怎么打,聊了啥,我想不起了。只记得那一天那一路,无比的快乐,莫名其妙的快乐。快乐真是纯粹又强健的东西。

这些年我们的邻居陆续搬出,搬进。一批一批、来来去去中,最开始的那些面孔大多不在了,戴金链子的叔叔,传说是前黑社会老大的叔叔,嫁给包工头只能独居的阿姨,没工作却穿着时髦且暴露的阿姨,长得帅但没礼貌的哥哥,还有对门的姐姐,不是走了,就是死了。剩下没搬的老嚷着要搬,又嚷着要等拆迁,毫无动静地,小区一天天在变老。附近那个我和老王都读过的小学,老职工讲,现在招的都是外地人的小孩了。我说这有啥不好。她转念说,还是外地人好,不闹,本地人又穷又赖。我想了想,以前家长确实闹,晚托班提早了,伙食费涨价了,动不动就在校门口骂人,搞得相关的小学生很没面子。

我家也老想着搬,几次动作,最后都因为老王的病不了了之。他走之后,家里更冷清了,我妈需要一个新环境,我们凑了钱,再带上我那笔常被人问起要怎么花的奖金,总算在离家不远的地方买了一套二手房。不新,仍然没有电梯,仍然一室两厅,但光线好了很多,再也不愁衣服晒不干了。简单修补后,我们要挪窝了。我妈说,老王,老房子暂时留给你一个人享受啦。

搬家是一场大型告别,和搬寝室或出租屋不同,几十年的印记,被藏在各个角落里、抽屉里,一拉出来,满地都是。我吓了一跳,这么多。我妈说,一家人家啊,什么代价。明明是可以扔的、过气且无用的东西,却因为它的过气和使用记忆而舍不得。一片垃圾,一个巨大的历史博物馆。断舍离之外,当然也少不了一顿捡漏。比如我从小就觊觎我妈的一件呢大衣,无数次趁她不在偷偷试穿。她老不穿,说干体力活用不着,要等正式场合,却又碰不上什么正式场合,现在终于松口说不要了。比如超好看的DIY露指手套和拖鞋,比如老王的复古围巾,百变工具箱,各种记账和留言的字条……渐渐地,东西越来越多,我理了很久,发现告别是一件越理越找不到头的事。

我把精简后的宝贝堆在写字台上。我在这张写字台上写过无数次作业,写完作业写什么乱七八糟的东西,冬天玻璃太冷了,冻疮长过几次。老王搞了一块二手电热板,好几次烫出了裂痕,玻璃台板底下有好多照片都被漏进去的茶水泡得看不清了。

空间和人发生关系,我看见什么,就会想起一些人。在弄堂角落配钥匙的叔叔(传言配出几套房),批发草纸和饮料的人(对我来说就是双熊猫和旺仔),修表的人(电池比商场便宜不止一半),做床单的人(山寨米奇图案),卖香蕉的人(只卖香蕉这一种水果!),这些人都在我家留下了印记。直到现在,每当我要做什么事情,都会先想到这些相关的人,好像地图上是先有人,再有地点。然后我想到那些常在我家赖屁股的叔叔们。我努力去想当年帮忙搬家具的面孔,砌墙皮的叔叔,焊防盗窗的叔叔,心里吓了一跳,他们大多竟已不在了。喝酒的喝死,抽烟的抽死,还有生病的,出意外的,活到四五十岁就没了。我想起一个身强力壮的高个叔叔，下岗后去当装玻璃工人，不知怎么就被玻璃砸死了。我想起他们，觉得非常非常远，远到分不清他们究竟消失在时间的哪个段落里，离当下有多少距离。他们是很倒霉又很快乐的人，他们活着的时候，我能记起的，全都是嘻嘻哈哈的样子，大大方方的样子。

搬家要送糖糕，新邻居要送，旧邻居也要。我在去杂货店送糕的路上碰到了老板娘，一个脸圆圆红红的阿姨，这么多年她都一直喊我宝贝。这天她看起来要哭了，不等我说啥，她就先说要关店了，然后才说自己身体不好。收下我的糕，她在聊新房子。我脑子却嗡嗡的，不知为何，我想过邻居搬走，想过自己搬走，我竟从没想过杂货店关门，尽管这是一件再正常不过的事情。近三十年的杂货店要关门了，我恍惚觉得一个小区要结束了。

与此同时，老火车站也要关了。它太老了，春节后闭关装修，几年后再见。我在两座城市之间来去有十年了，几乎不坐高铁，老火车站离家近，十二块五的普快，印象里没涨过价。我把两件事并到一起，第一反应竟是自己得长大了。忍不住要笑，都快三十了，我还在想"长大"的事情。可这又是真的，在搞不清楚速度的时间里，我也搞不清自己的进程。

我又收拾到小时候的记事本了。有时候写字，有时拼音多过字，有时会剪漫画来贴。在大白鸟头顶的横线上我写下：

一九九九年的事

我们送走了一九九八年，又迎来了一九九九年。在一九九九年的一月一日，我可真开心。

周华诚
做戏

我走到西溪北苑小区,远远听到锣鼓声,继而是一阵咿咿呀呀的戏腔,热闹极了。那戏台就搭在一片空地上,不远处是摩天大楼,幽蓝的玻璃幕墙直伸到云端。我没有想到,在这样的地方还会有戏班子。更没有想到,看戏的居然那么多。千把人吧,我估摸着数了数,千把人还不止——银发长者居多,坐在轮椅上的好几个;中年人也不少。还有一个送快递的小哥,把三轮车停在人群之外,他就坐在三轮车上看戏,仿佛入了迷。

戏班子叫百灵越剧团,管戏班子的女人叫美花。这天他们做的戏是《大闹开封府》,上午刚演了一场《游四门》,都是老戏,老戏特别受欢迎。美花在后台,一会儿跑去拿道具,一会儿操控电脑,调个灯光。台下观众的心都跟着剧情走,剧情里的薄情男人一亮相,下面就哄一声闹起来,啫啫啫,翻脸不认人了!看到包公黑着脸走出来,就说,这下好了,这下好了。

后台穿戴齐整妆容精致的演员，加上前台正演出的几位，一共有十几人，前台后台，来回穿梭；再加上坐在舞台右侧的乐琴班，以及十来个装满服装道具的铁皮箱——后台就满满当当，局促极了。在这局促当中，却还有一个摇篮，摇篮里睡了一个满岁的小宝。小宝娘在前台扮老旦，小宝爹在吹打班，奏得一手好扬琴。这咚咚锵锵、嚓嚓咣咣的鼓乐声里，娃儿睡得真香。还有一个女孩儿大概三四岁，是跟着戏班做电工的爷爷到处跑，这会儿在后台抱着别的女演员的腿，学着戏里的人披头巾。女演员还在候着场子，这会儿削好一个苹果，切下一片分给女孩儿吃。

　　我和美花就在这咚咚锵锵、嚓嚓咣咣的鼓乐声中聊天。戏班子是常山县的，美花是建德人。以前在学校读书时，喜欢上了越剧，并没有想到以后会拉扯着一个剧团四处跑。你别看一个戏班子，事情可真多。第一是担心有没有生意。戏有得做，钱有得挣，大家都是开心的。如果戏接得少，做得青黄不接，便心里愁闷。转场比较麻烦一些。搭台子的钢管、篷子，舞台的音响、灯光，那么多的戏服衣帽箱，还有要装满十四只铁皮箱的大屏幕，这林林总总的家什，去远一些的地方演出，要雇九米六的大车才能运走。去近边的村庄，就雇拖拉机，需要三台拖拉机才运得完。还有这么多演员——大家拼车，开上四五台的私家车，油费过路费，说好了大家平分。这样大动干戈，都希望到了一个地方，就能停下来多演几场，先把路费挣出来，再把辛苦费挣出来。

　　小生、老生、小旦、花旦、老旦、小丑，一个戏班子里，这些角儿都要配齐。戴胡子的老生要两三个，小姐丫鬟三四个，跑龙套四五个。要不然你把戏单递给人家——戏单上可是有两百多个戏哪，人家一点，你就暗暗叫苦：角儿不够用呀，那戏怎么演。美花自己也上台，吃这口饭,还是要听观众喝一声彩。观众说"这场戏做得好",美花她们,就觉得多大的辛苦也值了,眼神里闪闪发亮。

下午三点四十分,一阵鼓乐过后,这场戏就结束了,舞台底下乒乒乓乓椅子响,大家都散去。演员们念叨着"下班下班",从前台绕到帷幕背后来,卸妆的卸妆,换衣服的换衣服,有人衣衫都湿了。也有人妆都没卸,衣衫没换,就骑上电瓶车去远了,也不知道是去哪里。一时间,人走了,后台寂寞得很。美花说,下了班大家就自由喽,打牌的打牌,睡觉的睡觉,也有人负责做饭。演员们到得一处地方,先寻个大礼堂什么的宽敞地方,把帐篷扎下来。每天一早,美花自己上菜场采买。现在菜价贵,肉价更贵,二三百元,买不了啥菜。做饭也是演员自己来,这样就俭省一些。这么一个团的人,二三十张嘴,每天工资要五千六七,每天睁眼就要钱,也是不容易。

越剧团里,演员都是女人,小生老生也是女人扮演的。大家都没有正儿八经上过戏剧学校,最多是几个月的培训班,跟着老师学一学。演员的年龄结构,将将过得去,都在三十岁到五十岁之间,再年轻的,就没有了。演戏真是要靠悟性,直接找一个年轻人来,哪怕是学校里出来的,几个曲本她拿得起,但要说到没有曲谱的"路头戏",那还真不行。到底,老演员到位一些。有的演员也肯练,台上演,台后也在苦练。也有演员做戏做倦了的,离开了姐妹们,出去开了棋牌店。做了棋牌店的老板娘后,空下来的时候,也怀念四处演戏的时光。喝了酒,一高兴起来,就在棋牌店里唱上一两段。

说话间,我瞥见一个年轻演员,衣服没换,妆也没卸,就坐在舞台边上划拉手机发消息。"是不是谈恋爱……"美花开着玩笑,对方抬起头来,只是笑笑,没有接话。她还沉浸在手机里没出来呢。这么一个剧团,最早只有十来个演员,慢慢地,有钱了添设备,有人了加人手。后来汪团长投资,拉起这么一个剧团,也的确不容易。美花说到的汪团长,也是常山人,演员们的工资都是汪团长负责,四处奔波招揽生意,也是汪团长。汪团长这个活儿不好干,被人尊重也有,两面受气也有,一般人做不好。至少也要能喝酒吧——美花这样说着,比如去找老板包几场戏,不喝酒,这合作是谈不下来的。我和美花聊着这么一些闲话,却对隐藏在幕后未曾谋面过的汪团长心生出一股敬意与好感。美花又说,汪团长这个人,做的是园林景观的生意,但是他又把他在园林景观方面挣的钱,花在了做戏上,算是个戏班班主了。

  我也奇怪,以前,只听说城里人送戏下乡,没有听说过乡下地方"送戏进城"的。说到这一点,美花就很自豪。她们这个戏班子,江西浙江到处跑,把戏做到各个地方去,大家都是很欢喜的。再过三四天,这个场子做完,美花他们就要回常山去演出了。此时夜幕降临,做戏的人从后台钻出来,走到世俗的炊烟里去。她的姐妹们,大概已经把晚饭做好了。

陈子善
忆皮皮

皮皮是我家养过的一只雄性猫咪。

2002年4月8日,我在日记中写下这样一段话:"下午得学生赠小猫一只,长得与'玛丽'(原先家里的小猫,因肺炎去世)十分相像,即留在家中抚养。……小猫活泼好玩,十分顽皮,命名皮皮,只不肯好好进食,只能徐徐喂之。"次日日记又记:"今天皮皮已开口吃饭,十分可爱。"这是我关于皮皮最初的文字记录。皮皮的出生年月是2002年3月,他来我家时,刚断奶。

把皮皮写进我公开发表的文章里已是两年之后。2004年,我编了一本中国现当代作家散文选《猫啊,猫》,由山东画报出版社出版。在当年4月12日完稿的此书编者序中,我这样写道:

现在我又养着一只新的虎斑猫皮皮,二岁了,颇有静若处子,动若脱兔的优雅风度,同样善解人意,讨人喜欢。这不,我在撰写这篇小序时,皮皮就蹲在写字桌边上专注地看着我"爬格子",好像它也识字,也知道我正在写它们似的。

这段文字写于我的新居,带着皮皮从华东师大二村旧居迁来不久。这次搬迁,对皮皮来讲,是次不小的磨难。猫是恋家的动物,皮皮依恋旧居,对迁到一个完全陌生的地方很愤怒,一进新居,闻到气味不对,就躲到北阳台水斗座与墙壁的空隙里,死活不肯出来。没办法,我们只能把粮食和水放在空隙处。他整整两天不出来,后来实在饿了,又有他最喜欢的河鲜的引诱,才出来,慢慢接受了这个新居所。

一旦适应了新环境,皮皮自然在新居里上蹿下跳,格外活跃。我母亲迁来同住,他与奶奶也相处甚欢,常去她的房间溜达。当然,大概因为是我把他带进家门,所以他对我最亲。晚上睡觉就睡在我脚下。到了冬天,他就非要挤进我两层棉被的夹层中享受温暖。

皮皮很聪敏。夏天和冬天,每当开启空调,他就会跑到空调下享受,又抬头仰望空调良久,他心里一定在纳闷:这是什么玩意儿,以前吹了凉爽,怎么现在吹了又暖和了?是猫就一定会有好奇心,皮皮注视空调应该可算一个例子。

后来,我家的猫丁又增添了两位新成员:黄猫"弟弟"(陈皮弟弟之谓)和"戴白围巾又四脚踏雪"的"多多"(寓意又多了一个)。那些年,我家猫丁兴旺。皮皮最大,愿意和弟弟妹妹和睦相处,但并不主动亲近,倒是弟弟常带着多多玩,追逐嬉闹。皮皮则摆出一副大哥老成持重的模样当旁观者,很少参与。他确实有资格当领头猫,我们卧室里的两个书橱橱顶,只有他能轻松地一跃而上。他站在书橱顶上洋洋得意地看着底下两个弟妹仰视并羡慕着,这是皮皮最高兴的时候。去年3月,他十六足岁了,仍能飞身登高,虽然动作没有年轻时利索。但弟弟和多多都始终没有上去过,书橱顶边至今留着被皮皮攀爬上去的爪痕。

当然,皮皮也有弱项。其实,皮皮是"宅男",不是一般的"宅",而是非常非常的"宅"。他从不迈出大门一步,大门口也难得去转转。皮皮的"宅"正好与多多的"不宅"形成鲜明对照,大门一开,多多常常会寻机冲出去,在公共走廊里巡视一番,兴致高时还会跳上自行车斗摆个pose。

皮皮的"宅"还不止于此。他胆小如鼠,对陌生人特别警觉。只要听到门铃一响,他立刻就躲藏起来,躲到他自以为十分安全的地方。我的朋友和学生来访,都很想见见皮皮,合个影,却都无法如愿,亲眼见过皮皮的外人大概不会超过十位。有次韦力兄专程来拍寒舍书房,皮皮也躲着,一点也不给这位大藏书家面子。韦力兄只好拍了多多在书堆上的照片,算是不虚此行。

不要说对陌生人十分警惕,对熟人也不例外。所谓熟人,是指每周来一次的钟点工。按理说应该一回生二回熟,谁知皮皮完全不同,很长时间里一直对其充满敌意。每次钟点工一到,他就躲进专为他辟出的书橱底层,只要钟点工走近,他就怒吼。这怒吼声虽然低沉,却自有一种威严,着实令人生畏,有点像我们在动物园中熟悉的虎啸。一直到去世前一年,皮皮的态度才有所松动,不再躲进书橱底层。但是,如果钟点工的拖把离他近一些,他仍要发出怒吼。我后来想:皮皮之所以对钟点工保持如此高度的警觉,恐怕更多的是担心那把大拖把,才会有那么大的不安全感?

皮皮所遭受的更大的磨难是在他十岁的时候。我们突然发现皮皮小解困难，常常蹲在猫砂盆里半天没有尿，吃不安，睡不下，又跳到书橱顶上不下来。马上带他去宠物医院。医生诊断尿道堵塞，经过一周的吊针，病情有所缓解，可是好了一周，病情再次复发，医生建议切除这段堵塞的输尿管，否则皮皮就无法渡过这一关。这是大手术。我问医生有多大把握？医生带我们参观了该院手术室，据说，手术台是当时上海进口的三台先进手术台之一，医生是兽医大学出身，对手术颇有信心，于是我们决定一试。那天，皮皮全身麻醉，手术时间很长，几个小时以后，他才被送出手术室，手术成功，皮皮得救了。然而，手术后的护理是件麻烦事，皮皮住院，仍需每天打吊针。整整十天，我们全家轮流值班陪伴。皮皮很生气，不明白我们为何把他放在这么个吵吵闹闹的地方，可能以为我们不要他了。他不吃不喝，每次我们送去他爱吃的食物，他都背对着，不理会我们，对我们生闷气。终于皮皮熬到出院的那一天，我们都为此而高兴，皮皮赢得了新生命，皮皮又看到了他熟悉留恋的家了。这一次成功的手功，使皮皮的生命延长了整整六年多。为此，我们感激医生，特地送去了大锦旗："治病救猫妙手回春"。

　　皮皮复原了，活泼的弟弟却毫无征兆地突然离去。医生的解释是心脏病突发，我们伤心之余，将信将疑。弟弟有一个很不好的坏习惯，喜欢咬塑料袋，为此，我们已经藏好了家里所有的塑料袋，但难免会防不胜防，难道弟弟又吃了塑料袋？可是已无法求证。

　　在以后的日子里，剩下皮皮和多多朝夕相处。多多真是一只好骗的猫，只用三块钱买来的鞋带就成了她的玩具，一根长长的鞋带可以引得她玩转上半天。多多好动，与人亲热，只要外面来人，她都会紧跟示好，这与生来怕生的皮皮形成鲜明的对照。他俩一静一动，却也和平共处，相得益彰。皮皮和多多各行其是，各不相扰，晨起匆匆打个照面而已。一日清晨，偶见两猫相吻，我及时拍下这张皮皮多多接吻照，着实得意了半天。

皮皮一直善解人意。磨爪，是猫咪的天性。我藏书颇多，寒舍四处都是书，就怕猫咪的爪子抓挠，如何是好，我就把已不用的旧书报堆积一处，反复耐心教导皮皮"只能抓这里"，而且，只要他来抓挠这堆旧书报，就及时表扬他。他竟然明白了，从此就在此处磨爪，一直坚持到他去世前。

在饮食习惯上，皮皮和多多可算两个时代的猫。皮皮来时，猫粮显贵，多多来了，却已有众多有营养的猫粮可供选择。所以皮皮喜食一些鱼虾鸡肉。每次家里买了鱼虾，皮皮灵敏的嗅觉就会发现，来到厨房缠绕不去。多多却从不过问，只吃猫粮。生的鱼虾皮皮不吃，而烧熟的鱼虾鸡肉他却拼着命吃。所以每次吃饭时，只要一听到"吃饭了"的招呼，首先跑到饭桌前的总是皮皮。此时，需有人看着饭桌，他会乘没人之际，跳上饭桌。久而久之，皮皮不管有没有鱼虾，都会早早前来等候开饭，往往我们会给他添一张凳子，或者就坐在我身上，俨然一位正式的家庭成员。这样，饭桌前皮皮的照片也就居多了。

说到用餐，还必须提到皮皮的大度。弟弟还在时，皮皮让两个弟妹先吃，弟弟走后，皮皮就让多多先吃。有新品种的猫粮，只要多多吃得开心，他决不上去抢，而是耐心地守在旁边，等多多吃好走了再去品尝；如他已在吃，多多见了上来想先吃为快，他也马上礼让。这些年里，皮皮和多多几乎没有发生过争执，一直相安无事。

每天晚饭后，皮皮和多多就待在客厅里。猫咪晚上特别有精神，房中不开电灯，只见他们的双眼像两颗夜明珠，炯炯发光。多多调皮，我工作完了或看电视剧消遣告一段落，招呼他俩进卧室睡觉，多多四处乱蹿，与你捉迷藏；皮皮就很老实，叫他名字，他就不再乱跑，让我抱起到卧室门口放下，自己走进去。他好像很享受这一过程，只要我在家，这成了我每晚必须做的功课，这些年里一直是这样。偶尔我赶写文章，到时忘了去抱他，待到想起开门要出去，他就站在门口等着，双眼直盯着你，仿佛在说：今晚你忘了，我自己来啦！

猫爱干净，吃喝拉撒都有规律，尤其大小解必须在猫砂盆里。皮皮每次解手完毕，就要欢叫，提醒你及时清理。去世前一天下午，他想从爱睡的窗台上下来，我推测他要小解，就把他抱到猫砂盆里，但他已不能站稳，小解全部洒在地板上，有点像人的小便失禁了。我看到这前所未有的情景，立即意识到问题的严重性，马上对他说：皮皮，没关系，没关系。他似乎听懂了，眼神无助地望着我，又好像在说：对不起啊，我已尽力！

2018年10月5日上午七时半左右，高龄十六年又七个月的皮皮的生命之火终于熄灭了！往生之前，他拖着摇摇晃晃的瘦弱不堪的病躯，到一个一个房间去待了一会儿，甚至爬上了我估计他不可能再爬上的小凳，似乎是在向他生活了那么多年的熟悉的地方告别。

皮皮的离去，不能不使我们全家伤感，虽然他已经长寿。一只猫就是一个世界。乔治·贝尔纳·肖尔说："只有懂猫，一个人才算得上是文明人。"(引自F.维杜著《猫的私人词典》)对于皮皮，我写下了这些，能说我已懂得皮皮了吗？很难说。但我们朝夕相处那么久，现在梦中还会与皮皮见面，多少有点心有灵犀一点通吧。

我怀念皮皮。

唐小为

臭臭

大概一月份吧,我们聊天说起"禁摩令",核桃忽然插嘴:"我坐过摩托。"

都以为他开玩笑呢,带他出门不是他爸开车就是打车、坐地铁,哪有机会坐摩托啊。

他很肯定地提醒我:"在大理!"

哦,有这回事。三年前带他到大理避暑,在一对摄影师夫妇开的民宿里住了一个月,也和他们成了朋友。某日外出忽降大雨,是男主人开着摩托把我们"救"回来的。

"你还记得大理什么事?"我很好奇,那时候他还不到三岁。

他想了一会儿:"我在那里的玩具房玩到睡着了,玩具房的地上铺的是有格子图案的小地毯。"又想了一会儿:"对了,猫生小猫了!"

嘿,那年我们游洱海,观苍山,爬大理三塔,见天在民宿后面的茶马古道遛弯,他统统忘掉了,可记住了摩托和小地毯,还有猫生小猫。

"还说呢,你可没少欺负臭臭!"

朋友家养了黑白花小狗桂桂,鲭鱼斑小猫臭臭。村里的猫猫狗狗,生活比城里的宠物丰富,独立性也强。它俩都经常自个儿跑出去,或撒欢、见朋友、约架,或如厕,家里偶尔几天没人,给它们预备好口粮就行。桂桂和臭臭是典型的家狗家猫。桂桂恋家,出门玩会子就够了,饭点儿总是着家的,门口有动静也第一个跳起来通报,你在院里长椅上看个书,它会悄没声息地跳上来紧挨着趴在旁边,或者翻过身来让你给它摸肚子。臭臭呢,能耐大,会上房翻墙,彻夜不归是常事,但回来会去瞧瞧碗里有没有给它留的鱼头,盆里的猫砂换没换。偶尔也撒个娇,或叼来死老鼠以示功绩。它长得骨感十足,弓起背来隐约能看出脊梁骨的棱。头小而窄,眼睛就显得尤其大,而且警觉。鼻头还有一抹黑,好像去哪儿淘气蹭的。女主人说当初捡到它是在庙门口,那时瘦得多,饿得奄奄一息,有好些天只能喝牛奶。

核桃当年对桂桂一见如故,吃块排骨,肉都没啃干净就屁颠屁颠给狗送去了。对臭臭则完全相反,拽人家尾巴,摘小果子扔人家,举着棍满院子赶人家,乐此不疲,臭臭看见他蹿得比什么都快。在批评教育(要爱护小动物!)、口头恐吓(想尝尝被猫抓的滋味吗?)和打手板都宣告无效之后,我只好每次一瞧见他朝着猫狂奔,就把他提溜过来,用胳膊圈住"关禁闭",最长的一次关了十分钟。

"它总是不让我摸呀,我就是想和它玩玩,"他有点难为情,"下次不会了——那里现在有好多猫了吧?"

臭臭生小猫是在我们快走的时候。这个新手妈妈,叼着头一只出生的小猫走到堂屋,往地板上一搁就开始叫唤,女主人还以为又抓回来老鼠了呢。待大家手忙脚乱地收拾好铺着毛巾的大纸箱,另外三只才陆续出来。四个绒球也似的家伙一齐乱拱臭臭的肚子找奶喝时，它已经累得快睁不开眼了。核桃隔一会儿就蹲到纸箱边上看看，看得臭臭有些心惊，有一次喂完奶还咬住小猫的后脖子，一只只把它们放到身后隐蔽的地方。

可怜天下父母心哟。

"下次"说到就到了。暑假既要防疫又要躲重庆的桑拿天，大理再合适不过了，有老朋友、凉快，还是低风险地区。出发前我和核桃约法三章，其中就包括"不许再欺负猫"。

一进门桂桂就迎上来，核桃欢呼一声，扔下箱子跑过去抱它，又仰起脸问："臭臭呢？臭臭呢？"

"臭臭上山了。"女主人说。"什么叫上山啊？"

"就是不在这个家住了，到山上当野猫去了。"

"臭臭干嘛上山啊，叫它回家吧，我保证不欺负它了。"

女主人笑了笑，没说什么，又给我们介绍了他们家新来的猫。这猫身形较臭臭圆润些，毛色略淡，叫Bakso（巴克飕），取自他们钟爱的一种印尼肉丸子。

核桃试着喊了一声Bakso，许是觉着这名儿有点"酷"，下巴一晃，把"Ba"拉得长长的，"so"小风吹似的一下剪断，怪亲的。

核桃还是照例和桂桂十分要好，和Bakso倒也相安无事。一天晚上闲聊，我还是忍不住问了："臭臭为什么上山了呢？"

是个悲伤的故事：

四只小猫断奶后，三只送了人，留下的一只个头最小，兄弟姐妹都能跑了，它还站不稳呢。它的毛色是橘猫那种黄底橙纹，和臭臭最不像，却最得宠。娘俩儿总一块儿在院子里溜达，扑蝴蝶，晒太阳，晚上也挤在一块儿睡。

有一天这只小猫偷偷溜出去玩儿,还没走到大马路,就在巷子里被车撞了。臭臭把它的尸体拖回院子,一点点舔干净,守着,像是在等它活过来。

小猫给埋在了后院,埋的时候臭臭就在边上,不叫,也不动,泥塑似的蹲了一宿。女主人看它失魂落魄的模样着实可怜,想带它去做绝育了却这些烦恼,到宠物医院才发现,它又怀上了。

当时他们正好有个拍摄的工作要出门,"算好日子走的,想着回来它就该生了,"女主人说,"可等我们回来,它肚子已经平了。"没人知道发生了什么,女主人猜,可能是流产了。

这之后没几天,臭臭就不见了踪影。再有它的消息,还是一位以前来过的客人骑马上山,说在庙子那边看到它,招呼一声"臭臭!",它却纵身一跃,消失在林子里,完全是野猫范儿了。

听完故事扭头一看,核桃在一旁已经红了眼眶。一直到晚上上床睡觉时他还在发呆,闷闷地说:"妈妈,我再也不能对臭臭好回来了。"

这孩子平日里犯了错误,对不起说得飞快,但往往嬉皮笑脸,转身就忘,一副没心没肺的德性。还没见过他这种样子,大概是他第一次发现,做错的事并不都有机会改正。

奇怪的是,接下来几天核桃又开始见Bakso就追,从院子这头撵到那头,撵上树,撵上屋顶,直到它跑到看不着的地方才罢休。我很生气地质问他:"不是保证不欺负猫了吗?没机会对臭臭好了你不是很难过吗?怎么就不长点儿记性!"

小家伙耷拉着脑袋,好一会儿,小声说:"要是Bakso走了,臭臭也许能回来。"

想不到他能有这么曲折的心思，我只好绞尽脑汁开导他：

"也许哪天Bakso上山玩，碰到了臭臭。你想让它告诉臭臭，'喂，山下你待过的那家，我在那儿待得挺开心，要不回去看看？'还是说'以前欺负过你的那个小讨厌鬼又来了，成天撵我走，你离开那里是对的'？"

女主人听了也安慰他："核桃，也许臭臭在山上过得很开心呢。"

不知道这个疙瘩是怎么解开的，后来尽管核桃还是各种淘气，对Bakso却友好起来。有鱼头了会长呼一声"Ba——kso！"，默默地看着它歪起头吃。有一次我看见他坐在院里长椅上，左手摸着桂桂，右手摸着Bakso，那架势，像是保护它们的老大。

假期里我们从茶马古道上了许多次山，钻林子采蘑菇，都没能偶遇臭臭，只能想象要是遇到了会怎样。

核桃觉得臭臭会带着一群小猫："我喂它们小鱼吃，这样它就会原谅我了。"

我觉得野猫臭臭应该不会搭理我们——它干嘛要记挂这些前尘往事？我想象着它一闪而逝的背影，心里默默感谢它给我儿子上了人生要紧的一课。

姚以萍
柴火妞斯巴克

斯巴克的名字来自英文Spark，是小戆大（戆大，上海话的傻）一胎里长得最难看的，出生时左眼内下角上有个小肉肉，三个弟弟妹妹渐渐长大后可送人时，她就留了下来。后来从动物医院得知，这绿豆大小的肉肉叫第三眼睑。2009年10月16日夜晚，Spark出生在我家卧室床底下，小戆大临近分娩时突然从我们为她精心准备的床里一鼓作气冲到床底下，靠在离人最远的墙根头，剧烈呻吟起来。不一会儿，家人只能弯下老腰，爬到床下，把温热软乎的小生命轻轻捞出来，放到窝里。

小家伙占不到任何身份的骄傲——父亲小白是小区东面公园孤零零的主人，有对善心夫妇常去喂食，也有人冬天里试图把他害了卖餐馆，小白壮实的颈背上刻着一道道人类暴行的疤痕，后面不堪的故事无人知晓。母亲小戆大从朋友家抱来时近两个月大，有蝴蝶犬血统，不纯，长大了遛弯时常常遇见小白，结果和他好上了。Spark毛色棕白相间，和妈很像，但背部多了一大片棕色，没她妈漂亮。性格的倔犟，体现在Spark六十天时反抗断奶，嗷嗷直叫，性子火急，因此得名小火花Spark。三个月后可外出溜达，她显然比较会操心，常常回头注意人的动静，不愿分手。在玩取球有奖的游戏时，Spark最得要领，她总是不声不响，目标明确地把球叼回，放在你脚下，有点贼头狗脑地看看你，毫无胜者的架势，莫非她领奖也会害羞？

六个月里Spark长到六七公斤，该做绝育了。我们等待着这个机会，准备在同一次全麻下包埋她的第三眼睑，切割会影响泪腺分泌。2010年一个春天，术后的Spark全身上下包扎着一块厚实的湖蓝色无菌布，两边各开三岔，从腹部包转到后背，打上四个大大的蝴蝶结，成了个漂亮的活动小包裹。怕她挠眼睛，头上按个喇叭形透明头罩，走路时大头罩一晃一晃。我们一起陪小马阿姨去长城，喇叭头一路引出指指点点和孩子们又怕又爱的开心和互动。术后头几晚，我们轮流睡沙发陪她过夜，思忖着熬过几天一切都会好起来。不幸的是，顽固的第三眼睑数月后又蹦了出来，考虑到手术的风险，我们没再给小生命动第二刀。唉，Spark这辈子命中注定就是这个模样了，颜值偏低、出生卑微，她妈原主人姚大夫是地道北京人，首次见到Spark，便直呼她"柴火妞"。但小家伙绝不缺爱，也不欠脑筋。

我家如能出个学霸，应该就是Spark。带她遛弯，她懂事听话，该走就走，该停就停，"嘘嘘""嗯嗯"都高效完成。有时回家发现她一路偷偷含着一块捡到的骨头，这时才吐出来。她贪嘴，骨头想啃，一定挨批，弃之又可惜；她很明白进门后的程序是擦拭全身，藏不住了，不如主动交出赃物，坦白从宽。另一个体现比较复杂思维的例子，是她挑逗胖乎乎的、睡梦未醒的妈妈让座的过程。Spark嘀哩嘟噜走到沙发边，两肢前伸，撅起屁股，盯着小戆大，呜呜地持续喊话，忽而又手舞足蹈做出逗乐玩耍样。戆大就是戆大，这种时刻即使有我们提示，她往往还是中计，摆出迎战状，喉咙里叽里咕噜冲着女儿跳下去，Spark也不应战，立马跳上沙发，如了愿。这个抢位子的行动计划似乎屡试不爽。小型犬易紧张，爱叫，可能自知防卫能力差，便早早发出警示。Spark更是从小急着发声，善于表达，不像母亲为人处世较泰然。每次快递或剪草叔叔来，他们仨常常跳到窗台上咋呼，护家。丢丢体重是小戆大或Spark的两倍，张开嘴巴有她们的三四倍大，亢奋时丢丢想出出恶气，头部便冲着她俩过去。这时小戆大往往迎头而上，对着丢丢嗷嗷怪叫，丢丢真要"下嘴"，后果简直无法想象。Spark后来想出个两全其美的办法，既保护好自己又能照样对付来人。她蹦上二十几级楼梯，拐三四个弯，过两道门，跳到二楼同向的窗台上发威，登高还能望远！另外，Spark每天讨饭吃时，会用前爪反复拨弄地上属于她的那只饭碗，让它发出丁零哐啷瓷器碰地砖的声音来。

这个柴火妞还很能读人。平日里，我想坐到那个常坐的、靠近台灯一边的沙发位置，她会磨叽着主动让位。我们说要出门，做着准备，他们全都知道，立即争先恐后起来。丢丢一开心，就要汪汪大吼，这时Spark的小嘴居然敢咬住丢丢的大嘴巴，驯狗书上说这一招是最厉害的警示。想必狗儿女能察言观色，我们梳头、拿包、关窗和穿外套等都能引起他们的条件反射。一次说着要给他们洗澡了，准备工作完毕后就是找不到Spark，结果在落地窗帘后发现了瑟瑟发抖的小东西。她也有胆怯的时候，除了上医院，最怕洗澡。后来，每次刚刚开始为他们做洗澡准备工作，Spark就会躲起来，在不同的角落，抱出来后可怜巴巴地看着人。我们准备就餐，Spark往往第一个就位，闷声不响地趴在桌子底下等零嘴。她从小就能坚持。餐毕，小懋大和丢丢早已走开，Spark肯定仍然等着，这不，爱等的孩子同样有奶喝。和其他两位不同，贪吃的她几乎什么都喜欢，黄瓜、青菜、毛豆、西兰花、红薯、山药、胡萝卜、苹果、鱼虾和冰棍等等。她还能把西瓜皮啃得一片青绿，活脱一个小猪八戒。

惭愧的是，没好好训练Spark的技能。她只会对"别叫""sit""circle"指令作出反应，显然是敷衍了事一做，对之后的奖励更感兴趣。面对宠物公园里高高的细长平衡木，她第一次就能不费劲地通过，比边上几个大大小小望而却步或半途而废的同类都行。但她也有彻底失去平衡的时候。那次她在车里副驾位子上，不知发现了什么敌情，冲着外面又吼又扑，结果从开着的车窗里翻了出去，然后垂头丧气待着，幸亏没有受伤。自那以后，她在车窗边的行为有所收敛，但对车外的大世界仍是那么好奇和好学。对其他的新玩意儿，Spark也感兴趣，往往第一时间过去看看嗅嗅并体验一下，比如穿袜子、穿衣服甚至蹲进壁垒森严的旅行箱。有次她穿着假冒的Burberry秋衣走在大望路上，几位日本姑娘见了她兴高采烈，大声赞叹："巴巴利！巴巴利！"那件衣服袖子偏长，折上去一圈才不妨碍前肢活动。有时半路上折袖掉下了，小家伙还是高高兴兴、不知疲倦地跑动着，但只能一路碎步跳着前行，速度不减，真是难为了她。

Spark的狗际关系不太好。她对外面的同类一律不买账，即使看到个子高大的邻家宠物，她也只管往前冲，吼叫着做攻击状。没人牵着，她随时会闯祸。在勇敢和要强方面，Spark继承了她爸的遗风，小白当年把那公园的其他流浪犬全都赶走，占园为王。虽然为人女儿，小东西平时却是他们三个中最能占上风的，机灵活泼，使不完的劲，抢吃东西也快,也不知让母亲几分。小戆大绝育前有Barton、帅帅、Lucky、哈奇、Tony和小白等异性好友,可怜的Tony常常在我家窗外呆呆地一等就是半天。Spark从未交过朋友,莫非早早做了绝育,又被邻家大狗咬痛过,便永远无法在同类面前轻松友好、不加防范了?那次被咬后她独自奔回家来,夹着尾巴,盘在她床里呻吟喘息。大夫发现大狗牙齿居然扎进Spark背脊皮肉两三公分深,接着是清洗、上药、包扎、打针、服药和一礼拜的委屈。

然而,柴火妞样的宠物同样命好,平日里只管吃喝玩乐睡,最多叫几下报个警,犯了错照样有人甘为铲屎官。Spark有很温柔和显示同情心的一面。一次我在门外不慎跌倒,她和丢丢都飞快跑到我身边嗅嗅舔舔,以示安慰。我在沙发上坐下,她常会蹭过来挨着坐,有时硬要凑上来舔耳垂,一两下还不够,我即使拿出洁癖的全力也难以抵挡她急切而可人的眼神。开车一起出去,她喜欢待在中间的物品箱上,有时脑袋紧紧靠着我的肩膀,忽而又把小下巴架在你手臂上。自然使我再次想到:人类拥有很多朋友,而她的一生中却只有你一个。

与三位小朋友密切相处的这些年,留意并感受了生活的另一层面。我们欣喜地注意到,如今喜欢小动物的人越来越多,特别是在年轻人当中。但是,关爱动物,提倡动物权利并制定落实相关法律,还有待我们每一个人的自觉、自律和大力付出。不禁想到上世纪70年代上海老家弄堂里的一位外国老太太,她收养了九只猫;北京友人王方,多年来一直挤时间去小动物收留所志愿服务,自觉相形见绌。类似Spark这样的许许多多柴火妞,特别是那些不幸流落街头的生灵,同样值得社会的关爱与保护。

林语尘
我总能遇到一些可爱的人

赏花人

红花羊蹄甲是我很喜欢的南国花木,朴素,多花,还很香——香得毫不甜蜜,有肥皂的洁净感,十分特别。我家附近某条路栽满这种树,春节前后盛放,紫红落花混入鞭炮的红纸屑,行人过处,暗香满路。环卫工人每天都要将落花扫走,不然路面很快会碾出一层花泥。

有天傍晚,我和母亲经过那里,地上又积了不少花。我说着"好看"并停下拍照,母亲也兴致勃勃,帮我寻找花瓣更密的地面。忽听人说:"好看吗?我看过更好看的!"抬头看到一位环卫工人,把竹扫帚倚在树上,冲我们笑。

他略显生疏地翻手机相册给我们看。照片很模糊,都是凌晨天色未明时,路灯昏黄,各种遍地花瓣的场景。有几张照片,主体是顶着厚厚落花的一对垃圾桶,他指着乐呵呵说:"马桶开花!"不知是口误还是什么地方特有的俗称。

我们谢过他走开时,都挺高兴。我跟母亲讲起以前读的故事,白居易当地方官,在城外种了很多花树,一春好景,当地人却不来赏花。他独自流连其间,很陶醉,很自在,但也多少有点儿失望,觉得世俗之人呀,怎么都这么没有情趣。我说,真想让他跟今天这位环卫工人喝一杯。

饲　猫

居民区的野猫不少,喂猫的人好像更多。

玉簪花圃里,去年秋天有两只奶猫,姜黄皮毛,小小两团,在雪白的花下打滚晒太阳,像郎世宁的画儿。附近有阿姨一天三顿拎着饭盒来喂,寒来暑往,奶猫长成了满脸横肉的糙汉。

我家太后有时会盯着我感叹:"长得太快了,小时候没多给你拍点照片,真可惜。"我就打滚:"难道我长大就不可爱了吗?你不喜欢现在的我吗?"但是看看猫,我明白了她的遗憾。

有一天我看见野猫钻进快递车半开的门缝。快递员就在车边忙着分拣,只扫了一眼便不管它,像是老熟人。猫:"今儿个够冷的,我上你车焐一焐,你忙你的。"快递小哥:"得嘞。"

附近还有只玳瑁色的猫,是个烟嗓,叫声格外低哑。时常见它趴在井盖上,我若蹲下拍照,它便主动走来,显然也是常被投喂的主儿。我两手空空,每每在它期待的注视中窘迫而逃。

某个加班深夜,我看到有人跟它在一起,背着包,大约也是晚归的工薪族。那小哥捧着便利店的包子,没有刻意蹲下去喂猫,就站在那儿,自己吃一口,给猫丢一块。

邻居阿姨喂猫,像喂幼儿吃饭;他喂猫,像跟朋友喝酒。一人一猫,无声地推杯换盏,画一样镶在空寂夜色里。

遛狗者

立春,气温还是低,树木依然线条冷硬,颜筋柳骨,写不出春气。风倒是软了,不再像三九天那样割脸。白天太阳很好。

傍晚在外面走,看天幕一点点暗下去。西天有长长云带,正好悬在普蓝与金橙色过渡之处。这一片水平涂抹的色彩,又被挂着鹊巢、高而笔直的杨树剪影刺破。

路上有遛狗的老爷爷,对他的狗唠叨不停:"往前走往前走往前走,你老看我干嘛呀。""着什么急,仔细车轮子碾着你。"小狗看起来也上了年纪,不吵不闹,极为乖巧,走走停停,不时回头看他,黑眼睛湿漉漉的。

这是老伴儿型的人与狗。也有家长型的。人高马大的男子,边遛狗边玩手机。忽然小狗不肯挪步了,他拽两下没拽动,索性绳子一丢,单手把狗捞起来,夹在胳膊底下,健步如飞地走了。全程视线都没离开过手机。我目送着他潇洒的背影——臂弯里垂下一个毛茸茸的狗尾巴,跟着他的步伐摇晃。

还有一回,看到个姑娘牵着什么在走,姿态极小心,弯着腰、长发从一侧肩头滑下来。我被花坛挡着看不清,心想大概不是牵幼童学步,就是遛着爱犬。走过花坛,才发现人家遛的是花,手里一个小拖车,车上五六盆绿油油植物。

回去发了条微博,看见网友回复:"我奶奶养了将近二十年的狗。最后一只离开后,她突然有天说打算养点多肉。我说网上买点吧,但咱家没什么阳光。她说没事儿,和遛狗一样,每天手里端两株出去晒太阳。"

家长与孩子

砖墙不高,上半截装了铁丝网,被绿藤蔓爬满了。里面是小学校的操场。老师好像在组织孩子们比赛,爬山虎里透出琅琅欢声。看到两个大人在墙外,把脑袋钻进绿叶丛,津津有味地围观着。大概是家长吧。

在小区里见到的家长和孩子都怪有意思的,家长很有童趣,孩子像小大人。

一回在楼下小店吃饭,邻桌母女边讨论菜单,边有一搭没一搭地聊天。小姑娘看起来十一二岁,拿着手机好像在刷淘宝,说:"我好喜欢这个耳环,想买,没有耳洞我也想买。"妈妈问:"哪个?我看看……哎哟!你能不能有点品位。"姑娘淡定地说:"不能。"后来妈妈问,能看看你的笔记么?姑娘也是一句"不能"。

妈妈撒起娇来:"你让我拍张照片!住校我都见不着你,我给你拍张照片,平时我看照片还不行么?"

姑娘大笑:"搞得跟你蹲监狱或者我蹲监狱似的。"

妈妈说:"是我蹲监狱!好吧?"

最后还是死缠烂打地拍照了。

还有一次,电梯里前后脚进来一对年轻母子,妈妈轻轻趔趄一下,立刻对儿子道歉："对不起，妈妈把你的鞋子踩掉了。""没有呀。"儿子若无其事地说。我余光分明瞥见那六七岁的小男孩儿，用另一个脚跟把鞋蹭上去了。

念 旧

我们那儿的腌橄榄是用箬叶包着、细线捆扎的，看着就像一条条麻花辫子。朋友给了一扎，我早晨出门顺手拿着，打算到办公室分。

进电梯就被不认识的老奶奶沉默地凝视，我不明所以，冲她笑笑，有点尴尬地坐完了电梯。没想到出小区短短几百米路，又收到许多爷爷奶奶相似的注视。终于有位阿姨过来问："你拿的是茶叶吗？"

我说是橄榄。她一脸失望，说以前有这样的茶叶卖，用苞谷皮（玉米外面那层叶子）拧成包装，一颗骨朵儿里装的茶叶量刚好是一泡，又好喝，又便宜。"现在都没有了。好东西都没有了。"

我想起一路上遇见的目光，原来他们欲言又止的是这个。"好东西没有了"——我虽没见过他们说的那种茶叶，这句话竟也能懂。这种遗憾好像是永恒的，每代人，每个人，都有相似的感叹。

图书在版编目（CIP）数据

尔乃佳人：2020笔会文粹 / 文汇报笔会编辑部编
. 一上海：文汇出版社，2021.7
ISBN 978-7-5496-3564-1

Ⅰ.①尔… Ⅱ.①文… Ⅲ.①散文集—中国—当代
Ⅳ.①I267

中国版本图书馆 CIP 数据核字（2021）第132292号

尔乃佳人
2020笔会文粹

编　　者 / 文汇报笔会编辑部
责任编辑 / 何　璟
装帧设计 / 一亩幻想

出　版　人 / 周伯军

出版发行 / **文匯出版社**
上海市威海路755号
（邮政编码 200041）

经　　销 / 全国新华书店
排　　版 / 南京展望文化发展有限公司
印刷装订 / 上海颛辉印刷厂有限公司
版　　次 / 2021年7月第一版
印　　次 / 2021年7月第一次印刷
开　　本 / 890×1240　1/32
字　　数 / 230千字
印　　张 / 10.75

ISBN 978-7-5496-3564-1
定　　价 / 49.00元